ENAMORADOS DE LA DISTRACCIÓN

ALEX SOOJUNG-KIM PANG

ENAMORADOS DE LA DISTRACCIÓN

Cómo obtener la información que usted
necesita y la comunicación que desea
sin enfurecer a su familia, sin molestar
a sus colegas y sin destruir su propia alma

Soojung Kim Pang, Alex
  Enamorados de la distracción: cómo obtener la
información que usted necesita y la comunicación que
desea sin enfurecer a su familia, sin molestar a sus colegas
y sin destruir su propia alma. - 1a ed. - Ciudad Autónoma
de Buenos Aires: Edhasa, 2014.
  296 p.; 22,5x15,5 cm.

  Traducido por: Teresa Arijón
  ISBN 978-987-628-295-6

  1. Ciencias de la Comunicación. I. Arijón, Teresa, trad.
II. Título
  CDD 302.2

Titulo original: *The distraction addiction*

Diseño de tapa: Eduardo Ruiz

Primera edición: abril de 2014

© Alex Soojung-Kim Pang, 2014
© Esta edición está publicada por el acuerdo con Little, Brown and Company, New York, New York,
USA. Todos los derechos reservados.
© de la traducción, Teresa Arijón, 2014
© Edhasa, 2014

Córdoba 744 2º C, Buenos Aires
info@edhasa.com.ar
http://www.edhasa.com.ar

Avda. Diagonal, 519-521. 08029 Barcelona
E-mail: info@edhasa.es
http://www.edhasa.com

ISBN: 978-987-628-295-6

Queda hecho el depósito que establece la ley 11.723

Impreso por Arcángel Maggio - División Libros

Impreso en Argentina

Índice

Introducción

Dos monos

En el extremo oeste de la antigua ciudad de Kyoto, en Japón, sobre una de las laderas del monte Arashiyama (literalmente, "la Montaña de las Tormentas"), se yergue el Parque Iwatayama o Parque de los Monos. Es un parque de senderos intrincados, sinuosos, con hermosas vistas panorámicas de la histórica ciudad de Kyoto, pero su atracción principal es la tribu de casi mil cuatrocientos monos que vive allí. Los macacos de Iwatayama tienen fama de ser gregarios, juguetones y, según la situación, arteros. Al igual que todos los primates, combinan armoniosamente la sociabilidad con la inteligencia. Juegan con sus semejantes, cuidan a sus retoños, aprenden nuevas habilidades de sus pares y tienen hábitos grupales distintivos.

Algunos monos desarrollan el hábito de bañarse, hacer bolas de nieve, lavar los alimentos, pescar o utilizar el agua marina como aderezo. Los macacos de Iwatayama, en particular, se caracterizan por limpiarse los dientes y jugar con piedras. Estas observaciones condujeron a algunos científicos a argumentar que los monos tienen culturas, algo que tradicionalmente consideramos exclusiva y distintivamente humano. Cabe mencionar que los macacos del Parque Iwatayama también se parecen a los humanos en la curiosidad natural y la astucia: mientras el visitante se distrae contemplando las piruetas y travesuras de alguno de ellos, sus veloces congéneres se apresuran a robarle la bolsa de comida que compró en la entrada.

Los macacos japoneses son semejantes a los humanos también en otro sentido. A pesar de su notable inteligencia, no existe nada en el mundo que logre atrapar su atención durante largo rato. Desde la ladera de la montaña tienen vistas fantásticas de una de las ciudades más bellas e históricas del mundo entero, pero eso no los impresiona. Viven sumidos en un parloteo constante, una suerte de monólogo continuo e intrascendente. Son ejemplos vivientes del concepto budista de la "mente de mono", una de mis metáforas favoritas para aludir a la mente banal, indisciplinada, en perpetua agitación. Como explica el maestro budista tibetano Chögyam Trungpa, la "mente de mono" es "alocada [...] anda a los saltos y jamás se queda en un mismo lugar. Es completamente inquieta".

La actividad constante de la "mente de mono" refleja un estado de profunda inquietud y agitación: los monos no pueden quedarse quietos porque sus mentes nunca paran. Del mismo modo, durante la mayor parte del tiempo nuestras mentes producen un constante fluir de conciencia. Incluso en los momentos de calma, nuestras mentes son propensas a la errancia. Si a eso le agregamos el constante zumbido de los aparatos electrónicos, el fugacísimo resplandor de un nuevo mensaje que aterriza en nuestra bandeja de entrada y el característico sonido del correo de voz... nuestra mente se transforma en un mono que acaba de beberse un café expreso triple. La "mente de mono" se siente atraída por el infinito y siempre cambiante menú de opciones y aparatos de información que cada nuevo día le ofrece. Prospera y florece con la saturación y la sobrecarga, los objetos brillantes y titilantes son un imán para ella, y no hace distingos entre tecnologías buenas o malas.

El concepto de "mente de mono" aparece en todas las enseñanzas budistas: un pequeño pero contundente indicador del hecho de que la mente y su relación con el mundo vienen siendo estudiadas en profundidad desde hace miles de años. Todas las religiones poseen prácticas contemplativas, todas proponen el recurso del silencio y la soledad para acallar y calmar la mente. El libro de oración común anglicano exhorta a los fieles en las Vísperas a "ser pacientes y estar lo suficientemente relajados para poder escuchar lo que una larga tradición tiene para decir" y a "permitir que los propios pensamientos y sentimientos estén más cerca de nosotros de lo que la vida exterior admite". Solo así es posible entrar plenamente en "el antiguo y sereno orden de los servicios, que nos otorga un espacio y un marco —como asimismo claves y pistas— para reflexionar sobre nuestros remordimientos, nuestras esperanzas y nuestras gratitudes". Para los monjes católicos, la meditación prepara la mente para recibir la sabiduría de Dios: la mente inquieta no puede escuchar el mensaje divino. Sin embargo, para el budismo la disciplina mental es un fin en sí misma y no simplemente un medio para alcanzar un fin. La mente, tal como la conocemos y percibimos, es similar al agua en remolino: si aprendemos a aquietarla hasta que semeje la superficie lisa y espejada de un lago sereno –dicen los budistas–, su reflejo nos mostrará todo.

A pocos kilómetros de Iwatayama, en el laboratorio de robótica de la Universidad de Kyoto, tiene su residencia un robot controlado por otro primate: una Rhesus llamada Idoya. Por increíble que parezca, Idoya no está en Japón: vive en Carolina del Norte, en el laboratorio de neurociencia de Duke University, y su cerebro está conectado al robot vía Internet. El director del laboratorio es el neurocientífico Miguel Nicolelis, quien, para globalizar todavía un poco más las cosas, nació y estudió en Brasil. Nicolelis está dedicado al estudio del funcionamiento cerebral y a descubrir los cambios que se producen en el cerebro cuando aprendemos las funciones cerebrales ejecutivas. También ha desarrollado una especialidad en el campo que los científicos denominan tecnologías de interfaz cerebro-computadora (o ICC). Hoy, podemos comprar lectores de ondas cerebrales muy básicos que tienen la capacidad de controlar los videojuegos; por su parte, los científicos están mapeando las funciones cerebrales y testeando la habilidad del cerebro para controlar objetos complejos a través de las interfaces cerebro-computadora. Los científicos también albergan la esperanza de que, finalmente, las ICC puedan utilizarse para enviar o reorientar señales cerebrales en nervios dañados y devolver el control corporal a las personas con daño en la médula espinal o desórdenes neurodegenerativos.

Idoya es la última de una serie de monos con los que ha trabajado Nicolelis. Durante la década anterior, junto con su equipo de colaboradores, el neurocientífico brasileño logró demostrar que los monos con electrodos implantados en el cerebro podían operar mentalmente palancas de juego o brazos robóticos. Los escaneos realizados a los cerebros de los simios revelaron una situación notable: las neuronas del lóbulo frontoparietal –sección que controla el movimiento de los brazos– se activaban cuando el primate operaba un brazo robótico. En otras palabras, el cerebro del mono ya no trataba al brazo robótico como si fuera una herramienta, algo que puede utilizar pero que está claramente separado de su cuerpo. En cambio, el cerebro "remapeaba" su imagen del cuerpo del mono para incorporar el brazo robótico. En el nivel neuronal, la distinción entre los propios brazos del mono y el brazo robótico se vuelve borrosa. Para el cerebro del mono, mono y robot son uno y el mismo cuerpo. Nicolelis y sus colegas en Japón implantaron electrodos en el área del cerebro de Idoya que regula el acto de caminar. Después le enseñaron a caminar sobre una cinta para correr y estudiaron cómo se activaban las neuronas en su cerebro mientras lo hacía. Cuando Idoya obedecía la orden de acelerar o lentificar el ritmo de la marcha, era recompensada con comida. El siguiente paso de los científicos fue colocar una pantalla de televisión delante de la cinta para correr. Sin embargo, en vez de pasar "The View" o las últimas noticias de la CNBC, la pantalla mostraba la imagen de CB-i: un robot de tamaño humano localizado en Kyoto. (CB-i es, en sí mismo, un prodigio. Equipado con cuatro cámaras de video, estabilizadores giroscópicos y manos que pueden tomar objetos, es capaz de sostener un bate de béisbol y acertarle a la pelota y también puede aprender tareas manuales imitando a los humanos.)

Ahora bien: cuando Idoya retomó su caminata por la cinta, los electrodos implantados en su cerebro recogieron las señales generadas por las neuronas que controlan la locomoción. Esas señales fueron transmitidas por Internet a CB-i, que las obedeció y se puso a caminar a la par de Idoya. Cuanto mejor controlaba al robot, más golosinas obtenía la mona. Tras una hora de caminar y masticar Cheerios, los científicos detuvieron la cinta de correr de Idoya. Todavía concentrada en la pantalla, la mona dejó de caminar... pero mantuvo en marcha a CB-i y continuó controlándolo durante varios minutos más. Nuevamente, el equipo de Nicolelis logró demostrar que el cerebro de los primates puede aprender a controlar en forma directa a un robot y que, en el transcurso de ese proceso, comienza a tratar al robot como una extensión o una prolongación del cuerpo con la que está familiarizado. Los escaneos del cerebro de Idoya muestran que su cerebro actuaba exactamente de la misma manera tanto cuando usaba sus propias patas de carne y pelo como cuando utilizaba sus patas de plástico electrónicas. Para su cerebro, ya no había ninguna diferencia entre ambas.

Idoya y los macacos de Iwatayama representan dos aspectos diferentes de la mente humana, dos relaciones contrastantes con la tecnología de la información, y dos futuros. El mono parlanchín encarna la mente ignorante, indisciplinada y reactiva, la mente que adora los estímulos pero es incapaz de retener un pensamiento. La mona cyborg representa la mente que no se deja abrumar por la tecnología; por el contrario, el control que ejerce es tan grande que le permite tolerar su fusión con la tecnología. Esa mente no tiene problemas con la tecnología porque ha dejado de experimentarla como algo separado de sí. Y cabe recordar que, en un nivel fundamental, la tecnología no está separada de la mente.

Durante mucho tiempo, demasiado en realidad, hemos dejado al mono parlanchín al mando de nuestras tecnologías. Y después nos preguntamos por qué las cosas marchan tan mal. Queremos ser como Idoya, la mona cyborg, aunque no tan peludos y sin electrodos implantados. Queremos esa misma capacidad para utilizar tecnologías complejas sin tener que pensar en ellas, sin experimentarlas como una carga o una distracción. Queremos que nuestras tecnologías amplíen nuestras mentes –no que las perturben– y aumenten nuestras habilidades.

La habilidad de obtener ese control está a nuestro alcance. En vez de abandonarnos a un estado de distracción perpetua, con toda la infelicidad y el descontento que provoca, podemos acercarnos a las tecnologías de la información de una manera consciente y casi espontánea, sin esfuerzo, de una manera que contribuya a nuestra capacidad de concentrarnos y de ser creativos y felices.

Yo llamo computación contemplativa a este acercamiento o enfoque.

El término suena como un oxímoron. ¿Acaso existe algo menos contemplativo que el actual medioambiente de tecnología intensiva? ¿Acaso hay algo menos propicio para alcanzar un estado meditativo, de claridad meridiana, que nuestra interacción con las computadoras, los teléfonos celulares, el Facebook y el Twitter?

La computación contemplativa no es producto de un avance tecnológico ni fruto de un descubrimiento científico. No es algo que podamos comprar. Es algo que hacemos. Está basada en una mezcla de nueva ciencia y filosofía, algunas técnicas muy antiguas para controlar la mente y la atención, y muchísima experiencia sobre cómo la gente usa (o es usada por) las tecnologías de la información. La computación contemplativa muestra cómo interactúan nuestras mentes y nuestros cuerpos con las computadoras y cómo influye la tecnología sobre nuestra atención y nuestra creatividad. Nos proporciona las herramientas necesarias para rediseñar nuestra relación con las tecnologías de la información y hacer que funcionen mejor para nosotros. Conlleva la promesa de poder construir una relación más sana y más equilibrada con la tecnología de la información.

*****

Para comprender mejor cómo podría ocurrir eso, primero veremos cómo es la vida digital para muchos de nosotros... y cómo podría ser.

Imagine que es lunes por la mañana. Usted estira la mano hacia la mesa de luz, tantea su smartphone y apaga la alarma. Restregándose los ojos con una mano, toca el icono del programa de correo electrónico con el dedo índice de la otra. En realidad, usted todavía no está despierto: lo hace automáticamente. Se queda mirando cómo gira el icono mientras el teléfono se conecta con su servidor de correo electrónico.

Hay diecinueve mensajes en su bandeja de entrada. En su inmensa mayoría son boletines informativos semanales automáticamente generados, cupones o actualizaciones de las redes sociales; pero seis de ellos fueron enviados por colegas que se levantaron todavía más temprano que usted.

Usted responde uno de los mensajes y comienza a responder otro, pero entonces se da cuenta de que no está seguro de lo que desea decir... y de inmediato salta al buscador de Internet para enterarse de las noticias del día. Terminará de responder el mensaje más tarde. Mientras tanto, se entera de que los banqueros europeos discuten los términos del último rescate financiero... de que hubo otra caída fulminante del Nasdaq... recibe una avalancha de posteos en blogs comentando un suicidio en un reality show... Y de pronto se da cuenta de que pasaron veinte minutos. Es hora de levantarse.

Ya rumbo a su trabajo –en tren o en colectivo– ve a los automovilistas sosteniendo el celular y aferrando el volante con la misma mano mientras navegan, o manejando con una mano mientras con la otra envían mensajes de texto. Hablar por teléfono sosteniendo el celular con una mano mientras se maneja con la otra parece ahora la actitud más prudente del mundo. Usted piensa que la policía tendría que multar a los conductores distraídos... pero dado que cada vez hay más patrulleros equipados con laptops, los agentes de policía también han empezado a distraerse.

En su trabajo resulta ser uno de esos días en que sus compañeros necesitan números, o requieren una devolución, o... ¿podría ayudarlos con este problema, explicarles estas opciones? ¿Podría hablar con tal o cual persona? Una cosa es concentrar todas sus energías en una sola meta, pero esta clase de multitareas es completamente otra. Usted está acostumbrado al flujo de interrupciones constantes, pero en el día de hoy hasta las interrupciones son interrumpidas. Es difícil negarse, pero más difícil aún es retomar la tarea. Después de cada interrupción usted necesita un par de minutos para recordar lo que estaba haciendo, volver a concentrarse y retomar su trabajo.

A última hora de la tarde ya está listo para imprimir su trabajo. Cliquea la opción de imprimir y en la pantalla aparece un mensaje de error: tiene que actualizar el driver de su impresora. Cuando cliquea OK, pasa un minuto y aparece otro mensaje: el driver más reciente no es compatible con la versión, obviamente más antigua, de su sistema operativo. Usted, o en su debido caso el departamento tecnológico de su empresa, tendrá que actualizar también el sistema operativo. Media hora después vuelve a encender su computadora y, por fin, logra imprimir el documento. Es una experiencia frustrante, pero en absoluto excepcional. De acuerdo con una encuesta realizada en el año 2010 por Harris Interactive (y esponsoreada por el gigante tecnológico Intel), los usuarios de computadoras pasan un promedio de 43 minutos diarios —cinco horas por semana u once días por año— esperando que sus computadoras se enciendan, se apaguen, carguen el software, abran archivos y/o se conecten a Internet.

Camino a encontrarse con una amiga para tomar algo después del trabajo, ve pasar multitudes ensimismadas en sus teléfonos celulares que parecen tener graves problemas para apartar su atención de las pantallas. Siente vibrar su propio teléfono celular en el bolsillo de sus pantalones, pero cuando lo busca para contestar el llamado… no encuentra nada. Palpa con creciente preocupación todos los bolsillos, teme haberlo perdido. La última vez que perdió su celular sintió que le habían clausurado una parte del cerebro. Pero, por suerte, no es más que una falsa alarma: el teléfono aparece, sano y salvo, en el bolsillo superior del saco.

Mientras comparten uno o varios tragos, tanto usted como su amiga reciben esporádicamente algún mensaje de texto. La conversación fluye, pero se interrumpe momentáneamente cada vez que uno de los dos mira la pantalla y deja inconclusa la frase para empezar a tipear. El mensaje de una antigua ex resulta particularmente extraño y desestabilizante: es incoherente y ya son más de las doce de la noche en su zona horaria. "Escuché decir que a veces pasa", dice su amiga, sin levantar la vista de su propio teléfono. "Probablemente haya enviado el texto estando dormida." "¿En serio?" "Es como caminar dormido" –dice ella mientras tipea y tipea y tipea– "excepto que... –sin parar de tipear–... "ya sabes, nosotros no somos sonámbulos: somos gente que envía mensajes de texto".

No es descabellado que empecemos a enviar mensajes de texto estando dormidos. Después de todo, las tecnologías de la información y la Internet penetran de manera asidua en nuestra vida cotidiana. En el año 2010, en el mundo entero y según la Unión Internacional de Telecomunicaciones, 640 millones de hogares donde residían 1.4 billones de personas tenían por lo menos una computadora; 525 millones de esos hogares y 900 millones de personas estaban conectados a Internet. En los Estados Unidos, aproximadamente 90 millones de hogares (el 80 % del total de ese país) tenían acceso a Internet y a una PC, y casi la mitad de esos 90 millones poseían dos o más computadoras en casa; 70 millones tenían plataformas de juegos como Wii, PlayStation o Xbox; 45 millones de hogares compartían aproximadamente 96 millones de smartphones y 7 millones tenían tablets. El 60% de los hogares tienen por lo menos tres aparatos conectados a Internet; un cuarto de esos hogares tiene cinco aparatos en esas mismas condiciones.

En el transcurso de un día promedio, usted recibe alrededor de 110 mensajes. Chequea su teléfono celular 34 veces, visita Facebook cinco veces y allí pasa por lo menos media hora indicando cosas que le gustan y enviando mensajes a sus amigos. Al igual que el de la mayoría de las personas, su smartphone es más inteligente que un simple teléfono: por cada hora que usted pasa en la Web chequeando su correo, enviando y recibiendo mensajes de texto y participando en las redes sociales, pasa doce minutos hablando con alguien. Nielsen y el Pew Research Center descubrieron que los norteamericanos pasaban un promedio de 60 horas por mes –o 720 horas por año– online. Eso equivale a 90 días de ocho horas por año; 20 de esos 90 días se pasan en las redes sociales, 38 se dedican a ver contenidos de nuevos sitios, YouTube, blogs y otros por el estilo, y los 32 restantes leyendo y respondiendo correos electrónicos. Si usted siente que mantener su vida online al día se parece mucho a un trabajo, probablemente sea porque es un trabajo.

El aumento en la cantidad de aparatos digitales que poseemos, y la cantidad de tiempo que gastamos en ellos, no solo marca un cambio cuantitativo. El cambio es, también, cualitativo. Las tecnologías y los servicios digitales están entramados en nuestra vida cotidiana, nos guste o no. Como bien dijo una ingeniera de Silicon Valley: "Antes las computadoras eran parte de mi vida cotidiana. Ahora son parte de cada minuto de mi vida cotidiana". Veterana de Google y Facebook, incluso ella siente el cambio: como muchos de nosotros, es consciente de que la tecnología de la información desempeña un rol más amplio en esas cosas necesarias y casuales que hacemos para mantener nuestros hogares y familias y nuestra vida social. Antes llamábamos hackers a las personas que pasaban todo el día con computadoras. Hoy por hoy, hackers somos todos.

La vida digital puede ser maravillosa, pero tiene su precio. Mantenerse al tanto de todo lo que todos comparten puede resultar abrumador: no solo por el volumen de material propiamente dicho, sino por la obligación de permanecer en contacto. Después de todo, son nuestros amigos (o "amigos") y si no chequeamos constantemente lo que comparten, podríamos perdernos algo. El suave zumbido de un nuevo mensaje de texto o correo electrónico es sumamente agradable a nuestros oídos, pero también nos decepcionamos cuando cliqueamos "actualizar" y no aparece nada en la pantalla.

A veces, los problemas son más grandes. Permanecer concentrado cuando todos requieren nuestra atención y el mundo y nuestros "amigos" nos bombardean con un flujo constante de distracciones es **difícil**. Estando en el trabajo es fácil dejarse distraer por una cosa, después por otra y por otra... y en consecuencia tener dificultades reales para concluir la tarea emprendida. Encuestas y estudios de campo recientes revelan que el período estándar de trabajo ininterrumpido de la mayoría de los trabajadores oscila entre 3 y 15 minutos diarios y que pasan por lo menos una hora por día –lo que equivale a cinco semanas completas en el transcurso de un año– distrayéndose y retomando la tarea. Cada pequeñez a la que respondemos nos parece urgente y nos da la sensación de "estar ocupados", pero también abrigamos la secreta sospecha de que las interferencias y las superposiciones nos vuelven menos productivos. Sin embargo, cuando todos **parecen** estar "ocupados a perpetuidad", estar sobrecargado pasa a ser una medalla de honor, trabajar demasiado duro es la nueva norma... y la capacidad de realizar multitareas se parece mucho al trabajo, aun cuando sea contraproducente.

Las empresas también pagan un precio por la distracción crónica. En una encuesta global de gerentes realizada en 1996, dos tercios de los entrevistados pensaban que la distracción constante y la sobrecarga de información estaban afectando su calidad de vida. Estudios recientes estiman que la sobrecarga de información les costó a las empresas norteamericanas 28 billones de horas de tiempo desperdiciado y un trillón de dólares en 2010, año en que el Producto Bruto Interno fue de 14.6 trillones de dólares. Los trabajadores pasan media hora cada día resolviendo los problemas de las computadoras u ocupándose de cuestiones relacionadas con la Internet. En el transcurso de un año, eso equivale a quince días de trabajo perdidos para solucionar problemas relacionados con la computadora.

El zumbido constante, la necesidad de estar al tanto de la interminable corriente de información, los esfuerzos por dividir y dedicar nuestro tiempo y atención cada vez con mayor precisión comienzan a cobrar peaje. Cada vez es más difícil concentrarnos cuando realmente lo necesitamos. Llegamos al final de la página y no siempre podemos recordar lo que acabamos de leer. No solamente tenemos más dificultades para retomar la tarea que iniciamos una hora atrás, sino que además luchamos para recordar cuál era esa tarea. Olvidamos los ítems de nuestra lista de compras mental. Estando en nuestra casa, a veces entramos en una habitación para hacer algo y, una vez adentro, olvidamos para qué fuimos hasta allí.

Ahora imaginemos un lunes diferente.

Lunes por la mañana. Usted estira el brazo hacia la mesa de luz, tantea su smartphone y apaga la alarma. No chequea su correo electrónico, no mira las noticias, no entra en Internet. Después de haber observado y evaluado durante varios meses su estado de ánimo cuando lo primero que hacía cada mañana era chequear su correo electrónico, ahora sabe que tendrá un día mejor si espera un poco para hacerlo. Además, desea pasar un poco más de tiempo offline. El sábado por la noche, después de encender la cafetera, programa el teléfono en modo silencioso y guarda su laptop y su tablet en un cajón del escritorio. Usted pasa seis de los siete días de la semana conectado; ahora, junto con un par de amigos, dedica los domingos a hacer cosas intensamente analógicas. Practican senderismo o cocinan, y algunos de sus amigos han redescubierto las delicias de tejer y pintar. Este domingo, por ejemplo, estuvo dedicado a hornear pan y leer. Después de un rato en el mercado, y de haber medido y mezclado debidamente los ingredientes, tiene suficiente torta para embarcarse en la última novela de 800 páginas del escritor que acaba de revolucionar la escena literaria de Brooklyn.

Ahora, cuando chequea su correo electrónico en el teléfono celular, abre el programa y coloca el aparato con la pantalla hacia abajo sobre la mesa mientras toma el desayuno. Es un pequeño acto de resistencia, como si le dijera: te voy a mirar cuando *yo* decida hacerlo. No hay muchos mensajes en su bandeja de entrada, incluso después de haber pasado 36 horas sin conectarse. Previamente usted eliminó todas las notificaciones, anuló la suscripción a todos los boletines informativos, salvo los más útiles, y además cuenta con un agresivo conjunto de filtros que remueven el correo no esencial de su bandeja de entrada antes de que usted lo vea.

En el trabajo mantiene la cabeza baja, independientemente de las necesidades inmediatas de sus colegas. Sí, es importante ser solidario... pero frenético no es lo mismo que prioritario, y usted tiene trabajo que hacer. De modo que desconecta su teléfono y activa un programa que bloquea el acceso a Internet. Durante dos horas no tendrá distracciones externas ni tampoco oportunidades de autodistraerse: el correo electrónico, Facebook, Pinterest, Amazon, sus colegas... todos, absolutamente todos tendrán que esperar. Si alguien en verdad necesita algo, todos saben dónde encontrarlo, pero al obligarlos a esforzarse un poco para captar su atención usted filtra naturalmente a aquellos que solo quieren su tiempo pero en realidad no lo necesitan.

En el ínterin deberá realizar una sola tarea, a la que tomará casi como un juego: producir tantas palabras, escribir tantos códigos, revisar tantas cuentas. Después de un rato, su mente adopta un ritmo. Usted se siente como un percusionista de jazz: totalmente compenetrado pero manteniendo el compás, sin desperdiciar un solo movimiento.

Dos horas más tarde, vuelve a encender todos sus aparatos. Es sorprendente lo mucho que puede hacerse cuando uno se concentra en un solo objetivo. Y si bien eso implica realizar múltiples tareas, son de las que convergen todas en el mismo punto, no de las que tironean de nosotros en distintas direcciones.

Al caer la tarde, usted dedica media hora a ver qué están haciendo sus amigos en Facebook y Twitter. De vez en cuando reduce al mínimo su listado de amigos. Su muro está menos atiborrado porque ahora es más cuidadoso y decide a quién prestarle atención y a quién no. En la vida real su círculo de amigos se contrae y expande constantemente, al igual que la cantidad de tiempo que usted puede dedicarles. Escribe menos mensajes, chequea los recibidos con menor frecuencia e intenta que sus posteos en Facebook sean concienzudos y estén bien redactados. No abriga la secreta ambición de destacarse ni de acumular hordas de seguidores. Estar online es sinónimo de conectarse de manera significativa con el prójimo, preservar su propia capacidad de atención y respetar la libertad mental de sus amigos, no una manera de matar el tiempo. En líneas más generales, usted intenta utilizar las tecnologías de la información lo más concienzudamente posible. Usted observa lo que hace, detecta cómo las diferentes prácticas afectan su productividad y su estado de ánimo, y en base a ello adopta las mejores y descarta las obsoletas. Si las cosas marchan bien podrá apagar esa cámara mental, sentirá que el aparato deja de ser una herramienta y comienza a ser una prolongación de su propio cuerpo, y quedará completamente absorto en el momento.

Relacionarse con las tecnologías y utilizarlas de esta manera –en otras palabras, practicar la computación contemplativa– requiere comprender y aplicar cuatro principios.

El primero de esos cuatro principios es que **nuestra relación con las tecnologías de la información es increíblemente profunda y expresa capacidades humanas únicas.** Muchas veces pensamos que la tecnología amenaza reducirnos a máquinas humanoides aterradoras y sin alma, cyborgs como los Borg y Terminator. Pero como bien dice Andy Clark, filósofo y científico cognitivo de la Universidad de Edimburgo, en realidad somos "cyborgs por naturaleza" que desde siempre hemos buscado prolongar nuestros cuerpos y nuestras capacidades cognitivas a través de la tecnología. De hecho, es mejor que no veamos la "mente" como algo confinado al cerebro, y ni siquiera al cuerpo: es útil pensar que tenemos "mentes extendidas" (usando el término de Clark y David Chalmers) compuestas por partes superpuestas que vinculan el cerebro, los sentidos, el cuerpo y los objetos. Yo sostengo que las actuales tecnologías de la información nos causan dolor, pero no porque estén suplantando nuestras capacidades cognitivas normales, que siempre han sido flexibles y móviles. Nos causan dolor porque demasiado a menudo están pobremente diseñadas y son utilizadas sin pensar: vale decir que son como extremidades que no podemos controlar.

La segunda gran idea en juego es que **el mundo se ha vuelto un lugar más distractivo y existen soluciones para poner nuevamente bajo control esa mente extendida.** Los espacios de contemplación desaparecen a la misma velocidad rampante que las selvas tropicales, el trabajo y la vida cotidiana se tornan cada vez más frenéticos, y las tecnologías modernas plantean desafíos probablemente únicos a nuestra capacidad de concentración. Pero los seres humanos siempre hemos tenido que enfrentar la distracción y la falta de concentración y durante miles de años hemos cultivado técnicas para poder controlarlas eficazmente. En Asia, la meditación tántrica y budista, el zen japonés y el son y el yoga coreanos han evolucionado para domesticar nuestra distraída, parlanchina e indisciplinada "mente de mono". Neurocientíficos, psicólogos y terapeutas por igual han observado que las prácticas de meditación pueden tener un poderoso efecto sobre el cerebro, afinar las habilidades físicas y contribuir al tratamiento de una variedad de problemas psicológicos. Las prácticas contemplativas no solo brindan una manera de controlar la "mente de mono" o refrenar la actividad multitareas compulsiva. También pueden ser readaptadas para recuperar el control de nuestra mente extendida.

La tercera idea medular postula que **es necesario que seamos contemplativos en lo concerniente a la tecnología.** Debemos observar de cerca cómo interactuamos con las tecnologías de la información y detectar qué pensamos de esas interacciones para poder comprender cómo se desarrollan y funcionan nuestras mentes extendidas. Nuestras interacciones con las tecnologías de la información –es decir, con los extremos de nuestras mentes extendidas– están configuradas por una variedad de factores: el diseño de los aparatos y las interfaces, las maneras y los contextos en que utilizamos esos aparatos, y nuestros modelos mentales de esa interacción y de nosotros mismos. Esos modelos con frecuencia conllevan supuestos no examinados acerca de cómo funcionan las tecnologías de la información –y de cómo funcionamos nosotros– que van en nuestro detrimento.

La cuarta y última gran idea es que **cada uno de nosotros puede rediseñar su mente extendida.** Comprender cómo funciona la mente extendida, entender cómo elegir y utilizar la tecnología, y estar familiarizados con las prácticas contemplativas nos permite ser más calmos y más decididos con respecto al uso de las tecnologías de la información. Nos ayuda a ser más duchos al ejercitar la mente extendida, y más deliberados para fortalecerla. Si comprendemos cómo encajan todas las piezas de este rompecabezas llegaremos a ser contemplativos a través de la tecnología y en el ínterin recuperaremos nuestra habilidad para afrontar desafíos, pensar con profundidad y ser creativos.

La computación contemplativa no es un mero argumento filosófico. Es teoría y práctica. Es un millar de métodos menores, de hábitos conscientes construidos por los cuatro principios que acabamos de mencionar. Propone lineamientos para chequear el correo electrónico de maneras no distractivas. Postula reglas para usar Twitter y Facebook que estimulen la amabilidad y la consideración hacia el prójimo, y maneras de agarrar –literalmente, agarrar– el smartphone que nos demanden menos atención. Propone técnicas para observar y experimentar las propias prácticas tecnológicas. Métodos para restaurar nuestra capacidad de concentración.

Las tecnologías de la información son tan invasivas, hasta tal punto forman parte de nuestro trabajo y de nuestro hogar, se insinúan tan plenamente en todos los rincones de la vida moderna que puede resultar difícil saber dónde comenzar a reaccionar. Una buena opción es comenzar allí donde comienzan muchas prácticas contemplativas. En la respiración.

Capítulo 1

Respirar

Antes de continuar leyendo, vaya a buscar su smartphone, su iPad o su laptop y chequee su correo electrónico. Es probable que usted lo haga muchas veces por día; para muchos de nosotros es casi un reflejo, algo que hacemos sin pensar. Los expertos en productividad recomiendan chequear los correos electrónicos relacionados con el trabajo solo algunas veces por día, pero son muchos los usuarios que abren el notificador de nuevos correos en la barra de menú de sus computadoras o cliquean la tecla "mensajes recibidos" en su programa de correo electrónico cada pocos minutos. Es un hábito automático, nervioso, como mirar el reloj a intervalos continuos. Las computadoras automatizan esa práctica y chequean el correo por nosotros varias veces por hora. Si usted tiene alertas activados en varios aparatos, y si además posee varias cuentas de correo electrónico, eso se traducirá en centenares de interacciones diarias con sus múltiples bandejas de entrada.

Entonces, chequee su correo electrónico. Pero esta vez no piense en los mensajes que podrían estar esperando en su bandeja de entrada ni en que ya tendría que haber respondido esos mensajes que recibió la semana pasada. Trate de evitar la deriva del pensamiento. En cambio, préstese atención. Trate de observar lo que hace. Observe cómo reacciona la computadora ante usted, y cómo reacciona usted ante la computadora.

En particular, preste atención a su respiración. ¿Acaso contuvo el aliento? Es muy probable que lo haya hecho, y ese hábito menor e inconsciente es una ventana abierta a un universo de cuestiones que debemos tomar en cuenta. Muestra cómo esas relaciones a las que consideramos meras transferencias de información sin relación alguna con el cuerpo, y que a nuestro entender trascienden la corporeidad, tienen en realidad una dimensión corpórea, física. Demuestra que no nos limitamos a "usar" las tecnologías de la información como usamos el inflador de la bicicleta, el ascensor o las pinzas para servir la ensalada: en cambio, esas tecnologías se transforman en extensiones de nuestra mente y de nuestra memoria. Se entrelazan con nosotros.

Linda Stone es consultora en tecnología, escritora y ex ejecutiva de Apple y Microsoft: la clase de persona que acuña frases como "atención parcial continua" para describir nuestra manera de dividir la atención entre varios aparatos sin prestar completa atención a ninguno de ellos. En el año 2008, Stone notó que contenía la respiración mientras chequeaba su correo electrónico. Después de observar a la gente en cafés y conferencias, de preguntarles a sus amigos y de realizar varias encuestas informales, llegó a la conclusión de que muchísimas personas contenían la respiración mientras chequeaban su correo electrónico.

Stone denominó "apnea de correo electrónico" al singular fenómeno. El término juega con el concepto de apnea del sueño, un problema respiratorio causado ya sea por una obstrucción física en los conductos de aire que impide que el aire llegue a los pulmones, o bien porque el cerebro "se olvida" de ordenarles a los pulmones que deben respirar. Las personas que padecen apnea durante el sueño pueden dejar de respirar cientos de veces durante una misma noche, en ocasiones por más de un minuto. No es una afección fatal, pero puede provocar fatiga y disminución de la cognición e incluso problemas físicos como obesidad y dolencias cardíacas.

Es probable que la apnea del correo electrónico sea más invasiva que la apnea del sueño. Entre 100 y 350 millones de personas padecen apnea del sueño en todo el mundo, y en los Estados Unidos se estima que es una afección tan común como las enfermedades cardíacas, la depresión clínica o el alcoholismo. Pero aproximadamente dos billones de personas en el mundo entero –casi un tercio de la población de la Tierra– usan computadoras. Y cerca de dos billones de personas tienen acceso a Internet de banda ancha. Más del doble de esa cantidad poseen teléfonos celulares.

No es descabellado suponer que la apnea del correo electrónico tampoco es buena para nosotros. Stone sostiene que contener la respiración mientras esperamos que se abra un correo electrónico es una reacción disparada por el reflejo de lucha o huida. Refleja la ansiedad que muchos sentimos mientras esperamos que aparezcan mensajes nuevos en nuestra bandeja de entrada, cuando no sabemos qué nuevo incendio tendremos que apagar o qué problema imprevisto tendremos que resolver. También vemos variantes de esta reacción en otras interacciones electrónicas: cuando estamos esperando un mensaje de texto crucial, por ejemplo, o cuando tenemos que actualizar inesperadamente el driver de la impresora para poder imprimir el documento que sí o sí necesitamos presentar en la reunión que comenzará dentro de unos minutos.

La apnea de correo electrónico es una condición crónica que puede hacer que nuestra vida sea bastante menos placentera y, por si esto fuera poco, también puede hacer que seamos bastante menos agradables para el prójimo. Después de todo, esos seis billones de aparatos que tan ansiosos nos ponen también nos conectan unos con otros. Pero no somos plenamente conscientes del problema.

La apnea de correo electrónico arroja luz sobre una dimensión sumamente importante, casi siempre inadvertida, de nuestra relación con la tecnología de la información: el grado en que esta se insinúa en nuestras mentes. Antes se creía que la mente y la conciencia eran producto de las funciones cognitivas del cerebro. Pero, a raíz de nuestro conocimiento cada vez más vasto sobre el funcionamiento del cerebro y sobre la reacción de la mente a las nuevas tecnologías, algunos filósofos y científicos cognitivos han argumentado que las fronteras entre la mente y el cuerpo, e incluso las fronteras entre nuestras mentes, nuestros cuerpos, nuestras herramientas y nuestros medioambientes son muy difusas. Arguyen que es un error pensar que el cerebro "contiene" a la mente. En cambio, proponen un modelo de "mente extendida", compuesta por el cerebro, el cuerpo, los aparatos y hasta las redes sociales. La tesis de la mente extendida aduce que necesitamos entender que la cognición o el pensamiento pueden ocurrir en cualquier lugar de ese sistema: podemos internalizar algunas funciones cognitivas mediante reglas memorizadas o almacenarlas en nuestro subconsciente, delegar otras en las tecnologías, o utilizar una combinación de la memoria y los aparatos. Incluso un acto aparentemente tan simple como el acto de leer resulta ser un ballet enormemente complejo de procesamiento inconsciente y acción consciente que requiere coordinar el cuerpo, el libro, los ojos y las manos.

El *Homo sapiens* tiene una muy larga historia de entrelazamientos: nuestras interacciones con las tecnologías cambian según cómo funcionen nuestros cuerpos y cómo funcionen nuestras mentes, y lo que pensamos y percibimos de nosotros mismos nos ha diseñado y definido como especie. El entrelazamiento nos permite extender nuestras habilidades físicas y cognitivas; hacer cosas que no podríamos hacer solo con nuestros cuerpos; realizar las tareas encomendadas con mayor eficiencia, facilidad o rapidez, y alcanzar esa clase de dominio de las tecnologías y las tareas que nos permite perdernos en nuestro trabajo. Amplía nuestro "esquema corporal", nuestro mapa mental inconsciente de dónde termina nuestro cuerpo y comienza el mundo. Es precisamente por esto que ciertas frases que escuchamos a diario –como por ejemplo, "siento que mi iPhone es parte de mi cerebro"– expresan algunas verdades profundas.

El término "entrelazamiento"[1] combina varios fenómenos que científicos y filósofos han estudiado separadamente. Prefiero el término "entrelazamiento" por un par de razones. El concepto "mente extendida", acuñado por los filósofos Andy Clark y David Chalmers, suena un poco demasiado positivo. "Extender" las capacidades cognitivas o la memoria parece algo indudablemente bueno; pero nosotros necesitamos un término que dé cuenta de que algunos vínculos íntimos con las tecnologías se perciben más como limitaciones que como extensiones. También necesitamos reconocer que hasta las extensiones más positivas tienen un precio: no hay nada en nuestra relación con las tecnologías de la información que sea completamente positivo ni completamente negativo.

La palabra "entrelazamiento" también sugiere un grado de complejidad e inevitabilidad. Nosotros distribuimos naturalmente nuestras capacidades cognitivas en nuestros cerebros y en un conjunto de aparatos y utilizamos las tecnologías para extender nuestras capacidades físicas: es algo que venimos haciendo inconscientemente casi desde nuestro nacimiento. Estamos apegados a nuestros aparatos. Pero PODEMOS elegir entre quedar enredados EN ellos como moscas en una telaraña, o estar entrelazados CON ellos, como una soga compuesta por muchas fibras. La segunda posibilidad crea una unidad que es, en sí misma, mucho más fuerte que las partes que la componen. Y todos sabemos qué destino les espera a las moscas.

El concepto de entrelazamiento puede sonar a fantasía transhumana, a la clase de cosa que nos lleva a soñar con dotar de conciencia humana a las computadoras. Por cierto, muchos celebran la desaparición de la frontera entre humanos y máquinas: el futurólogo e inventor Ray Kurzweil, por ejemplo, vislumbra un futuro en el que los robots y la inteligencia artificial llegarán a ser tan inteligentes como los humanos, los robots construidos a nano escala podrán mapear todos y cada uno de los átomos del cerebro, y nosotros pasaremos de tener una conciencia singular alojada en nuestra cabeza a tener nuestra mente distribuida entre nuestro cuerpo, los robots y la Nube[2]. Pero las personas comunes y corrientes ya están hablando de las tecnologías de la información como si fueran extensiones de sí mismas. Los usuarios suelen describir sus aparatos móviles como si fueran parte integral de su persona, o comentan que son "adictos" a la Internet.

La popularidad de estas metáforas es ilustrada por dos estudios conducidos por investigadores de la Universidad de Maryland. En los años 2010 y 2011 reclutaron estudiantes universitarios en diez países para que permanecieran offline durante 24 horas. Después de haber apagado sus teléfonos celulares, muchos de ellos informaron que tenían la sensación de que les faltaba una parte del cuerpo. "Metí la mano en mi bolsillo por lo menos 30 veces para sacar un teléfono que yo sentía que vibraba y que obviamente no estaba allí", dijo un estudiante norteamericano. Un universitario de China señaló: "Me gusta palpar mi teléfono celular, me hace sentir pleno". Un estudiante británico explicó que "en realidad añoraba mi teléfono y metía la mano rutinariamente en el bolsillo para buscarlo cada cinco minutos", y otro describió que era "muy raro no tener mi teléfono constantemente conectado a mi mano". También comentaron sensaciones de adicción y de síndrome de abstinencia. "¡Este día no ha sido más que lucha y sufrimiento!", se quejó amargamente un estudiante chino; y otro dijo: "después de haber pasado 22 horas seguidas sin conexión con ningún medio digital puedo afirmar, sin incurrir en exageraciones, que estaba a punto de enloquecer". Entre los estudiantes norteamericanos consultados, uno dijo que se sentía "como un drogadicto, desesperado por una dosis de información", mientras que otro habló de necesitar un "'saque' electrónico" y señaló que estando offline sentía "literalmente, una especie de síndrome de abstinencia". Un estudiante británico se limitó a admitir, sencillamente, que era "un adicto. No necesito alcohol, cocaína ni ninguna otra forma destructiva de depravación social. La computadora es mi droga; sin ella, estoy perdido". Psicólogos de los Estados Unidos han comenzado a debatir si la "adicción a Internet" (término utilizado por primera vez en la literatura científica a fines de la década de 1990) debería reconocerse como una condición que requiere asistencia médica, comparable al alcoholismo.

Pensar en "mentes extendidas" y "entrelazamiento" ayuda a comprender con mayor claridad qué es lo que corre peligro cuando nuestra relación con las tecnologías de la información marcha mal. Cuando los aparatos electrónicos (computadoras, teléfonos celulares, tablets, *et al.*) dejaron de ser herramientas que utilizábamos en el trabajo o en la escuela y pasaron a formar parte de nuestro hogar y nuestra cotidianidad, se integraron de una manera más profunda en nuestras vidas, lo cual aumentó su potencial de afectar la estructura y el funcionamiento de nuestras mentes. Cuando esos aparatos no funcionan bien, o mejor dicho no funcionan bien para nosotros, su falla no se traduce en una simple molestia. Los experimentamos como parte de nosotros y, al mismo tiempo, están fuera de nuestro control. Son como brazos o piernas que no obedecen nuestras órdenes. El problema de tener demasiados aparatos y servicios no es que sean cautivantes o adictivos. El problema es que están mal diseñados.

Saber qué es y cómo funciona el entrelazamiento constituye un gran paso hacia el uso de las computadoras de una manera contemplativa. No podremos tener una mejor relación con nuestros aparatos si no tenemos una idea clara de QUÉ es mejor. El entrelazamiento nos enseña que no debe preocuparnos la posibilidad de volvernos demasiado dependientes de las tecnologías. Tanto en la historia común como en la vida diaria, el *Homo sapiens* es inseparable de la tecnología.

Hace aproximadamente dos millones y medio de años nuestros ancestros protohumanos utilizaban piedras a manera de herramientas; el hacha de mano achelense –una herramienta puntiaguda, filosa y versátil cuya manufactura requería una habilidad considerable– fue inventada hace aproximadamente un millón ochocientos mil años y continuó siendo una de las posesiones más preciadas de nuestros ancestros durante más de UN MILLÓN de años. (He sostenido en mis manos hachas de un millón de años que todavía conservan su filo. Es absurdo imaginar que cualquier tecnología actual pueda DURAR un millón de años, y mucho menos que pueda ser usable y efectivamente utilizada durante tanto tiempo.)

Literalmente, jamás hemos vivido en un mundo sin herramientas. Y nuestro uso de las herramientas ha evolucionado en consonancia con las innovaciones biológicas y cognitivas. Los cerebros de nuestros ancestros —en particular sus lóbulos frontales— se expandieron de manera impresionante en la misma época en que comenzaron a manufacturar y utilizar herramientas. Esta expansión neurológica contribuyó a aumentar la capacidad de nuestros ancestros para formarse ideas abstractas acerca de cómo usar esas herramientas, cómo recordar esos usos y aprender viendo usarlas a otros. La manufacturación de herramientas de piedra en tierras ricas en sílice, herramientas que eran utilizadas para cazar o pescar, es también la primera evidencia de que nuestros ancestros hacían planes para el futuro.

Nuestros rasgos externos también han cambiado gracias al uso prolongado de herramientas. El desarrollo del bipedismo ofreció a las manos de nuestros ancestros la extraordinaria oportunidad de especializarse en tocar y agarrar, en vez de caminar. A su vez, esto posibilitó que las manos de los protohumanos se volvieran más aptas para manipular herramientas desarrollando dedos más cortos y reemplazando las garras por uñas: los intentos recientes de enseñar a los grandes simios a manufacturar hachas y otras herramientas de piedra han revelado que tienen las muñecas demasiado rígidas y los dedos demasiado cortos para manufacturar un hacha manual básica. No obstante, estos cambios nos han tornado más dependientes de las herramientas para cazar y luchar y nos han obligado a encontrar protección artificial (por ejemplo, el cuero) para defendernos de las superficies ásperas.

Asimismo, si bien es cierto que durante los últimos doscientos mil años hemos comido mucha más carne que los gorilas o los chimpancés, no obstante no hemos desarrollado los temibles dientes afilados ni la aterradora velocidad de otros predadores. De hecho, en la medida en que la carne comenzó a ocupar un lugar preponderante en nuestra dieta, nuestros dientes y mandíbulas se *debilitaron*. ¿Por qué? Porque nuestros dientes no evolucionaron para desgarrar la carne todavía viva de una presa en movimiento. Evolucionaron para consumir eficientemente carne COCIDA, proveniente de animales que matábamos utilizando tecnologías como lanzas y trampas. Carne que cocinábamos al fuego. También somos menos peludos que nuestros primos primates y caminamos —y hasta nos balanceamos— de otra manera. Y todo gracias a dos tecnologías antiguas: la ropa y el calzado.

Estos cambios biológicos no son producto de la mera adaptación de los humanos a un nuevo ambiente o a nuevas presiones del medioambiente. Nuestros cuerpos adquirieron su forma actual en un mundo donde las flechas, las lanzas, las trampas y los cuchillos eran el equivalente tecnológico de las mandíbulas exterminadoras y los poderosos cuartos traseros. Un mundo donde el fuego ablandaba y esterilizaba nuestro alimento. Los seres humanos evolucionamos utilizando tecnologías para modificar nuestro medioambiente y nuestra dieta.

La evidencia del entrelazamiento cognitivo es más reciente debido a que los arqueólogos comenzaron a buscarla hace relativamente poco tiempo. Y cabe recordar, además, que la evidencia física de los cambios cognitivos es más efímera. No obstante, una de las formas que podemos rastrear en los últimos 12.000 años es el descubrimiento, cultivo y uso de drogas psicoactivas.

En su estado natural, plantas como la coca y la *Catha edulis* aportan estímulos a un nivel menor. Por eso es probable que hayan contribuido a que los humanos primitivos, para quienes la comida cocida y la vestimenta eran verdaderas novedades, ignoraran el hambre y se mantuvieran alertas durante las largas jornadas de cacería. Las drogas se volvieron cada vez más potentes y refinadas con el ascenso de la civilización, el comercio, las migraciones y la expansión imperialista. Fuentes paleobotánicas del Viejo Mundo (microfósiles y semillas conservadas, por ejemplo) y ciertos artefactos (cuencos ceremoniales e incensarios, entre otros) sugieren que, hacia el año 10.000 a.C., los pueblos de Asia mascaban nuez de areca como estimulante. Los agricultores chinos cultivaban *Ephedra sinica* (*ma huang*) y cannabis hacia el año 4000 a.C., en tanto sus hermanos europeos se dedicaban a cosechar opio. Dos mil años después, en Oriente Medio y Europa era habitual el uso de nicotina y alucinógenos basados en alcalinos. La cannabis se propagó por las rutas de las caravanas que iban desde China hacia Asia Central e India, y solo después llegó a África, mientras que el opio se movió en sentido inverso: conquistó Asia y Oriente Cercano.

En la América antigua, las "plantas de los dioses" y los rituales cuyo objetivo era alcanzar estados de conciencia alterados fueron y continúan siendo de uso generalizado. Los pueblos andinos preparan bebidas rituales con el alucinógeno cactus de San Pedro desde el año 1300 a.C., y las plantas de coca y *guayusa* (rica en cafeína) se cultivan y comercian desde por lo menos el año 500 de la Era Cristiana. La ayahuasca, también conocida como "viña de las almas", era popular en el Amazonas. En la zona del Caribe y sus alrededores se aspiraba una sustancia llamada yopo: en dosis bajas opera como estimulante, pero si la dosis es alta produce efectos alucinógenos. América Central, con sus frondosas selvas tropicales, era y sigue siendo una verdadera farmacopea. Los mayas que moran en la actual Guatemala usan hongos sagrados, como el teonanacatl, desde el año 500 a.C., y los chamanes de la región de Oaxaca, en México, realizan rituales con brebajes que son una mixtura de hongos, ololiuqui (una clase de belladona) y peyote desde el año 100 de la Era Cristiana.

Con la domesticación de los animales, el surgimiento de la agricultura, el crecimiento de los espacios urbanos y el desarrollo de sociedades complejas surgieron otros entrelazamientos. El comercio de larga distancia y las entidades políticas extendidas crearon la necesidad de mantener registros actualizados y contar con una red de comunicación confiable, lo que a su vez contribuyó al desarrollo y el uso de la escritura en Asia, Mesoamérica y Oriente Cercano. La escritura ha sido el sostén de emprendimientos sociales de una complejidad sin precedentes, pero también tiene un efecto poderoso sobre la mente humana individual. Como lo expresara memorablemente Walter Ong: "La escritura es una tecnología que reestructura el pensamiento".

Aprender a leer vincula distintas regiones del cerebro que evolucionaron para diferentes propósitos pero quedan conectadas por el desafío de reconocer y descifrar textos.

La escritura también externaliza ideas y posibilita abstraerlas y analizarlas de maneras que resultan muy difíciles de concretar en las culturas ágrafas. Por mencionar un ejemplo, el florecimiento de la filosofía y la ciencia griegas fue precedido por la difusión de la alfabetización en las ciudades de Grecia propiamente dicha y en sus colonias, situadas en el actual territorio de Turquía. La alfabetización propició el desarrollo de formas de argumentación más largas y más elaboradas, construidas sobre un espectro de fuentes más amplio. La escritura hizo que fuera posible retroceder mentalmente un paso y analizar cómo componían sus argumentos los autores; en otras palabras, posibilitó analizar las herramientas retóricas y lógicas que utilizaban. A partir de ese momento crucial, incluso el lenguaje hablado lleva la impronta de actitudes cognitivas que son producto de la escritura.

En las civilizaciones antiguas también encontramos algunas de las primeras evidencias de relaciones entre humanos y tecnologías que no solo están marcadas por la posesividad o la conciencia del valor de una determinada herramienta, sino también por la sensación de que la posesión de una herramienta y el hecho de utilizarla con habilidad y destreza son transformadores. En otras palabras, variaciones autoconscientes de entrelazamiento. Algunas de las evidencias más notables provienen de Micenas, una civilización mediterránea que floreció entre los años 1600 y 1100 a.C., aproximadamente, cuyas prácticas mortuorias sugieren que las espadas eran consideradas extensiones de quienes las habían blandido en vida. Los guerreros micénicos no solo usaban espadas, dice Lambros Malafouris, profesor en la Universidad de Oxford y una de las figuras líderes en el campo de la antropología cognitiva. Devenían un "híbrido humano/no humano" de persona y espada. A diferencia de las lanzas y los arcos y flechas de tiempos pretéritos, que podían ser manufacturados por los propios cazadores y guerreros, las buenas espadas eran forjadas por herreros habilidosos, cumplían su función y lucían complejos ornamentos, y tenían un costo prohibitivo. (No es para sorprenderse que las distintas civilizaciones antiguas que utilizaron espadas, desde los griegos hasta los japoneses, compartieran la idea de que las espadas tenían vida y espíritu propios, que eran entes dotados de individualidad.) Los micénicos trataban con sumo cuidado y devoción a sus espadas y eran enterrados con ellas, lo cual sugiere que espada y guerrero compartían un vínculo único y profundo, una relación más honda y simbiótica que la de los cazadores con el hacha o el arco y la flecha.

El entrelazamiento no es algo nuevo ni tampoco revolucionario. Es lo que nos hace humanos. Modela las percepciones que tenemos de nuestro ser, nuestro cuerpo y nuestra mente. Nuestro éxito evolutivo –nuestra capacidad de sobrevivir en un mundo de predadores mucho más grandes, de aventajar a nuestros primos de Neanderthal y Cro-Magnon y de habernos propagado por el mundo entero hace aproximadamente 40.000 años– dependió del entrelazamiento. Y, hoy por hoy, continúa siendo igualmente importante.

Consideremos un ejemplo simple de la dimensión física, corpórea, del entrelazamiento: el efecto de las tecnologías sobre nuestro "esquema corporal". (En realidad, tendría que referirme al entrelazamiento "principalmente físico", puesto que no existe una frontera clara entre entrelazamiento físico y entrelazamiento cognitivo: los entrelazamientos que modifican el cuerpo afectan también el cerebro y la mente, y los entrelazamientos cuyo objetivo es modificar nuestras capacidades cognitivas casi siempre tienen un componente corporal.) El esquema corporal son los modelos mentales que tenemos del cuerpo: hasta dónde llegan nuestras extremidades, dónde estamos ubicados en el espacio, cuál es nuestro volumen. Los esquemas corporales son importantes porque nos ayudan a funcionar exitosamente en un mundo complejo. Para asir una taza necesitamos saber cuán largo es nuestro brazo y cuánto podemos abrir los dedos de la mano, mientras que el acto de bajar una escalera requiere anticipar qué tan lejos podemos llevar la pierna hacia adelante sin perder el equilibrio.

Los esquemas corporales son flexibles. En ciertas ocasiones, el cerebro de Idoya desplazaba las funciones de control desde la sección "uso de herramientas" hacia la sección "cuerpo": al hacerlo, trataba al brazo robótico como algo indistinto del resto de sus extremidades. Y, además, su esquema corporal se expandía para incluir el brazo robótico. Incluso sin espectaculares avances de alta tecnología, como podría serlo un implante cerebral, los humanos tenemos tanta práctica o destreza en el uso de ciertas herramientas que las consideramos extensiones de nuestros cuerpos.

Consideremos el caso del ciego y el bastón (ejemplo favorito de muchos filósofos). El ciego es consciente del bastón cuando se sienta y lo sostiene entre sus manos: puede medir su longitud, conocer su peso, evaluar su flexibilidad y otras cosas por el estilo. Pero cuando se pone de pie y lo utiliza para moverse, esa conciencia que tenía del bastón desaparece. Su mente se concentra en la información que le brinda la interacción del bastón con el espacio que tiene delante, y el ciego siente que a través del bastón puede sentir o percibir objetos que se encuentran a pocos metros de distancia. Trata al bastón como si fuera una extensión de su mano y "siente" el camino o la vereda que tiene delante como si lo estuviera tocando. Estos remapeados cerebrales pueden producirse con bastante celeridad. En el caso de los monos, el uso de una herramienta tan simple como un rastrillo o una mano mecánica (literalmente, una mano colocada en el extremo de un palo largo) para alcanzar la comida altera el esquema corporal en un lapso de pocos minutos.

La necesidad de esquemas corporales precisos, y el requisito de flexibilidad, crea un campo lábil que las tecnologías explotan para volverse parte integral de nuestros cuerpos. Dado que siempre hemos dependido, individualmente y como especie, del uso exitoso de herramientas para nuestra supervivencia, tiene sentido que desarrollemos la habilidad de incorporar tecnologías a nuestros esquemas corporales. Es una manera eficaz de aprender a utilizar fluidamente las tecnologías: con tanta fluidez que podamos dejar de pensar conscientemente en ellas y podamos concentrarnos pura y exclusivamente en la información del mundo que nos brindan, o bien en sus efectos sobre el mundo.

Otras expansiones tecnológicas de nuestro esquema corporal no son útiles. Un ejemplo es la vibración fantasmática del teléfono celular: la sensación de que nuestro celular o nuestro pager están vibrando cuando en realidad no lo están haciendo. Una encuesta realizada entre trabajadores médicos en un área de hospitales, en la ciudad de Boston, reveló que dos tercios de los encuestados habían experimentado vibraciones fantasmáticas del teléfono celular (o "ringsiedad", como la denomina el psicólogo David Laramie). Las personas que acostumbran llevar sus teléfonos celulares en el bolsillo de la camisa o del pantalón, cerca de áreas que abundan en terminales nerviosas como el pecho y el muslo, son más susceptibles a padecer este fenómeno.

¿Qué lo causa? Los científicos creen que, en la medida en que nos acostumbramos a sentir la vibración del teléfono celular contra la piel, nuestros cuerpos tienden a confundir el roce de una prenda, un golpe leve contra un mueble y hasta un espasmo muscular casi imperceptible con la vibración del aparato. Según parece, en el caso de los usuarios regulares, los teléfonos celulares "ingresan en la neuromatriz del cuerpo". Afirma el neuropsicólogo William Barr: "Si usted utiliza mucho su teléfono celular, este se vuelve parte de su persona". Y es todavía más probable que eso ocurra si usted no puede darse el lujo de no atender los llamados. En el estudio realizado en los hospitales de Boston, los estudiantes y el personal de planta chequeaban constantemente sus pagers y sus celulares, y por lo tanto eran mucho más propensos que el staff directivo de esas instituciones médicas a sentir vibraciones fantasmáticas de sus teléfonos. Los sistemas nerviosos de los estudiantes de medicina habían internalizado que el costo de una positiva falsa (tomar conciencia de una llamada falsa) es mucho más bajo que el costo de una negativa falsa (tomar conciencia de una llamada verdadera) porque, como explicó un médico del cuerpo directivo, "todo se va al diablo" si ellos no contestan sus teléfonos.

Los estudiantes que permanecieron offline durante un día entero en el año 2010 como parte de un experimento realizado en la Universidad de Maryland reportaron, en su inmensa mayoría, síntomas de "ringsiedad". "Sin lugar a dudas padecí algunos efectos psicológicos, como escuchar sonar mi celular aun cuando sabía que estaba apagado", dijo un estudiante. "La experiencia del 'sonido fantasmático' fue bastante perturbadora", admitió otro. "Realmente dejó a la vista mi dependencia del teléfono." Las encuestas realizadas a fines de la década de 2000 entre usuarios de teléfonos celulares en lugares tan distintos como Irak y California mostraron que cerca del 70% de las personas experimentan la vibración fantasmática de sus celulares. Esto sugiere que aproximadamente 3 BILLONES de personas en todo el mundo pueden sentir que sus teléfonos están vibrando cuando en realidad no lo están haciendo. Y es probable que su número vaya en aumento. En un estudio realizado en 2012 entre estudiantes universitarios, el 89% de los entrevistados admitió experimentar una vibración fantasmática cada dos semanas.

Es habitual que los seres humanos que operan íntimamente y sin mediar esfuerzo alguno con instrumentos o máquinas –ya se trate de un pincel caligráfico, una motocicleta o una espada– dejen de sentirlas como algo que usan y pasen a experimentarlas como una extensión de sí mismos: otro sentido a través del cual interactúan con el mundo.

El entrelazamiento con frecuencia ocurre sin que tengamos conocimiento o conciencia de que está ocurriendo; pero no obstante ello podemos ser muy conscientes de que nuestras habilidades, nuestra sensación del espacio o de los límites físicos, e incluso nuestro ser, se extienden o se fortalecen con el uso de las tecnologías.

Es lo que ocurre con los instrumentos musicales: la torpe conciencia inicial de las cuerdas, las válvulas y los acordes finalmente da paso a la sensación de que el instrumento "efectivamente se transforma en una extensión natural de uno mismo", como bien dijo un músico de jazz. Otro músico describió el dominio del instrumento como la adquisición de "una nueva, hermosa voz portátil". Somos más conscientes del entrelazamiento cuando necesitamos un entrenamiento formal o una práctica deliberada para alcanzarlo. El piloto e historiador militar Tony Kern sostiene que los aviadores también necesitan "conocer y comprender los aviones y poder confiar en ellos" y que deben tener el "genuino deseo de transformar a la máquina en una extensión de sí mismos: un intento real de vincular al ser humano y la máquina en una unidad funcional". En el caso de numerosas tecnologías, la práctica brinda familiaridad y competencia básica, que a su vez son los fundamentos de una destreza más profunda. Con el tiempo, nuestra conciencia del aparato disminuye en la medida en que aumenta la conciencia de nuestras capacidades ampliadas.

También tomamos mayor conciencia del entrelazamiento cada vez que las nuevas tecnologías nos permiten hacer cosas que el cuerpo humano no puede hacer por sí solo. Los comentarios decimonónicos acerca de una nueva máquina, la bicicleta, ilustran perfectamente esta situación. "La bicicleta resulta menos que inútil hasta que la guía la inteligencia de aquel de quien se transforma en sierva y parte", escribió un autor anónimo en 1869. "Aumenta nuestra sensación de volición personal en el instante mismo en que nos sentamos en el sillín", continúa diciendo. "No es un instrumento que usamos, ni un accesorio que empleamos. Forma parte de nosotros." Treinta años después, alguien escribió que "esa máquina es una extensión de usted mismo. En cualquier otro vehículo, usted funciona como carga. En este, usted se mueve por obra de su propia fuerza y voluntad". Un motociclista del mismo período escribió que "cuando usted avanza a toda velocidad ya no existen dos factores –usted y la máquina– sino más bien una entidad única: una combinación de carne, sangre y metal en relación armoniosa y perfecta". Es probable que la bicicleta y la motocicleta sean las primeras máquinas descriptas en términos tan íntimos por sus usuarios; de ser así, su invención sería un hito inesperado en la historia cyborg.

Usted es consciente de esa extensión cuando siente a ese híbrido humano/no humano, evidentemente distinto, como si fuera "usted": no el mismo de siempre, sino un alter ego dotado del poder de expresar cosas que normalmente usted no podría expresar. Los pintores comprenden de inmediato la citada frase de Georgia O'Keefe: "Con el color y la forma he podido decir cosas para las que no tenía palabras". Músicos y artistas visuales dicen poder expresar con sonidos o sobre la tela ideas que no podrían haber expresado con palabras. Esta sensación de transformación no está limitada a los artistas: los corredores de carreras y los pilotos de combate también hablan de ser "parte de una bella máquina" que les permite "trascender las limitaciones del cuerpo humano" y moverse con una potencia y una velocidad que jamás podrían haber alcanzado por sí solos.

En su aspecto más intenso, el entrelazamiento disuelve cualquier sensación de diferencia entre la persona y el objeto: ambos se conjugan y combinan con tal armonía y perfección que resulta imposible decir dónde termina la "persona" y comienza el aparato. Los maestros de arte zen han descripto ese estado desde hace siglos. Como bien dijera Eugen Herrigel acerca de su experiencia con la arquería zen: "en última instancia, el discípulo ya no sabe cuál de las dos –si la mente o la mano– fue responsable de la tarea realizada". Casi a punto de finalizar su largo período de estudio de arquería en Japón, Herrigel afirmaba que "el arco, la flecha, el blanco y el yo se fusionan, y ya no puedo separarlos". Los fervorosos ciclistas y motociclistas de comienzos del siglo XX describieron la experiencia de andar en bicicleta o en moto con un lenguaje similar. En 1909, un motociclista no podía ocultar su entusiasmo: "Cuando las condiciones son ideales, el estado de la mente es indescriptible [...] Uno se vuelve parte de la máquina, y la máquina... bueno, es parte de uno". Un ciclista escribió en 1904: "El inmenso encanto de todo esto es imposible de describir. El ciclista se siente uno con la bicicleta [...] Siente que su alegría debe ser igual a la del vuelo del águila, la pura poesía del movimiento. Uno se olvida del destino, de la velocidad, de la extensión de los músculos... y se deja llevar, exultante, por el vuelo mismo". Esta descripción resulta asombrosamente familiar para el lector moderno: la concentración intensa, la pérdida del yo y la distorsión del tiempo expresan a la perfección el concepto de flujo de Mihaly Csíkszentmihályi. El cuerpo recompensa en abundancia la habilidad de fusionar nuestra conciencia y nuestro esquema corporal con artefactos, se trate de hachas manuales o violines o aviones Douglas F-15.

Esa sensación de fusión con las máquinas no solo ocurre cuando el piloto se sienta en la cabina de comando del Douglas F-15. La programadora Ellen Ullman describe la sensación de estar "cerca de la máquina" y afirma que el hardware, su propia mente y los códigos conforman un alineamiento hermoso y energizante. Todo comienza con el primer atisbo de solución para un problema difícil: en ese instante, "humano y máquina convergen en un estado de gracia único e irrepetible", dice Ullman. "Una sola vez en mi vida probé las metanfetaminas: ese estado de velocidad que provocan es el único que se aproxima a la sensación que produce un proyecto en sus comienzos. Sí, comprendo. Sí, puede hacerse. Sí, está muy claro. Ah, sí. Ya veo." Los programadores no solo resuelven problemas en sus cabezas: si bien al principio las soluciones pueden parecer claras, escribir buenos códigos es difícil. Atisbar una solución posible no es lo mismo que fabricar un producto que funcione. Para dar el salto desde la idea hasta un código que funcione, "el programador no tiene otra opción que replegarse hacia un espacio interno privado que le permita lograr lo que busca", afirma Ullman.

Un hombre sentado frente a un teclado, tipeando códigos: esa es la imagen canónica del programador completamente absorto en su tarea. La conexión con el teclado dispara ideas que, de acuerdo con algunos programadores, no pueden surgir en ningún otro lugar. Existe la presunción tácita o técnica de que, en líneas generales, los programadores solo pueden expresarse a través de las teclas. Cuando un matemático se para frente al pizarrón para resolver teoremas sumamente complejos, no solo está usando una herramienta adecuada. El pizarrón extiende notablemente la memoria a corto plazo, ayuda a visualizar el proceso de solución de problemas y hace que los errores resulten más fáciles de ver: la solución del problema no ocurre solo en la mente del matemático o solo en el pizarrón, sino en un sistema cognitivo formado por ambos. Del mismo modo, sospecho que el saber de los programadores no solo fluye de sus cerebros: más bien se distribuye entre el cerebro, las manos y el teclado.

Sospecho eso porque tengo mi propio ejemplo de cognición distribuida en distintas partes del cuerpo: yo deletreo con las manos. Aprendí a tipear al tacto cuando era niño y tras muchos años de lecciones y décadas de práctica puedo cerrar los ojos y mecanografiar hasta setenta palabras por minuto. Así como los lectores fluidos son capaces de reconocer palabras completas en vez de letras, mi habilidad para tipear se fundamenta en la sensación táctil de cómo se "siente" una palabra correctamente deletreada cuando la tipeo. Yo puedo decir cómo deben moverse mis dedos, en qué ángulo deben estar colocadas mis manos mientras me desplazo sobre un conjunto de letras. Cuando ese patrón es interrumpido por una tecla mal pulsada, puedo sentirlo instantáneamente. No siempre puedo identificar el error dactilográfico a través de la sensación táctil –para eso tengo que abrir los ojos y mirar la pantalla–, pero casi siempre me doy cuenta cuando he cometido un error.

Debido a esta familiaridad íntima con el teclado, cuando necesito deletrear palabras muy largas no visualizo un diccionario imaginario ni leo letra por letra. Cuando mis hijos me preguntan cómo se escribe una palabra determinada, observo el patrón que mis dedos siguen sobre un teclado imaginario y leo las letras en voz alta. Hay nombres y palabras complicados que no puedo escribir con ayuda de una lapicera ni tampoco utilizando el teclado virtual de la pantalla (mi memoria cognitiva-muscular, que me llevó décadas desarrollar, resulta perfectamente inútil allí), pero puedo dactilografiar correctamente en un teclado de tamaño normal.

Como cualquier clase de tarea cognitiva, la codificación de memoria –en tanto actividad manual– tiene sus peculiaridades. A quienes circulan por las ciudades utilizando puntos de referencia visuales en vez de regirse por los nombres de las calles les resulta muy difícil describir sus recorridos. La desventaja obvia es que no existen aptitudes generalizadas. El hecho de que los signos de puntuación no se encuentren en su lugar habitual basta para lentificar sustancialmente mi tipeo, como lo compruebo cada vez que debo usar un teclado británico, donde los signos de puntuación se encuentran en lugares que no me resultan familiares. Pero si el destino me pone delante un teclado francés o japonés, donde son las letras las que cambian de lugar, soy un caso perdido. El teclado diminuto del smartphone se encuentra en un estadio intermedio: puedo reproducir lentamente los patrones de las palabras, pero no puedo confiar en que mi memoria muscular –la orientación de la muñeca o la extensión de los dedos– perciba inmediatamente si he cometido un error. La ventaja de deletrear con las manos es que puedo escribir muy rápido: en mis mejores momentos, puedo tipear a la velocidad del pensamiento.

No soy el único que recurre a la "memoria motriz" cuando necesita recordar algo. A muchas personas les resulta más fácil recordar números telefónicos y contraseñas evocando el patrón que siguen sus dedos sobre el teclado numérico que memorizar una serie de números. Eso era más difícil de hacer en los tiempos del teléfono discado, pero gracias a los teclados numéricos esa dificultad ya no existe. Antes dejábamos que nuestros dedos hicieran el recorrido: ahora también dejamos que recuerden por nosotros. Uno de los ejemplos más notables de conocimiento "intelectual" codificado en las manos es el del tipógrafo de la Oxford University Press, que detectó un error en un libro griego que estaba componiendo. El tipógrafo les explicó a los editores del libro que, si bien él no hablaba ni leía griego, hacía ya varias décadas que componía libros en ese idioma. Su tarea consistía en sacar los tipos de las bandejas y ordenar las letras en las cajas para luego enviarlas a la imprenta, y por eso sabía que nunca antes había ordenado las letras de esa manera. Simplemente "sentía" que estaba mal. Y resultó que estaba en lo cierto.

La transferencia de datos no solo implica actividades cognitivas-manuales: constantemente delegamos recuerdos a las tecnologías, a lo que nos rodea y a otros.

Durante años llevé a todas partes una libreta Moleskine de bolsillo. Inicié la costumbre hace más de dos décadas, cuando aún estaba en la universidad. Hasta entonces había sido un diarista bastante irregular, pero unos meses antes de defender mi tesis empecé a tener episodios regulares de *déjà vu*: pasaba una hora en la biblioteca rastreando un dato que necesitaba y, cuando por fin lo encontraba, tenía la molesta sensación de haber buscado el mismo dato un par de semanas atrás. Entonces, para tener un registro más certero de mi trabajo de historiador, empecé a llevar algo parecido a un registro de laboratorio.

Mi pequeña libreta es una transcripción del fluir de conciencia de mis días y mis noches: dos páginas enfrentadas incluyen una nota sobre la etimología latina de la palabra "contemplación", una referencia a un prototipo para hacer sistemas de listado basados en locaciones, los nombres de algunas personas que tengo que entrevistar, la lista de las compras, indicaciones para llegar a un restaurante en Cambridge, notas tomadas durante un almuerzo con el arqueólogo cognitivo Colin Renfrew en el mencionado restaurante, una cita de William Blake copiada de una exposición en la Tate Gallery y, por alguna misteriosa razón, el número de Seguridad Social de mi hijo.

Mi libreta contiene, además, otras peculiaridades y herramientas: boletos de ómnibus pegados a las páginas con cinta transparente; tarjetas profesionales que me dieron en la última conferencia a la que asistí; estampillas postales, tarjetas propias y Post-its en el bolsillo interno de la tapa. En el interior de la contratapa hay un mapa desplegable del subte de Londres, que me ayuda a circular por uno de los sistemas de subterráneos más grandes del mundo cuando estoy en Inglaterra y alimenta mi nostalgia cuando regreso a los Estados Unidos.

La libreta quedó ligeramente comba después de pasar varios meses en el bolsillo trasero de mi pantalón. Durará un par de meses más, hasta que llegue a la última página, o se rebelará ante el maltrato y se autodestruirá. Es, sin lugar a dudas, parte de mi vida cotidiana... ¿pero podemos decir que una libreta no es más que una herramienta? Los filósofos Andy Clark y David Chalmers argumentarían que no y dirían que es parte de mi mente. No tiene importancia si escribimos la lista de las compras en una libreta que llevamos encima todo el tiempo o si la memorizamos. En lo atinente a la cognición y la memoria, "el cráneo y la piel no son sagrados", dicen –con un dejo de humor negro– los que saben. Y agregan que lo único que importa es que la información –o el proceso que permite obtenerla– sea de fácil acceso y confiable. Para llegar a esta conclusión consideraron el caso de Otto, un anciano que padece el mal de Alzheimer y acostumbra escribir montones de cosas en una libreta que siempre lleva consigo. Puesto que el anciano tiene un "alto grado de confianza y accesibilidad" con su libreta, Otto y la libreta están entrelazados.

Lo sepamos o no, todo el tiempo tomamos decisiones acerca de cómo recordar cosas. Con frecuencia utilizamos una combinación de medios para recordar textos escritos o hablados. Los oradores romanos desarrollaron herramientas complejas y asombrosas para memorizar sus largos discursos, que implicaban construir sofisticados recordatorios visuales de puntos clave y luego reordenarlos en un espacio imaginario. Para poder pronunciar sus discursos debían atravesar mentalmente ese espacio, permitiendo que cada objeto imaginario les recordara el texto. Esto puede parecernos más difícil incluso que limitarse a memorizar el discurso, pero tenía la virtud de otorgar al orador mayor flexibilidad en el momento de pronunciarlo que la memorización. Los actores están acostumbrados a memorizar miles de diálogos cuando protagonizan piezas teatrales, pero incluso ellos suelen utilizar una combinación de pistas externas –su ubicación física en el escenario, cómo están parados, qué están haciendo– para ayudarse a recordar sus parlamentos y para estar lo suficientemente familiarizados con los parlamentos de sus coprotagonistas de modo de poder interactuar con ellos en una manera que resulte convincente.

Por eso nadie se sorprendió cuando la profesora Betsy Sparrow, de la Universidad de Columbia, descubrió que los alumnos utilizaban distintas estrategias mnemotécnicas para recordar el material de examen, estrategias que a su vez dependían de la posibilidad de acceder a Internet durante el examen. Los estudiantes que sabían de antemano que no podrían estar conectados a Internet recordaban la información. En cambio, los estudiantes a quienes se les había dicho que tendrían acceso a Internet durante el examen, recordaban dónde y cómo buscar la data antes que la data propiamente dicha. En palabras de Sparrow y sus colegas: la Internet se está volviendo parte de nuestra memoria transactiva[3].

¿Los hallazgos de Sparrow significan que esos estudiantes son cada vez más torpes? De acuerdo con ciertas reacciones ante sus descubrimientos, la respuesta es sí. *The Guardian* los comentó bajo el título "¿Memoria deficiente? La culpa es de Google". Otro sitio de Internet proclamó: "Google está matando poco a poco nuestra Capacidad de Memoria", advirtiendo que depender de motores de búsqueda era una pésima idea "si no queremos perder agilidad mental".

Pero el argumento es estúpido en sí mismo. En primer lugar, los alumnos de Sparrow fueron testeados con preguntas triviales y cuestiones fácticas. No transfirieron a ninguna otra clase de dispositivo esos recuerdos que, a nuestro entender, definen quiénes somos: los raptos de memoria proustiana disparados por una pintura antigua o un olor, el recuerdo irreemplazable de tener en brazos a nuestro primer hijo por primera vez, o los destiempos dramáticos como cuando Rick lee el adiós de Elsa en la lluvia mientras su tren se aleja de París. Más aún: la memoria transactiva no contiene información propiamente dicha, sino conocimiento sobre cómo encontrar información. Todo el tiempo usamos la memoria transactiva, que además puede ser increíblemente eficaz. Vivimos en un mundo sobresaturado de disparadores de la memoria transactiva, vulgarmente conocidos como "carteles". Los colocamos en las paredes laterales de los edificios, en las esquinas de las calles, en el packaging, en las etiquetas y en muchos otros lugares más. Todo el tiempo estamos poniendo información en el mundo.

Gran parte de esa información ocupa un lugar específico. En el freezer guardo los platos preferidos de mi familia, que pongo al horno casi todas las semanas. Aunque debo calentarlos regularmente, nunca recuerdo a qué temperatura debe estar el horno o cuánto tiempo hay que cocinarlos. No es que haya perdido la memoria: me gusta cocinar y lo disfruto, y de mí podría decirse que soy un cocinero decente aunque con posibilidades limitadas. Pero no, ni siquiera intento recordar que el pollo a la naranja se cocina a 400 grados durante 20 minutos, en tanto el quiche se cocina a 375 grados durante 18 minutos, porque sé que esas instrucciones están al costado de la caja y porque yo nunca necesito saber esas cosas... siempre y cuando tenga la caja con las instrucciones respectivas a mano.

También utilizamos constantemente a otras personas como depósito o como repositoras de memoria transactiva. Cuando preferimos preguntarle a un compañero de trabajo en vez de buscar la respuesta que necesitamos en la intranet de la empresa, o confiamos en que nuestra hija recordará el título del último libro de la serie de vampiros que ella y sus amigos están leyendo, o creemos que nuestra esposa recordará los datos de nuestro vuelo porque esas cosas siempre la ponen paranoica, estamos usando nuestra memoria transactiva. También tenemos lugares cuya estructura y diseño son herramientas imponderables para organizar la información y lugares que vinculan el despliegue con el flujo de la información. Se llaman bibliotecas y oficinas, respectivamente.

* * * * *

La idea de que las tecnologías pueden llegar a ser extensiones de nuestras mentes podría parecer todavía un poco abstracta. Usted podría preguntarse cómo es que los aparatos facilitan las actividades cognitivas cotidianas.

Observemos de cerca lo que usted mismo está haciendo en este preciso instante: leer. La lectura tiene la virtud de resultarnos familiar, pero también es sumamente compleja y multifacética. Si miramos con mayor atención, veremos con claridad meridiana cómo trabajan en conjunto las funciones cognitivas que hemos desarrollado durante años de práctica, las técnicas formales que aprendemos y aplicamos conscientemente y la naturaleza física de la página impresa y el libro como tal. Así considerada, la lectura resulta ser una extraordinaria combinación de actividades conscientes e inconscientes, de procesos internalizados y transferidos que operan en conjunto para generar una experiencia continua, sin suturas.

En primer lugar, una observación obviamente básica. Usted está leyendo letras.

Reconoce cada letra, asocia las letras con sonidos (eso se denomina conciencia fonémica[4]) y sabe cómo se organizan los sonidos para formar palabras.

Pero usted no vincula las letras con los sonidos en el nivel consciente. Después de tantos años de práctica, usted puede agrupar automáticamente las letras para formar palabras porque hay sectores de su cerebro –las subsecciones temporoparietal y occipitotemporal del hemisferio izquierdo y el giro frontal inferior, relacionado con el discurso, también llamado Área de Broca[5]– específicamente consagrados al procesamiento fonémico. Las imágenes obtenidas por resonancia magnética funcional (RMF) indican que cuando aprendemos a leer, la región temporoparietal, que se ocupa de reconocer las letras, trabaja más arduamente que el resto. En la medida en que la subsección occipitotemporal, cuya función es incorporar conceptos, comienza a participar más asiduamente, la lectura se hace más rápida y más fluida. Cuando leemos en silencio y encontramos palabras nuevas, el giro frontal inferior trabaja más, dado que la decodificación de nuevas palabras casi siempre requiere darles sonido: es decir, leerlas en voz alta.

Usted es consciente de estar leyendo palabras y renglones de texto, pero no se da cuenta de que sus ojos no se mueven horizontalmente sobre las letras y los espacios; en cambio, enfocan distintos grupos de letras durante aproximadamente dos décimas de segundo: realizan "movimientos sacádicos"[6] sin que usted se dé cuenta. (Su sistema visual aprendió a mover de ese modo sus ojos y, cuando usted era muy pequeño, su cerebro aprendió a incorporar esas instantáneas individuales y a convertirlas en una imagen regular y fluida de su realidad visual.)

El reconocimiento de las palabras es fluido y automático, pero no es una habilidad que traemos de nacimiento: por el contrario, es una capacidad que vamos adquiriendo con el correr de los años y que poco a poco se traslada de la parte consciente a la parte inconsciente de nuestro cerebro. En la jerga de la tesis de la mente extendida, el reconocimiento de las palabras se externaliza como una función automática.

Otro aspecto que facilita la percepción y el reconocimiento de las palabras son los espacios que existen entre ellas.

¿Usted dice que no les presta atención desde que era un niño? Entonces tendría que volver a prestársela. Por increíble que parezca, hubo una época en que los espacios entre palabras eran considerados innecesarios (en el mejor de los casos) o incluso una concesión a los lectores flojos. Para los oradores romanos, los textos existían para ser leídos en voz alta, no escaneados en silencio, y solo los semianalfabetos necesitaban la muleta de los espacios entre palabras para poder descifrar el latín culto. Encontrar visualmente las palabras individuales en una larga serie de caracteres es todo un desafío: por eso los juegos que consisten en buscar y detectar palabras en una grilla de letras son tan entretenidos. Pero durante la Edad Media se adoptaron los espacios entre palabras para ayudar a los conversos de las provincias, que tenían un escueto conocimiento del latín, a leer la Biblia, y para ayudar a los eruditos a comprender las por entonces recientes traducciones de textos científicos y filosóficos escritos en árabe. Para los lectores novatos, los espacios entre palabras configuraron un nuevo lenguaje más fácil de comprender; para los lectores experimentados, aumentaron la velocidad de lectura y eliminaron casi por completo la necesidad de leer en voz alta. La lectura pudo así convertirse en una actividad silenciosa, contemplativa, menos parecida al discurso y más afín al pensamiento.

Ahora, vuelva a concentrarse en las letras. Pueden tener pequeños rizos y puntas, y el espacio entre una y otra puede variar ligeramente. Los rizos y las puntas son remates (llamados serifs en la jerga tipográfica) y se utilizan para facilitar la lectura de las letras (aunque, si bien han transcurrido ya más de quinientos años desde que fueran introducidos por el impresor veneciano Nicolas Jenson en la década de 1470, los tipógrafos profesionales continúan sin ponerse de acuerdo sobre su utilidad y su estética). Los espacios varían porque las distintas letras necesitan diferente cantidad de espacio para que las podamos ver bien. Salvo unas pocas y notables excepciones, los tipos y tamaños de las letras utilizados en libros y revistas fueron diseñados para facilitar la lectura.

Impera la tendencia a imprimir las letras en negro, sobre papel blanco o casi blanco. ¿Usted ha notado alguna otra cosa respecto de las letras? Algunas, particularmente al comienzo de las oraciones o de los nombres propios, son más grandes que otras. Y, mezclados con las letras, hay signos de puntuación —comas y puntos y comas, por ejemplo— que dan pistas a nuestra voz lectora interna acerca de cómo leer una oración: cuándo hacer una pausa, cuándo poner un poco más de énfasis (o cuándo cabe considerar algo como un comentario aparte).

Ahora échele un vistazo a la página en su conjunto. Observe el espacio en blanco que separa el primer bloque de palabras del borde superior de la página. Manteniéndose siempre regulares, los márgenes facilitan la tarea ocular de escanear renglones y son propicios para escribir comentarios o hacer anotaciones. Muchos libros también tienen encabezados: un texto en la parte superior de cada página que contiene información repetida (por ejemplo, el título del libro o el nombre del capítulo). Cada página tiene, también, un número único. Para las primeras páginas, por lo general muy pocas, suelen utilizarse números romanos; para el resto se utiliza lo que comúnmente, aunque por error, llamamos números arábigos (en realidad fueron inventados por matemáticos indios, pero los occidentales los conocieron gracias a los textos científicos árabes).

Si hojea el libro, encontrará otros elementos organizadores. Al principio verá un índice de contenidos que, como su nombre lo dice, indica (merced a los números de las páginas) dónde comienza cada capítulo. Al final del libro encontrará un índice más abarcador que muestra (nuevamente gracias a los números que identifican las páginas) en qué lugar del libro se analiza cada tema diferente.

Todos estos rasgos sin duda le resultarán familiares, dado que está acostumbrado a verlos en los libros. Pero es probable que, en relación con este libro que tiene entre sus manos, recién ahora hayan capturado su atención. Estos elementos estructurales son lo que los bibliófilos llaman "paratextos", término que también incluye los encabezados y subencabezados, los epígrafes de las fotos y las notas a pie de página. La mayoría de los paratextos son rasgos característicos de los libros desde hace cientos de años: los espacios entre las palabras y la puntuación son innovaciones medievales, pero la tipografía moderna comenzó a ser practicada como arte ya desde el Renacimiento, cuando los tipógrafos empezaron a utilizar distintos tipos de letras y de diagramación para confeccionar libros que resultaran atractivos a los lectores no monásticos y no eruditos.

Los niños lectores no conocen esos paratextos: Puka no tiene capítulos. Los paratextos pretenden contribuir a la lectura de textos más complejos, sofisticados y diversos que los que leemos en nuestra primera infancia. La lectura de ficción requiere ampliar la imaginación, poder colocarse en la mente de otros y expandir las propias facultades emocionales y empáticas. En las clases de filosofía de la universidad nos enseñan que leer es identificar el argumento del autor, evaluar sus evidencias y ser conscientes de sus artilugios retóricos. (En este aspecto todavía vivimos a la sombra de Mortimer Adler, quien en su ya clásico *Cómo leer un libro* propone dos clases de lectura avanzada: la lectura analítica y la lectura "sintópica".)

La lectura profesional o académica es todavía más específicamente dirigida y oportunista. En la universidad, mis compañeros y yo aprendimos cómo leer lo suficiente de un libro para comprender su argumento principal, determinar qué lugar ocupaba en el corpus literario académico y evaluar su importancia. Pensábamos los libros de una manera que luego estructuraría nuestro pensamiento sobre nuestro propio trabajo: el acto de "leer" quedaba reducido al análisis intenso de unas pocas páginas y el rápido escaneo visual del resto, pero también se ampliaba al incluir la lectura de reseñas sobre el libro o de obras anteriores del mismo autor. Los abogados aprenden a leer de la misma manera oportunista. Los jueces y los abogados experimentados leen los dictámenes mucho más rápido y más eficazmente que los estudiantes de primer año de Derecho porque saben cómo utilizar las marcas estructurales, las notas a pie de página y las palabras clave para comprender a vuelo de pájaro el razonamiento y el uso de precedentes de un autor determinado, cómo dirigir su atención a las partes novedosas o controvertidas de un fallo, y cómo evaluar el probable impacto de una decisión.

Estas clases de lectura no son meras técnicas para manipular grandes volúmenes de contenido: orientan y dirigen la atención del profesional y contribuyen a definir qué significa ser un académico o un abogado. No obstante, todas estas actividades cognitivas complejas –seguir el hilo de una argumentación, apreciar el dominio del lenguaje de un determinado autor, sentir sorpresa, interpretar el sentido de un fallo– dependen de ciertas habilidades automáticas, fundantes, que desarrollamos en la infancia. En palabras de Maryann Wolf, leer lleva milésimas de segundos y lleva años: el aspecto neurológico de la lectura es abrasadoramente veloz, en tanto los elementos culturales e interpretativos se desarrollan mucho más lentamente.

Si las letras, las palabras, los espacios entre palabras, la puntuación, los tipos de letras, la tipografía y los paratextos son lugares tan comunes, ¿por qué y para qué los menciono? Precisamente porque son lugares comunes, pero también porque esa característica no es solo funcional al hecho de que nos hayamos vuelto insensibles a ellos. En este caso, familiaridad no es sinónimo de invisibilidad. Después de todo, algunas cosas que vemos a diario jamás dejan de captar nuestra atención: con diferencias atribuibles al género y la preferencia, los bebés y los pechos femeninos son dos ejemplos que ilustran esa situación.

Los rasgos peculiares de los libros son invisibles por otro motivo. Los paratextos nos ayudan a "delegar" tareas cognitivas que de otro modo tendríamos que desempeñar conscientemente y que nos acercarían más a la posición del niño lector o del novato en una lengua: la creación sería más lenta y requeriría un trabajo más intensivo, más de lucha de fondo. En cambio, en el nivel inconsciente los ojos recorren grupos de letras con movimientos rápidos y el centro de procesamiento visual del cerebro genera una experiencia fluida con esos fragmentos de información, mientras que una sección cercana reconoce las palabras. Usted reflexiona sobre el sentido de las frases, guarda las últimas líneas en su memoria a corto plazo, piensa en cómo está estructurado el párrafo, cómo está ordenada esa parte del argumento y qué significa. Otras partes del argumento –hechos particulares, tal vez un giro de la frase– comienzan a ingresar en su memoria a largo plazo. Y quizás subraye algunos renglones o tome notas para crear un registro al que pueda regresar más tarde o tomar como referencia o que pueda ayudarlo a digerir mejor el argumento del libro.

En suma, mientras lee usted interactúa con estratos de tecnologías –que van desde las letras hasta los márgenes y los capítulos– que requieren habilidades que moviliza de manera inconsciente y automática, que lo ayudan a orientarse dentro un argumento sostenido y complejo, que le permiten filtrar lo verdaderamente crucial de lo interesante pero periférico, que respaldan sus esfuerzos por transformar la lectura en significado y recuerdo.

Por último, el libro no es un mero proveedor o depósito de herramientas que luego utilizamos. Nosotros le agregamos nuestras propias herramientas. Muchas personas subrayan los libros o escriben comentarios en los márgenes. Cuando recién empiezo un libro necesito leer con mucha atención, coloco Post-its en la cara interna de la tapa, siempre tengo a mano una lapicera para subrayar mientras leo, y también hago anotaciones y comentarios en los márgenes. Considerar la lectura como un arte marcial me ayuda a profundizar en el argumento del libro, a seguir el rastro de sus marchas y contramarchas, a comprender la estrategia (o las artimañas) del autor, y a descifrar lo que realmente pienso del texto.

Existen otras manipulaciones mucho más prosaicas: cuando abandonamos un libro sin terminar, casi siempre delegamos en un objeto –un señalador– la tarea de recordar dónde fue que dejamos de leer. El señalador no tiene memoria *per se*, pero gracias a su ubicación en el libro sabemos que es exactamente ALLÍ donde dejamos de leer: por eso no tenemos necesidad de recordar el número de la última página que leímos (otra vez, los números de las páginas) ni tampoco el título del capítulo para poder retomar, en algún momento, la lectura. (Aunque si le estoy leyendo un cuento a mi hijo, él seguramente recordará la acción del último capítulo leído.) Si el señalador es un comprobante de compra de la librería, un boleto de subte o una entrada de concierto probablemente conllevará su propio conjunto de asociaciones. Todas nuestras prácticas no apuntan a los mismos fines: yo hago anotaciones en los libros porque espero que me ayuden a recordar la trama, pero no utilizo señaladores para memorizar los números de las páginas.

La milagrosa complejidad de este proceso solo se hace evidente cuando algo sale mal. A algunos les resulta más difícil sumir el reconocimiento de las palabras en el reino de lo automático. Los niños disléxicos tienen problemas con el orden de las letras y eso obstaculiza su capacidad de conectar las palabras escritas en la página con las palabras que pronuncian y utilizan todos los días. Según parece, la dislexia tiene causas neurológicas: en particular durante el acto de lectura, las subsecciones temporoparietal y occipitotemporal no trabajan tanto en los individuos a quienes se les ha diagnosticado dislexia. Pero eso no quiere decir que la dificultad sea permanente: esas regiones cerebrales se vuelven más activas cuando los niños disléxicos participan en programas especiales de lectura. Mi hijo es disléxico. Cuando le hicimos los primeros exámenes sus capacidades verbales y de razonamiento superaron literalmente todas las expectativas, pero su capacidad de lectura formal estuvo muy por debajo de lo normal. Después de varios años de tratamiento, su hemisferio cerebral izquierdo casi ha logrado igualar a su giro frontal inferior y mi hijo está muy cerca de alcanzar el mismo nivel de lectura que sus pares. La neuroplasticidad y la terquedad son dos cosas maravillosas.

En la edad adulta, hasta los lectores más avezados tienen momentos en los que toman mayor conciencia de los elementos básicos de la lectura. Por ejemplo, cuando encontramos una palabra larga que no nos resulta familiar, podemos separarla en sílabas e intentar comprender su sentido pronunciando las sílabas en voz alta. Cuando aprendemos un idioma nuevo, volvemos a tomar conciencia de la dificultad de emitir los sonidos y de asociar las palabras con los significados, del inestimable valor de la capacidad de reconocer instantáneamente las palabras, y del esfuerzo que implica esa actividad normalmente invisible.

De hecho, el cerebro alfabetizado NO PUEDE leer las letras e intentar ordenarlas para formar palabras. Eso nos trae muchos problemas cuando visitamos países donde se hablan idiomas que no nos resultan familiares pero que, no obstante ello, utilizan alfabetos similares al nuestro. En mi calidad de angloparlante, nunca me sentí tan confundido como cuando visité Finlandia occidental, donde todos los carteles están escritos en finés y en sueco. Yo no hablo ninguna de esas dos lenguas. Y a diferencia del alemán, que comparte muchas raíces con el inglés, o de las lenguas romance, que han aportado tantas "palabras prestadas" a la lengua inglesa, el finés es completamente ajeno y me resulta imposible de comprender.

Por el contrario, cuando viajo a Corea o Japón, las calles atestadas de gente y de carteles de neón no perturban mi cerebro lector, porque yo no puedo leer hangul o kanji. (El centro de la culpa, sin embargo, reacciona manifiestamente cuando recuerdo cuánto le disgustaría a mi abuela esta incapacidad mía de acceder a mi legado cultural.)

No obstante, la mayor parte del tiempo, lo que experimentamos cuando leemos es una mezcla continua y sin suturas de complejidad y astucia. I.A. Richards estaba mucho más cerca de la verdad de lo que él mismo pensaba cuando escribió que "un libro es una máquina de pensar". El libro contiene capas de material cognitivo: su contenido y sus paratextos fueron creados para ocupar el centro y la periferia de nuestra atención, son herramientas que nos invitan a participar o "delegar". La lectura no requiere que dediquemos toda nuestra atención a cada elemento del libro. Nosotros focalizamos intensivamente nuestra atención en ciertas cosas, confiamos en dispositivos auxiliares para que nos ayuden a recordar otras, y delegamos la responsabilidad de memorizar otras en determinados objetos. Todas estas tecnologías son invisibles por las mismas razones que los anteojos son "invisibles": no somos conscientes de que los llevamos puestos porque vemos el mundo a través de ellos.

* * * * *

Como la lectura lo demuestra, familiarizarnos con las tecnologías al punto de que comiencen a formar parte de nuestra persona, utilizarlas sin esfuerzo, sentir que extienden nuestras habilidades físicas o cognitivas o creativas puede ser intensamente placentero. Podemos experimentar la misma sensación conduciendo un automóvil o andando en bicicleta, cuando sentimos que la máquina es una extensión de nuestro cuerpo y que nos conectamos con el camino a través de ella. También podemos experimentarla practicando un deporte o jugando un juego, cuando la raqueta o el joystick pasan a ser parte de nuestra mano y reaccionamos a las nuevas amenazas sin darnos cuenta y nos sentimos desafiados pero capaces de controlar la situación. Podemos sentir lo mismo cuando escalamos una montaña o hacemos senderismo, cuando todos nuestros sentidos están absortos en el paisaje y nuestro cuerpo está bajo estrés pero no obstante sabemos que no hemos de sucumbir y que las únicas que sucumbirán son nuestras antiguas y remanidas limitaciones.

Mihaly Csíkszentmihályi denomina "flujo" a este estado. El flujo tiene cuatro componentes mayores, siempre según Csíkszentmihályi. "La concentración es tan intensa que no queda resto de atención para pensar en irrelevancias o preocuparse por problemas. La autoconciencia desaparece y la sensación del tiempo se distorsiona. La actividad que produce esas experiencias es tan gratificante que las personas están dispuestas a realizarla sin poner reparos ni pensar en sacar provecho, aun cuando sea difícil o incluso peligrosa."

Se puede experimentar el flujo haciendo prácticamente cualquier cosa. Csíkszentmihályi lo estudia desde hace décadas y, junto con sus colaboradores, ha entrevistado o encuestado a miles de personas en todo el mundo, de diferentes edades y un amplio espectro de ocupaciones. "Encontramos personas que fetean salmón todo el día para preparar salmón ahumado y panes saborizados en Manhattan y que realizan su trabajo con la misma sensación de compromiso creativo que un escultor o un científico", me comenta en su oficina de la Drucker School of Management, en las afueras de Los Ángeles. Mientras habla, Csíkszentmihályi muchas veces cierra los ojos para concentrarse exclusivamente en las palabras que pronuncia. A sus espaldas, una estantería atiborrada de libros compite por un espacio en la pared con premios, diplomas y tapas de libros enmarcados. A pesar de ser oriundo del otro extremo del mundo, suena parecido a mi padre. Tienen la misma edad, y la misma inteligencia expansiva.

¿Y cómo llegan al flujo los feteadores de salmón? "Ellos dicen: 'Cada pescado es diferente; por lo general, debo fetear cinco o seis salmones por día. Y cuando levanto uno y lo apoyo sobre la mesada de mármol, tengo una imagen tridimensional en rayos X de cómo es el pescado por dentro'. Después pueden fetearlo con un mínimo esfuerzo: obtienen las fetas más delgadas y efímeramente finas del universo, casi sin dejar nada de residuo." La tarea se transforma en un juego: la meta es alcanzar la mayor cantidad de fetas con la menor cantidad de cortes y desperdicio.

Aquellas situaciones que conllevan desafíos, reglas claras y retroalimentación inmediata son más propensas al flujo. Esa es una de las razones por las que los juegos —ya se trate de juegos de mesa como el ajedrez o de videojuegos— son tan cautivantes: porque los jugadores pueden entrar rápidamente en estados de flujo. En los videojuegos más simples "hay alienígenas y uno tiene que dispararles. Para eso hay que tener buena puntería y capacidad de reacción rápida". Los trabajos que permiten forjar objetivos a corto plazo —rotar tres conjuntos de neumáticos, escribir cinco páginas, distribuir el cargamento de manera tal que el peso esté equilibrado y la embarcación se mantenga estable— concentran la atención lo suficiente como para alcanzar el estado de flujo. (El hecho de tener autonomía para definir las propias metas contribuye a crear una sensación de independencia.) Por cierto, descubrir cuáles son esas metas y definirlas de manera tal que comporten un desafío pero al mismo tiempo sean alcanzables, es en sí una capacidad y una señal de verdadero dominio y maestría.

Los juegos y las tareas fáciles de dominar o realizar producen estados de flujo más rápidamente, pero presentan la desventaja de no poder capturar nuestra atención durante períodos prolongados. Por el contrario, el dominio de actividades como pintar o practicar la medicina puede demandar años, pero a cambio ofrecerá compromiso y desafíos durante toda una vida. El Guitar Hero[7] es relativamente fácil de aprender y puede ser muy divertido, pero después de unas cuantas horas de práctica el desafío desaparece. Con una guitarra de verdad siempre hay nuevas canciones, nuevos estilos que dominar, nuevas maneras de expresarse, incluso décadas después. En aquellas situaciones en las que "el desafío es grande, uno comienza con habilidades menores, pero si consigue desarrollarlas entra en el flujo", me explica Csíkszentmihályi. "En el ajedrez, el bridge y otros juegos sumamente complejos pueden pasar años hasta agotar el desafío. Pero el estado de flujo es más raro en esos juegos, porque es más difícil de alcanzar."

Csíkszentmihályi y sus colegas en el campo de la psicología positiva –esencialmente, la ciencia de la felicidad– han descubierto que las personas son más felices cuando están absortas en tareas difíciles que cuando se distraen con placeres sibaritas. "Los mejores momentos de nuestras vidas no son las etapas pasivas, receptivas, relajadas", escribe Csíkszentmihályi. "Ocurren cuando el cuerpo o la mente de una persona llegan a sus límites por el esfuerzo voluntario de lograr algo que es difícil y que vale la pena." Desafío, euforia, dificultades que valen la pena y recompensan el esfuerzo... y tener conciencia intensa de todo eso: estas son las cosas que producen experiencias de flujo, y el flujo es la llave de la felicidad. La intensidad de nuestras experiencias de flujo nos ayuda a comprender quiénes somos en realidad. "Cuando prestamos atención y comprendemos que [el flujo] realmente revela quiénes somos, qué hicimos hasta ahora y qué queremos hacer", me dice Csíkszentmihályi, "cumplimos nuestro rol en este mundo, nos sentimos a gusto con nosotros mismos y con nuestro trabajo".

La habilidad de prestar atención, de controlar los contenidos de la propia conciencia, es crucial para tener una buena vida. Esto explica por qué la distracción perpetua es un problema tan grande. Cuando somos constantemente interrumpidos por cosas externas –el teléfono, los mensajes de texto, los que tienen "solo una pregunta rápida", los clientes, los niños– o somos víctimas de interrupciones autogeneradas o de nuestro propio esfuerzo por hacer varias cosas a la vez y resolver problemas distintos al unísono, esas distracciones crónicas erosionan nuestra sensación de poder controlar la propia vida. No solo hacen descarrilar nuestro tren de pensamiento. Hacen que nos perdamos de vista.

* * * * *

Cuando marcha sobre rieles, el entrelazamiento nos permite utilizar hábilmente y casi sin esfuerzo las tecnologías. En el mejor de los casos, el entrelazamiento nos proporciona un tremendo placer, amplía nuestra capacidad de imaginar y crear, y otorga profundidad y sentido a nuestras vidas. Esto explica por qué un mal entrelazamiento es tan doloroso, por qué la distracción es tan corrosiva y por qué es tan importante contar con tecnologías que nos ayuden a concentrarnos, a cultivar la atención plena y a fluir.

Una de las cosas que propicia la utilización sin esfuerzo, al estilo zen, de las tecnologías es la respiración serena y regular. En su ya clásico libro *El zen en el arte de la arquería*, Eugen Herrigel describe el papel crucial que desempeña la respiración en la arquería japonesa. La arquería es una encarnación del zen, afirma Herrigel, un "arte sin arte" que solo puede ser practicado cuando la mente es clara como un espejo. Respirar correctamente es, en primera y última instancia, tan importante como manejar correctamente el arco. Si no superamos la apnea de correo electrónico mientras utilizamos tecnologías de información, no podremos alcanzar un buen entrelazamiento. Afortunadamente, los científicos están comenzando a experimentar nuevas maneras de estimular una mejor respiración durante el uso de la computadora. Para conocerlas visité el Calming Technology Laboratory, un grupo de investigación de la Universidad de Stanford liderado por un doctorando llamado Neema Moraveji. Me encontré con Moraveji en el primer piso de Wallenberg Hall, un edificio revestido de piedra arenisca situado en el cuadrángulo principal de la universidad.

Hablar con Moraveji es lo más parecido a interactuar con un personaje de la serie de ciencia ficción *Lost*: posee la ascendencia exótica, la personalidad y la apostura necesarias para ser un pasajero del Oceanic 815 y cuenta con las capacidades técnicas imprescindibles para formar parte del impreciso y misterioso Proyecto Dharma. Hijo de inmigrantes iraníes llegados a los Estados Unidos en 1979, Moraveji estudió ciencias de la computación en Carnegie Mellon y trabajó en Microsoft Research Asia antes de ingresar a Stanford. También pasó algunos años como mochilero en Asia y América latina, y a raíz de ello puede explicar los beneficios de la meditación en varios idiomas. La mañana de nuestro encuentro, su página de Facebook exhibía una catarata de fotos de Moraveji con su novia diseñadora de moda en Burning Man, un evento de una semana de duración en el desierto de Nevada al que asisten artistas y tecnoespecialistas de vanguardia de la Bahía de San Francisco.

Calming Technologies Lab es un nombre de alto impacto, pero el laboratorio en realidad está compuesto por la laptop de Moraveji, algunos sitios Web, un grupo itinerante de pensadores afines y varios prototipos. Cuando nos encontramos, Moraveji llevaba puesto uno de sus proyectos más recientes: un sensor pectoral con controlador electrónico Arduino[8] (el predilecto de los técnicos debido a su bajo costo y su flexibilidad) conectado a su Macbook. Otros investigadores del laboratorio están desarrollando sistemas que se conectan con los mensajes de texto, las fotos digitales y hasta con Facebook. Es un campo que permite realizar experimentos interesantes y prototipos para testear ideas a muy bajo costo.

El Calming Technologies Lab desarrolla tecnología para reducir el impacto de los así llamados estresantes cotidianos de bajo nivel (cosas que disparan reacciones de estrés). No quieren eliminar los estresantes útiles o deseables: los actores de teatro y los médicos de emergencias aprenden a trabajar bajo presión y los adictos a la adrenalina pagan sumas generosas por saltar de aviones o esquiar en pistas peligrosas. El laboratorio, por el contrario, apunta a eliminar el estrés crónico de bajo nivel, que es producto de la fricción y la frustración cotidiana.

Le pregunto a Moraveji cómo definen la calma. "'Calma' es sinónimo de alerta relajada", me dice. Calma, focalización y atención están conectadas entre sí: cuanto más alto sea nuestro porcentaje de estrés crónico, "más distraídos tenderemos a estar y menos podremos focalizarnos profundamente y ser productivos", afirma Moraveji. "Y todas esas distracciones se reflejan en la respiración."

Al iniciar su trabajo, Moraveji se dio cuenta de que la respiración perturbada no era solo una respuesta involuntaria al estrés o la distracción. Nuestra respiración suele ser un acto inconsciente y, como lo demuestra la apnea de correo electrónico, se ve inconscientemente afectada por las tareas que realizamos y por el medioambiente. Pero a diferencia del ritmo cardíaco o la presión sanguínea, que suben y bajan en situaciones de estrés pero no pueden ser controlados conscientemente, *podemos* controlar la respiración cuando nos focalizamos en ella. Moraveji dedicó varios años a dominar la respiración mediante la meditación. "La respiración es el lugar donde la mente se encuentra con el cuerpo", dice. "Es un simple mecanismo para modular el propio estado". También tiene las virtudes de ser fácil de medir, monitorear y cuantificar, lo que la convierte en una buena candidata para las intervenciones digitales.

Los sensores que Moraveji lleva puestos son parte de un sistema llamado Calm Coach. Se los coloca por la mañana, antes de comenzar a trabajar en la computadora, y monitorean su ritmo respiratorio durante el transcurso del día.

Moraveji señala un indicador en la barra de menú de su Mac –donde aparece su ritmo respiratorio– y lo compara con un punto de referencia. Las cantidades son bajas. A diferencia de la mayoría de los estudiantes universitarios, explayarse acerca de su investigación de doctorado no estresa a Moraveji.

Moraveji señala otro número en la barra de menú. "Estamos intentando representar algo efímero pero importante", dice, "el estado de calma. Lo hacemos con puntos". Calm Coach recompensa al usuario con puntos por respirar bien. (Mientras miro, el número 37 que corresponde al ritmo de su corazón sube a 38.) El programa no resta puntos después de un llamado agresivo o un encuentro inconducente. Cualquier jugador sabe que perder puntos estresa todavía más. Además, es útil ver en qué momentos del día estamos estresados y qué hacemos en esos momentos. Moraveji abre una página de dos columnas con una serie de fotos tomadas por su laptop. "La columna de la izquierda muestra lo que estaba haciendo cuando estaba más estresado, y la derecha muestra lo que hacía cuando estaba más sereno", explica. (Noto que en dos fotos de la izquierda estaba abierto su correo electrónico. Me siento un poco mejor viendo que hasta los expertos en calma a veces se olvidan de respirar cuando chequean su correo electrónico.) Utilizado durante varias semanas o meses, este sistema permite ver en qué momentos del día es más probable que nos estresemos y cuáles son las actividades que manejamos con mayor facilidad.

De pronto, aparece la imagen de una playa en la pantalla de la computadora. "Alcancé un objetivo", anuncia Moraveji. El sistema acaba de recompensarlo por haber conseguido 41 puntos esa mañana. Las futuras versiones de Calm Coach, me dice, podrían ser incluso más proactivas: podrían sugerir que nos tomemos un descanso cuando el nivel de estrés es demasiado alto o proponer que dediquemos nuestra hora de mayor calma a realizar aquella tarea que nos plantea mayores desafíos.

Calm Coach posee todavía la encantadora rusticidad de los prototipos: el controlador Arduino no tiene carcasa, lo cual facilita la detección de posibles problemas, y es obvio que un monitor de respiración inalámbrico lo volvería mucho más útil. Imagino que quienes utilizan monitores cardíacos cuando hacen ejercicio físico o siempre están a la pesca de herramientas y dispositivos para aumentar su productividad preferirían una versión más refinada y elegante. No obstante, la inefable belleza del Calm Coach radica en que siempre está encendido, siempre recolecta información, siempre ofrece retroalimentación e insta al usuario a recuperar o conservar la calma. Dado que el adulto promedio inhala más de veinte mil veces por día, los beneficios de que el sistema esté funcionando cada vez que trabajamos en la computadora son obvios. Un sistema que funciona en tiempo real y no obstante es indirecto parece apropiado para ayudarnos a reprogramar la conexión fundamentalmente inconsciente entre el uso de la tecnología y la respiración.

Pero si bien es indudable que los primeros cultores del Calm Coach pertenecerán a la tribu de los consumidores *avant-garde* de alta tecnología – que ya han comprado la Nike+ FuelBand, han subrayado y marcado sus ejemplares de *Getting Things Done*[9] y andan a la pesca del próximo producto que los hará más inteligentes, más productivos o más algo–, Moraveji no obstante espera que los beneficios tangibles susciten un mayor interés por cultivar la atención plena en los usuarios. "Las personas que no quieren dedicarse a la contemplación pero no obstante desean reducir su estrés o poder hacer su trabajo con tranquilidad saldrán beneficiadas", afirma. "Pero en realidad se trata de aumentar la conciencia emocional y física." Después de todo, "la calma no es sinónimo de relajación. La calma consiste en aquietar la mente para poder ser productivos y creativos, para tener grandes ideas". Moraveji también espera que el Calm Coach y otros sistemas similares ayuden a que los usuarios comprendan que "las tecnologías que nos estresan son las mismas que pueden calmarnos", que podemos hackear y resetear nuestras computadoras y la relación que mantenemos con ellas. "Una computadora no debería limitarse a permitirme HACER cosas", insiste Moraveji. "Tendría que ayudarme a ser mejor persona, a dar lo mejor de mí."

Calm Coach todavía no ha llegado a las tiendas de electrónicos. Hasta ese día, existen otros programas que pueden ayudarnos a ser más contemplativos en el uso de la computadora. Se comercializan bajo el prometedor nombre de Zenware[10].

Notas

[1] El término empleado en inglés es *entanglement*. Todo indicaría que refiere al *quantum entanglement*, que se traduce como entrelazamiento cuántico, y puede describirse como la posibilidad de que dos objetos que se encuentran físicamente separados, inclusive por millones y millones de kilómetros, se puedan comunicar entre sí. En otras palabras, y

por increíble que esto pueda parecer al sentido común, dos objetos pueden compartir la misma información y alterar su estado si uno de los dos es afectado. [N. de la T.]

[2] Técnicamente la Nube (del inglés, *Cloud computing*) es el nombre dado al procesamiento y almacenamiento masivo de datos en servidores que alojen la información del usuario. Esto significa que hay servicios, algunos gratuitos y otros pagos, que guardarán tanto sus archivos personales como información en Internet. La Nube permite acceso instantáneo y en todo momento a sus datos esté donde esté y a través tanto de dispositivos móviles (smartphones, tablets, etc.), como de computadoras de escritorio o notebooks. La Nube no fue creada para personas expertas en tecnología, sino para el usuario final que quiere solucionar las cosas de manera rápida y simple. Por ese motivo la mayoría de los servicios que hacen uso de esta tecnología son fáciles de usar. [N. de la T.]

[3] Este concepto fue desarrollado por el psicólogo Daniel Wegner, de la Universidad de Harvard, y postula que no solo almacenamos datos en nuestro propio cerebro, sino que también lo hacemos en el de otras personas, especialmente si pertenecen a nuestro entorno cercano. [N. de la T.]

[4] La conciencia fonémica es la capacidad de segmentar y manipular las unidades más pequeñas del habla, que son los fonemas. [N. de la T.]

[5] El área de Broca es una sección del cerebro humano involucrada con la producción del habla, el procesamiento del lenguaje y la comprensión. [N. de la T.]

[6] Un movimiento sacádico es un movimiento rápido del ojo, la cabeza u otra parte del cuerpo de un animal o dispositivo. También puede referirse a un desplazamiento rápido de una señal emitida o a otro cambio rápido. [N. de la T.]

[7] Guitar Hero es una popular franquicia de videojuegos musicales publicada por RedOctane en la sociedad de Activision. La serie es conocida por el uso de un dispositivo con forma de guitarra como control de juego para simular y hacer música con ella, representando notas de colores en la pantalla que corresponden a cada uno de los botones del controlador. Los juegos permiten tanto partidas individuales como multijugador, pudiendo estas últimas ser cooperativas o competitivas. La serie ha utilizado una amplia gama de canciones de rock de diversas épocas, tanto licenciadas como independientes, hechas desde los años '60 hasta el presente, muchas de ellas de bandas muy exitosas. [N. de la T.]

[8] Arduino es una plataforma de hardware libre, basada en una placa con un microcontrolador y un entorno de desarrollo, diseñada para facilitar el uso de la electrónica en proyectos multidisciplinarios. [N. de la T.]

[9] *Getting Things Done* (GTD) es un método de gestión de las actividades y el título de un libro de David Allen que se tradujo al castellano como *Organízate con eficacia*. GTD se basa en el principio de que una persona necesita liberar su mente de las tareas pendientes guardándolas en un lugar específico. De este modo, no necesita recordar lo que debe hacer y se puede concentrar en realizar las tareas. [N. de la T.]

[10] El concepto de zenware se aplica a todo tipo de software que tiene como objeto minimizar su presencia como interfaz para favorecer su propósito último: en el caso de un procesador de textos, se eliminan todas las funciones adicionales (configuraciones de página, párrafo, tipografía, etcétera) e incluso las farragosas barras de comandos, para centrarse en ofrecer un medio cómodo, a pantalla completa, para escribir sin distracciones. [N. de la T.]

Capítulo 2

Simplificar

La próxima vez que se siente frente a su computadora, descargue dos elementos de software. Uno de ellos es Freedom, un programa que bloqueará su acceso a Internet durante ocho horas. El otro es DarkRoom (o WriteRoom para los usuarios de Macintosh), un programa de texto con una interfaz clara y simple diseñada para ayudarlo a concentrarse. (Si usted usa Linux ya tiene patente de hacker y podrá encontrar por sí solo las correspondientes versiones de estos programas.) Dedique una semana entera a familiarizarse con los programas y pronto comprobará que mejoran y aumentan su capacidad de escritura y de concentración. También lo ayudarán a aprender un par de cosas sobre sí mismo. La computación contemplativa requiere experimentación y reflexión: es fundamental probar cosas nuevas, ver cómo afectan su mente extendida y modificar las tecnologías que usted utiliza para contribuir al desarrollo de esa mente y aumentar su capacidad creativa y de focalización.

El programa Freedom es muy fácil de usar. Cuando lo abra, de inmediato aparecerá una caja de diálogo. "¿Cuántos minutos de libertad desea tener?", le preguntará el programa. Tipee un número, pulse la tecla return... y estará offline. Nada de lo que usted haga podrá restaurar la conexión con Internet mientras el reloj continúe en la cuenta regresiva. Si quiere consultar su correo electrónico o su cuenta de Twitter, tendrá que reiniciar la computadora. Y si decide hacerlo, primero tendrá que preguntarse: ¿por qué estoy haciendo esto? Y comprobará en carne propia que esa pregunta, aparentemente inocua, es un disuasivo sorprendentemente eficaz.

La primera vez que el programa me preguntó "¿cuántos minutos de libertad desea tener?", mi reacción inicial fue de pánico. *¿Voy a estar desco-*

nectado? ¿Pero qué estoy haciendo? ¿Me habré vuelto loco? La convivencia con Internet nos ha creado una necesidad refleja de estar siempre conectados, aun cuando pensemos que sería beneficioso no estarlo. Y la idea de que TENEMOS que estar permanentemente online es el primer paso en el camino que conduce a la compulsión de mirar videos y chequear cada cuatro segundos la bandeja de entrada del correo electrónico. Y por supuesto que tengo mi iPod y mi iPad si necesito estar online. No es que haya decidido autoexiliarme en Siberia.

No obstante, chequeo rápidamente el correo electrónico y backapeo los archivos de libros a mi servidor antes de concederme esas dos horas sin Internet. Pulso la tecla correspondiente y Freedom anuncia: "Ahora usted está desconectado. Freedom no responderá hasta que expire su sesión offline". Después de pasar uno o dos minutos escribiendo, pulso una tecla para volver a Freedom. El programa no responde: no aparece la barra de menú, no hay un mensaje de "Volver a trabajar", absolutamente nada. Me recuerda esa escena de *El joven Frankenstein* en la que el Dr. Frankenstein, interpretado por Gene Wilder (*Me pregunto si el videoclip estará en YouTube... Oh, maldita sea, no puedo saberlo ahora*), les dice a Terri Garr y Marty Feldman (*Feldman y Wilder también hicieron juntos una película de Sherlock Holmes... ¿La tendrán en Netflix? No sé, no tengo manera de averiguarlo*) que no entren en la habitación donde está el monstruo por más que escuchen alaridos que les hielen la sangre (*eso me recuerda... no, olvídalo*).

No deja de asombrarme la frecuencia con la que, aun en el decurso de un único pensamiento (por lo demás bastante trivial, debo admitirlo), mi mente desea desviarse por otros vericuetos, saltar de una idea a otra, responder tal o cual pregunta... y la facilidad con que la Web me permite satisfacer rápidamente mi curiosidad. Lo que hace que la Web sea tan absolutamente distractiva es que, muy probablemente, yo podría encontrar ese videoclip, la película podría estar en Netflix, y entre Netflix y la Base de Datos de Películas de Internet yo podría perder varios minutos recorriendo los atajos y caminos laterales de la trágicamente breve carrera de Marty Feldman. Nosotros fracasamos con la Web porque la Web triunfa. O, más precisamente, fracasamos en el intento de permanecer concentrados porque sabemos que a pocos segundos de distancia hay un mundo virtual, inmenso como un parque de diversiones, donde podemos distraernos.

Pero, a menos que reinicie la computadora, no tengo más opción que adaptarme y ponerme a escribir. De vez en cuando me pregunto: *¿Tendré algún mensaje nuevo en mi correo electrónico?* o *¿Felix Salmon habrá dicho algo acerca de la última crisis monetaria?* Y eso es lo único que hago: preguntarme. No averiguar. No puedo averiguar nada. He desconectado la Internet. De modo que vuelvo a trabajar.

Después de un rato, mis pensamientos recurrentes pasan del habitual *Maldita sea, no puedo chequear mi correo electrónico* a *Y bueno... no puedo chequear mi correo electrónico.* Eso se parece mucho a la libertad.

El programa Freedom nos muestra que, cuando necesitamos focalizarnos, menos puede ser más. WriteRoom hace otro tanto. Apenas abrimos el programa, WriteRoom se adueña de toda la pantalla: lo único que vemos es un cursor verde titilando sobre un fondo negro. No hay barras de menú, ni tipos de letras, ni ventanas IM acechando en los bordes, ni actualizaciones de status o alertas de correo electrónico haciéndonos señas desde la periferia. La computadora se ve tan tranquila que hasta podría estar apagada: pero el cursor da la sensación de una serena predisposición a ser útil.

Tal vez esto les parezca un castigo cruel, semejante a la desnudez de un calabozo o al despojamiento de una habitación saqueada, a aquellos usuarios acostumbrados al zumbido periférico continuo de los infinitos menús, los "me gusta", las puntuaciones, las notificaciones instantáneas y las recomendaciones en tiempo real.

Para mí, sin embargo, este minimalismo visual evoca recuerdos de la época en que las computadoras personales parecían ofrecernos un mundo de posibilidades. Si bien yo no conseguía que la mía hiciera muchas cosas –y lo poco que conseguía generalmente requería que ingresara manualmente los programas BASIC–, sabía que Apple II, Commodore 64 y TRS-80 eran las primeras esquirlas de un universo ya trazado por la ciencia ficción, que solo esperaban ser reorganizadas.

No soy el único que reaccionó de esta manera ante el WriteRoom. Si usted era un adolescente cuando aparecieron las primeras PC a fines de los años '70 y comienzos de la década de 1980, sabrá que el programa Write-Room tiene el potencial de disparar viejos recuerdos cibernéticos, la nostalgia (estilo cinta de Moebius) de un futuro que estaba por llegar. La escritora Virginia Heffernan se explayó acerca del WriteRoom en términos que en parte remiten a Virginia Woolf y en parte al ciberpunk. "Uno sale disparado hacia lo desconocido, hacia la soledad más profunda, y todas y cada una de sus palabras devienen esa especie de escritura espacial que da inicio a *La guerra de las galaxias*", escribe. "A aquellos de nosotros que aprendimos a usar el BASIC en una Zenith Z19 y conocimos los procesadores de palabras en una Kaypro (¿alguien más?), ese 'verde sobre negro' retro nos deja sin aliento."

Era una época, dice Hefferman, en la que "el misterio de la mente humana y el misterio de la computación parecían iluminarse y ahondarse mutuamente". Las computadoras eran nuevos mundos a la espera de ser explorados y conquistados. Sentarse frente al teclado no equivalía a adoptar una actitud pasiva o inactiva. Por el contrario: era el comienzo de una aventura, de una búsqueda personal. Esa exploración conllevaba una promesa de cambio: nos haría más inteligentes, nos permitiría controlar ese pequeño mundo (si nos esforzábamos lo suficiente como para develar sus secretos). En los primeros años de las computadoras personales, cuando cada quien debía escribir (o al menos dactilografiar) sus propios programas, era por demás claro que humanos y computadoras se ayudaban mutuamente a ser más inteligentes.

Pero hoy es más probable que sintamos que las computadoras son incomprensiblemente veloces y complejas y que el software diseñado para nuestro uso diario puede ser embotadoramente complicado. Mi copia de Microsoft Word, por ejemplo, tiene once ventanas desplegables en su barra de menú. En diez de esas once ventanas están distribuidos ciento cuarenta comandos y funciones, que abarcan desde "Abrir" y "Salvar" hasta "Señalar para posterior seguimiento" e "Ingresar automáticamente y distribuir". La undécima ventana tiene más de doscientos tipos de letras, sin contar las numerosas versiones (negrita, bastardilla, subrayada, condensada) de cada tipo. Si los menús desplegables no son su fuerte, podrá acceder gráficamente a esas funciones utilizando la barra de herramientas situada sobre el margen superior del documento. También podrá acceder a otras mediante la barra de herramientas localizada al costado de la pantalla, e incluso a otras usando la barra lateral a la izquierda del documento. Por último, hay seis maneras diferentes de ver el documento: borrador, esquema, vista preliminar, impresión, diseño de página o pantalla completa.

El Word y otros programas similares ofrecen pocas oportunidades a sus usuarios de encontrar lo que Hefferman denomina "misterios iluminadores", misterios que sí ofrecían –y con creces– otros sistemas más simples y más despojados. Incluso las tecnologías que pretenden salvaguardarnos o volvernos más productivos –las "interfaces *user-friendly*" que pretenden "protegernos de las zonas oscuras de la tecnología", en palabras de Heffer-man– corren el riesgo de entorpecer involuntariamente nuestras capacidades o nuestra intuición. Pero lamentablemente eso no solo ocurre frente al teclado de la computadora, y las consecuencias en el mundo real pueden ser mortíferas. Un informe del año 2011 de la International Air Transport Association, dado a conocer poco después de la caída de un Airbus de Air France frente a las costas de Brasil en el año 2009, advertía que los aviones últimamente eran tan sofisticados que los pilotos no tenían la posibilidad de desarrollar y mantener capacidades de vuelo avanzadas. Los pilotos son entrenados para colocar el avión en piloto automático durante la mayor parte del vuelo, tienen cada vez menos horas de experiencia en vuelo manual y les resulta muy difícil manejarse en situaciones de emergencia, especialmente si las emergencias son causadas por problemas del piloto automático o los instrumentos.

Antes de adquirirlo o incorporarlo, necesitamos averiguar por nuestros propios medios si un software más rápido o más complejo realmente constituye una mejora para nuestras vidas. Es fácil suponer que, en la medida en que las computadoras se tornan más veloces y más poderosas, nosotros hacemos otro tanto. Pero décadas de estudios sobre los fracasos de sistemas complejos han demostrado que los sistemas sumamente automatizados nunca pueden eliminar por completo las complejidades subyacentes del mundo, la intratabilidad de las leyes de la física y/o la imprevisibilidad del clima. Y, simultáneamente, hacen que sea menos probable que los pilotos de aviones (o los operadores de centrales de energía nuclear o los gerentes de fondos de protección) tengan una experiencia de primera mano con esas complejidades subyacentes, experiencia que resulta imprescindible para evaluar cada situación y poder actuar con calma, disciplina y conciencia de los riesgos cuando las cosas no funcionan como se esperaba.

Si usted es científico o analista financiero y trabaja con grupos de datos, visualizaciones o simulacros de gran volumen, sabrá por experiencia directa que existen tareas cuya realización le habría demandado al menos dos días antes de la aparición de las computadoras, pero que ahora son triviales, y que hay ciertas cosas que directamente no habría podido hacer.

En esos campos, el software es como la electricidad o los motores: claramente acelera la realización del trabajo. Pero no todo trabajo creativo depende de la velocidad para progresar. Consideremos, por ejemplo, la escritura. En los veinte años transcurridos desde que comencé a usar Microsoft Word, se cumplió diez veces la Ley de Moore. La Ley de Moore dice que, aproximadamente cada dos años, el poder de las computadoras se duplica. Eso quiere decir que la computadora que estoy usando ahora es aproximadamente mil veces más poderosa que la que utilizaba con el Word 5.1. ¿Eso significa que yo escribo mil veces más rápido? ¿O que algunos de nosotros han alcanzado esa velocidad? ¿Somos capaces de leer mil veces más mensajes de correo electrónico de los que leíamos en 1990? ¿O solo tenemos la sensación de que es así?

Los programas vastos y abundantes en funciones son complejos. El trabajo creativo también es complejo. Pero no de la misma manera. Los programas radicalmente simples nos ayudan a superar esa complejidad eliminando las distracciones periféricas, bloqueando el mundo exterior y dándonos espacio para pensar y realizar multitareas con mayor eficiencia.

En los últimos tiempos, la capacidad de realizar múltiples tareas simultáneamente ha ganado mala fama, pero lo cierto es que los seres humanos hemos sido multitareas desde siempre. Literalmente. Según algunos arqueólogos, el éxito del *Homo Sapiens* es producto de nuestra capacidad de realizar tareas múltiples. Uno de los ejemplos más fascinantes de multitareas pretéritos proviene de los experimentos conducidos por Lyn Wadley y sus colegas en la Universidad de Witwatersrand, en Sudáfrica, en cuyo transcurso reprodujeron antiguos métodos de manufacturación de herramientas de piedra. En la Edad de Piedra los cazadores hacían hachas y otras armas compuestas por filosas hojas de piedra con mangos de madera. La unión de ambas piezas, un proceso llamado colocación del mango o la empuñadura, requería la preparación de poderosos adhesivos hechos con ingredientes naturales que era necesario recoger, mezclar y cocer. Aprender a hacerlo bien seguramente habrá requerido mucha experiencia y habilidad. Pero Wadley y sus colegas argumentaron que existía otro ingrediente crucial en la preparación del adhesivo: la capacidad multitareas.

Para comprender mejor su argumento recurriremos a las clases de química de la escuela secundaria. En un experimento típico, se mezclaban sustancias químicas en las proporciones adecuadas y en el orden correcto, se las calentaba durante X minutos a una temperatura X, tal vez testeando el pH, tal vez revolviendo la mezcla en un momento crítico o agregando otro ingrediente cuando el compuesto cambiaba de color, pero antes de que cambiara DEMASIADO. Incluso bajo las condiciones protegidas de un laboratorio, cada experimento constituía un desafío. Ahora bien, imagine cómo se las ingeniaría para hacerlo a la intemperie. Usted no cuenta con ingredientes puros; en cambio, tendrá que utilizar ingredientes que ha saqueado, matado, arrancado, cultivado o desenterrado. No puede medir con exactitud el tiempo ni la temperatura porque jamás escuchó hablar del concepto de pesos y medidas estandarizados, y es probable que tampoco conozca el concepto de número. Y tiene que hacer todo eso mientras vigila el fuego para asegurarse de que no se apague, de que no caliente demasiado, de que no se vuelva demasiado irregular o débil. ¿Qué clase de puntaje cree que hubiera obtenido?

En esas condiciones trabajaban los artesanos de la Edad de Piedra, pero no recibían "puntaje" del uno al diez por su trabajo. Ellos solo conocían dos calificaciones: "vida" y "muerte". Los pueblos antiguos utilizaron adhesivos naturales como la pez y la savia de los árboles durante mucho tiempo, que si bien servían para los utensilios simples, no eran lo bastante fuertes para ser utilizados en la fabricación de armas. Hace aproximadamente setenta mil años, los pueblos manufacturadores de hachas del sur de África descubrieron que la mezcla de resina vegetal y ocre rojo (tierra rica en hierro) producía un adhesivo lo suficientemente fuerte para mantener la hoja del hacha fijada al mango durante varios años. Pero solo si se utilizaban las plantas correctas y se hacía la mezcla correcta, que debía calentarse durante la cantidad de tiempo correcta. El equipo de Wadley descubrió que, agregando una cierta cantidad de cera de abeja y granos de arena a la mezcla de resina vegetal y ocre rojo, el adhesivo se estabilizaba si era demasiado líquido o demasiado espeso; también descubrieron que, incluso trabajando dentro del laboratorio, era fácil excederse con los ingredientes y echar a perder el preparado.

De modo que, para tener éxito en su empresa, los preparadores de adhesivos de la Edad de Piedra tuvieron que desarrollar una percepción certera de cómo se comportarían los ingredientes bajo la acción del calor, cuánto calor sería necesario y exactamente cuánta cera de abeja u otro aditivo se necesitaba (si es que se necesitaba). En otras palabras, debían poder predecir el comportamiento de los distintos ingredientes, pero también debían vigilar constantemente la mezcla y hacer los ajustes necesarios en la receta original para evitar el desastre y el desperdicio. Tanta observación, predicción e improvisación habría sido "imposible sin pensamiento abstracto y sin capacidad multitareas", concluye Wadley.

Del otro lado del océano, la profesora Monica Smith, de la Universidad de California en Los Ángeles, también ha encontrado evidencias de multitareas en los registros arqueológicos. Consecuentemente, Smith aduce que nuestra capacidad multitareas fue un importante factor en la evolución de las sociedades complejas. En los años inaugurales de la historia de nuestra especie, el *Homo Sapiens* competía por el alimento y el espacio con varias especies más fuertes, más rápidas o más agresivas (algunas de las cuales, como los cerdos y el ganado vacuno, fueron posteriormente domesticadas). Nuestra habilidad de realizar tareas múltiples nos permitió compensar nuestras deficiencias, tanto en el nivel individual como en el nivel grupal. Como individuos, podíamos planear y ejecutar tareas más complejas que otros animales y expandir nuestro espectro de alimentos comestibles ahumándolos, curándolos o cocinándolos. En el nivel grupal, la capacidad de realizar múltiples tareas nos permitió pasar de la recolección de nueces, frutas y tubérculos al cultivo de alimentos (empresa que requiere mucha planificación, además de la habilidad de invertir energía en el presente con la expectativa de obtener mayores beneficios en el futuro). La capacidad multitareas nos ayudó a crear rituales sociales y tecnologías más complejos y, con el correr del tiempo, contribuyó al desarrollo de un estilo de vida urbano y sedentario. En otras palabras, nos ayudó a triunfar sobre otras especies y a fabricar herramientas y, en última instancia, dio origen a la civilización.

Ahora bien: si hace ya cientos de miles de años que los humanos realizamos multitareas, ¿qué tiene de malo que yo intercambie mensajes de texto con mis hijos mientras bebo mi triple mocca-latte descafeinado y bien helado yendo a toda velocidad por la Autopista 101? (Cabe señalar que todo el mundo hace exactamente lo mismo que yo.) Si la capacidad de realizar tareas múltiples ha sido un elemento tan crucial para la evolución social humana, ¿por qué dejar de usarla justamente ahora?

La respuesta, por demás simple, es que usamos la palabra "multitareas" para describir dos clases de actividades completamente diferentes. Unas son productivas, representan un compromiso intelectual y nos hacen sentir bien. Otras son improductivas, distractivas y nos hacen sentir muy limitados. Es importante distinguir estas clases diferentes de multitareas, porque utilizamos la palabra dándole una connotación casi siempre casual, a menudo incorrectamente, y gran parte de lo que llamamos "multitareas" es, en realidad, otra cosa.

La capacidad multitareas buena es la de la Edad de Piedra. Es lo que hacemos cuando estamos haciendo algo que verdaderamente nos entusiasma e interesa.

Según Lyn Wadley, la capacidad multitareas es la habilidad de "desarrollar muchos cursos de acción en la mente". Incluye la capacidad de pensamiento abstracto y la capacidad de enfocar la atención en diferentes objetos o partes de un proceso. Monica Smith define la palabra multitareas como "la habilidad de hacer más de una actividad por vez, y la habilidad de ajustar el momento y la secuencia de las actividades respondiendo a los cambios que son producto de condiciones externas o internas". En ambos casos, múltiples cursos de acción convergen en un mismo punto: obtener un adhesivo adecuado para fijar la hoja del hacha al mango, preparar los ingredientes crudos de una comida, o arar un campo para la siembra.

Esta es la clase de multitareas que desarrollamos cuando participamos en proyectos complejos: tenemos que lanzar muchas pelotas para que aterricen en el lugar correcto, en el orden correcto y en el momento correcto. Lo hacemos con bastante naturalidad, y si Wadley y Smith están en lo cierto, hemos evolucionado para poder hacerlo.

Existen otras circunstancias en las que podemos usar constructivamente distintas variables cognitivas. Una buena profesora escribirá algunas palabras en el pizarrón, o proyectará una imagen en la pantalla, para ayudar a sus alumnos a recordar los puntos clave de la clase. Los cultores del registro gráfico —me refiero a aquellas personas que dibujan mapas o diagramas notablemente elaborados durante las conferencias o las clases— están convencidos de que observar la evolución de esos mapas o diagramas mientras el orador se explaya fortalece el aprendizaje. En estos casos, las diferentes variables cognitivas no compiten entre sí; por el contrario, se fortalecen mutuamente ya que comunican mensajes similares de diferentes maneras. Asistir a una ópera requiere capacidad multitareas: el cerebro tiene que procesar la música, la trama, la letra y la puesta en escena y obtener un mensaje atractivo o importante del conjunto.

El acto de cocinar es un buen ejemplo de capacidad multitareas, tanto ahora como en los legendarios tiempos en que los mamuts formaban parte del menú humano. Imagine que debe preparar la cena para sus amigos. Tiene que pensar qué les gusta comer, anotar los ingredientes y decidir cuándo comprarlos (la harina de maíz y las arvejas duran más que el pescado y la albahaca fresca). Debe preparar cada plato en el orden correcto de modo que esté listo para ser servido oportunamente, y la preparación de un plato no debe interferir con la de otro. Mientras cocina, es probable que usted deba ocuparse también de otras tareas: por ejemplo, fijarse si los platos están limpios y si el mantel y las velas están en su lugar. Tal vez tenga que ajustar un poco los horarios si dos de sus invitados le avisan que se retrasarán debido a un embotellamiento de tránsito: la carne asada puede aguantar, pero habrá que colocar el pastel en el horno un poco más tarde y los niños seguramente comerán más galletitas y usted tendrá que batir la crema después. ¿Estar atento a todos estos detalles es un desafío? Por supuesto que lo es. ¿Usted se siente recompensado cuando todo sale bien, cuando los invitados se muestran sumamente satisfechos? Por supuesto que sí.

También podemos aplicar la capacidad de manejar diferentes variables cognitivas convergentes a actividades puramente intelectuales. Si no tuviéramos la habilidad de almacenar dos ideas diferentes en nuestra memoria a corto plazo, sería extremadamente difícil compararlas, advertir las conexiones entre ambas o forjar ideas nuevas. Muchas innovaciones y trabajos creativos implican combinaciones sorprendentes, yuxtaposiciones de elementos poco afines entre sí, para producir algo nuevo. Esa clase de creatividad sería imposible si no tuviéramos capacidad multitareas.

También empleamos el término multitareas para referirnos a dos actividades que podemos hacer simultáneamente porque, o bien una de ellas nos resulta muy familiar, o bien ambas involucran distintas partes de nuestro cerebro. Muchas personas escuchan música mientras leen o escriben (algunas investigaciones serias sugieren que la preferencia por la música vocal o instrumental depende del perfil psicológico del oyente), o tienen pensamientos profundos mientras pasean al perro, o hablan por teléfono mientras le cambian los pañales al bebé. Es una gran cosa que yo pueda doblar la ropa lavada y escuchar música al mismo tiempo porque, si no tuviera esa habilidad, jamás haría una tarea doméstica. Esta clase de actividad rara vez se considera multitareas, aunque para algunos lo es: en cierta ocasión, un nadador ya entrado en años me felicitó porque yo podía leer estando en el jacuzzi (por supuesto).

Una cosa es leer y tener varias ideas al mismo tiempo mientras se está sentado ante un escritorio lleno de libros, y otra cosa muy distinta es leer sentado en una tina llena de burbujas. Hay momentos en que puede volverse caótico, pero nosotros tenemos la capacidad de cocinar tres platos diferentes en las hornallas y un cuarto en el horno y de lograr que los niños pongan la mesa. Estos ejemplos, diferentes entre sí, ilustran otro elemento de la capacidad multitareas positiva.

Pero la actividad multitareas que desarrollamos cuando dividimos nuestra atención entre varios aparatos electrónicos o redes sociales es algo completamente diferente. Escribir sentado en mi escritorio mientras suena la música es muy distinto de pasar de una página Web a otra en el browser mientras chateo con un amigo de la escuela secundaria por Facebook y escucho música en mi iPhone. Estas actividades separadas no convergen en un único gran desafío intelectual. No son más que varias cosas diferentes entre sí que yo intento hacer simultáneamente.

Esta clase de capacidad multitareas, en opinión de los científicos, no es "multitareas" a pesar de llevar ese nombre. Es, sencillamente, "cambiar de tarea". Nuestro cerebro literalmente anda a los saltos entre las distintas actividades: constantemente debe cambiar de foco y abandonar una tarea para concentrarse en otra.

¿Por qué cambiar de tarea es un problema? Además de tornarnos menos creativos y menos productivos, de volvernos adictos a la ineficiencia y más susceptibles al autoengaño, pasar de una cosa a otra es mucho más difícil para el cerebro humano de lo que pensábamos hasta hace poco. Esto me quedó claro cuando entrevisté a una psicóloga de Berkeley especializada en memorización y multitareas.

Me encontré con Megan Jones en la puerta de un café situado en la vereda de enfrente de la universidad y buscamos mesa después de haber comprado nuestros cafés con leche. (Como podrán comprobar, la investigación científica suele ser un poco más relajada en la costa oeste de los

Estados Unidos.) No bien nos sentamos, Megan saca su iPhone y activa el cronómetro. "Bueno, vamos a hacer un experimento simple en tres pasos", me dice. "Primero, quiero que cuente del uno al diez lo más rápido que pueda."

Me siento un poco inhibido por tener que hacer algo tan simple rodeado de personas que leen libros importantes y tratados voluminosos, pero lo hago. Cuento hasta diez rápido y en voz muy baja para no perturbar a la mujer sentada en la mesa de al lado, totalmente inmersa en la lectura de *Middlemarch*. "Tardó casi un segundo y medio", anuncia Megan cuando yo termino de contar. "De acuerdo, el segundo paso es recitar el alfabeto desde la A hasta la J."

Muy fácil. Nuevamente, la cosa lleva un segundo y medio. La lectora de *Middlemarch* ignora conspicuamente al idiota que tiene al lado. Da vuelta la página.

"Ahora", prosigue Megan, "trate de alternar las dos cosas: 1 A, 2 B... y así sucesivamente, hasta llegar a 10 J." Y yo supuse que, si había hecho cada cosa en un segundo y medio, tardaría tres segundos, a lo sumo cuatro en hacer las dos juntas.

Empecé: "1 A...". Las primeras letras y números fueron fáciles, pero hacia el "5 E" comencé a tomar conciencia de que los números y las letras ya no se presentaban automáticamente. Ahora tenía que *pensar* en lo que estaba haciendo. Empecé a decirlos en voz alta para concentrarme: "... mmm, 6... F... 7... [*E F... la letra siguiente es*] G... [*¿cuál fue el último número que dije?*] La vecina lectora de *Middlemarch* levanta la vista, dejándome totalmente desconcertado. "8..." [*Maldición, maldición, maldición.*]

Me las arreglo para llegar al final. A la "J" le sigue rápidamente el "10", pero solo porque sé que estoy llegando al final de la secuencia. "Tardó nueve segundos y medio", dice Megan. Lo intento un par de veces más, pero a pesar de la ingente dosis de cafeína mi pobre cerebro no consigue contar de 1 A a 10 J en menos de nueve segundos. Concluida la distracción, la lectora de *Middlemarch* vuelve a concentrar su atención en el libro.

Este es un experimento clásico de cambio de tarea, y no solo porque podemos hacerlo en un café y sin necesidad de un laboratorio. Todos hemos recitado el alfabeto un millón de veces y podemos contar hasta diez incluso estando dormidos. No es necesario que prestemos atención a las primeras dos partes del experimento.

Pero, si combinamos las dos tareas, la situación deja inmediatamente de ser automática. Tener que pensar en el próximo número Y en la próxima letra hace que nuestro pensamiento se torne drásticamente más lento y hace que se estanque una operación mental normalmente fluida. En mi caso, me llevó tres veces más tiempo concluir la serie cuando tuve que mezclar números y letras: en otras palabras, cuando tuve que cambiar de tarea.

Ahora imagine que intenta prestar atención a una conversación sobre un tema determinado mientras escribe un correo electrónico acerca de otra cuestión, o que participa en una reunión mientras relee los encabezados. O, mejor dicho, no imagine nada: simplemente limítese a recordar la última vez que hizo alguna de estas cosas.

En principio podría parecer que dividir la atención entre dos tareas simples es relativamente fácil, pero el experimento del café revela que pasar de una cosa a otra es costoso. Cada vez que usted pasa de una ventana a otra en su computadora, o deja de leer su correo electrónico para participar en una teleconferencia, su mente gasta energía. De acuerdo con algunas estimaciones, perdemos varias horas de trabajo cada semana por esta clase de situaciones, precisamente en aquellos momentos en que necesitamos ser más productivos. Y también cometemos más errores.

Estudios recientes han demostrado que cambiar de tarea puede ser peligroso. Cuando usted va conduciendo su automóvil y contesta su teléfono celular, parte de su atención deja de monitorear el entorno para concentrarse en la conversación, y por lo tanto usted tiene menos capacidad de advertir y reaccionar a los cambios súbitos e inesperados en el tráfico: un automóvil que cambia de carril sin poner la luz de giro, un niño que cruza la calle corriendo. Incluso después de concluida la llamada demoramos unos segundos en dejar de prestar atención al teléfono para concentrarnos en los automóviles que nos rodean.

Somos menos creativos cuando cambiamos de tarea. Es fácil pensar que la capacidad de realizar tareas múltiples aumenta nuestras posibilidades de establecer asociaciones novedosas entre ideas, y efectivamente es así: siempre y cuando los distintos hilos de pensamiento converjan en una misma meta. No obstante, cambiar constantemente de tarea no nos vuelve más creativos. Cuando pasamos compulsivamente de una cosa a otra, nuestro cerebro gasta tanta energía en cuestiones básicas que nos quedan pocas posibilidades de ver conexiones antes invisibles o de hacer nuevas asociaciones.

La ironía de todo esto es que el cambio compulsivo de tareas funciona como una especie de escudo protector. El profesor de Stanford, Clifford Nass, ha descubierto que los individuos multitareas más dedicados son "incapaces en todos los aspectos que integran la capacidad multitareas. Son incapaces de ignorar información irrelevante, son incapaces de conservar información organizada de manera comprensible y prolija, y son incapaces de pasar de una tarea a otra". No obstante, por obra de una rara ilusión, quienes cambian compulsivamente de tarea piensan que hacen todo bien. Hay algo en la capacidad multitareas que nos conduce a sobreestimar nuestra competencia y subestimar los costos.

Lamentablemente algunos aparatos electrónicos, entre ellos los teléfonos celulares, están hechos a medida para cambiar de tarea. Capturan nuestra atención inmediata desviándola de otra cosa. Cambiar de tarea por medios digitales tiende a incluir varias tareas en un espectro de atención más estrecho, de manera tal que afecta negativamente nuestra capacidad de concentrarnos cuando realmente necesitamos hacerlo. Pero cabe recordar que escribirle un mensaje de correo electrónico a un amigo mientras participamos en una reunión no activa distintas partes de nuestra mente; por el contrario: las dos actividades compiten por las mismas partes. Y algunos datos, por cierto perturbadores, sugieren que a las personas con una fuerte tendencia a cambiar compulsivamente de tarea por medios digitales les resulta mucho más difícil concentrarse durante largos períodos. En la medida en que nuestros cerebros se acostumbran a recibir y procesar múltiples inputs y distracciones, más difícil les resulta consagrarse a una sola tarea compleja.

Los recursos cognitivos que requiere el cambio de tarea son vastamente diferentes de los recursos que requiere leer muchas cosas distintas cuando preparamos un discurso o tener tres ollas en ebullición en la cocina. En el nivel personal, los experimentamos de maneras muy diferentes. Mezclar la resina y el ocre, ver calentarse la mezcla, revolverla, comprobar cómo se está cocinando y decidir el próximo paso produce algo muy cercano a la experiencia de flujo antes que la sensación de tener la atención diversificada en numerosas direcciones. Como dice Nass, el primer medioambiente que conocimos nos brindó montones de desafíos y estímulos, que probablemente experimentamos como si hubieran estado interconectados. "Cuando alguien salía a cazar un animal", dice Nass, "prestaba atención a un montón de cosas, pero todas estaban relacionadas con la caza del animal".

Mientras redacto esta sección del libro, tengo otros tres libros y mi diario personal abiertos sobre el escritorio y un conjunto de ventanas de búsqueda y el PDF de una revista científica abiertos en mi iPad. Puedo pasar de uno a otro para averiguar una u otra cosa, verificar citas y menciones, buscar referencias y comprender mejor lo que leo. Estoy haciendo muchas cosas, pero a diferencia de aquellos momentos en que intento responder una pregunta que me hizo mi hijo mientras contesto el llamado telefónico de un colega, todas estas actividades están organizadas en torno de un propósito único: comprender la historia de la capacidad multitareas. Y además estoy escuchando "Music from Big Pink", de The Band, como música de fondo. La música es para mí una fuente de energía física y me ayuda a concentrarme. Puedo tararear las letras de las canciones sin mayores problemas, pero la palabra hablada interfiere con mi capacidad de escribir (por eso: nada de rap ni de podcasts de noticias). Mientras escribo, casi no tengo conciencia de los patrones físicos que mis dedos trazan sobre el teclado para formar palabras: como deletreo con las manos no necesito ser consciente de las combinaciones de letras que componen cada palabra. Puedo dedicarme por entero a pensar oraciones y argumentaciones.

El acto de escribir incluye una variedad de actividades cognitivas e ilustra cómo, en el intento de alcanzar una meta creativa, podemos enredarnos con nuestras propias herramientas. Esa complejidad que lo caracteriza es una de las razones por las cuales escribir requiere concentración intensa y en cierto modo explica por qué los escritores buscan la soledad cuando se abocan a esa tarea. (El rol positivo que desempeñan los medioambientes libres de distracciones para la concentración de los escritores se evidencia en el hecho de que numerosos autores y pensadores célebres escribieron lo mejor de su obra estando en la cárcel: Marco Polo, el marqués de Sade, Oscar Wilde, San Pablo, Niccolo Machiavelli, Cervantes, Ezra Pound, Aleksandr Solzhenitsyn, Mahatma Gandhi, Antonio Gramsci y Martin Luther King produjeron algunas de sus obras más memorables mientras estaban encarcelados. Si a ellos les sumamos los que estuvieron cautivos en campos de prisioneros durante las grandes guerras, la lista se expande para incluir al historiador francés Fernand Braudel y al filósofo austríaco Ludwig Wittgenstein. Por lo tanto no debería sorprendernos que algunos de los mejores programas de Zenware sean, precisamente, programas de texto.

Zenware (término acuñado por el periodista independiente Jeffrey MacIntyre en 2008) parte de la premisa de que las herramientas simples son más valiosas que las complejas a la hora de realizar tareas múltiples. Conserva su simplicidad para evitar que una tarea ya de por sí compleja y que implica un reto resulte todavía más ardua. No intenta "resolver" el problema de la dificultad de escribir automatizando las tareas ni maximizando la productividad mediante un variopinto conjunto de posibilidades. Podríamos decir que si Microsoft Word es un Airbus 380, Zenware es un DC-3. Modifica lo menos posible los hábitos laborales preexistentes de sus usuarios, los obliga a aprender relativamente pocos nuevos comandos y conceptos, y minimiza la carga cognitiva del software propiamente dicho. Zenware elimina las distracciones externas, dejando más tiempo libre a la mente para que pueda realizar múltiples tareas de manera productiva.

El WriteRoom de Hog Bay Software, uno de los programa que contribuyó a definir Zenware, es un caso paradigmático. Su diseñador, Jesse Grosjean, recuerda que el WriteRoom no comenzó como un simple programa: empezó siendo una modalidad de pantalla completa para un programa esquematizador mucho más amplio y complejo –un tipo de software popular entre los escritores de libros– que Grosjean estaba codificando. Grosjean pronto descubrió que el editor de pantalla completa era más convincente que el esquematizador original y, después de una ardua semana de programación, obtuvo la primera versión del WriteRoom. El programa tuvo una saga de imitadores, entre ellos el DarkRoom y el PyRoom (versiones para los sistemas operativos de Windows y Linux, respectivamente) y contribuyó a convertir el minimalismo en un rasgo de diseño.

¿En qué se distinguía el WriteRoom de los otros programas? En parte debido a su filosofía subyacente, a su acercamiento a la escritura y la atención. Durante décadas los procesadores de palabras fueron guiados por el principio WYSIWYG (sigla que corresponde, en inglés, a What You See is What You Get [Lo que usted ve es lo que obtiene]): en otras palabras, lo que usted ve en la pantalla debe parecerse lo más posible al producto terminado. A medida que las computadoras se volvieron más poderosas, los programadores han podido dar a los autores cada vez mayor control sobre "lo que obtienen": los primeros procesadores de palabras solo tenían un puñado de tipografías, mientras que los programas actuales pueden tener cientos y hasta miles si el usuario escribe en más de un idioma. Sin embargo, con el correr del tiempo, la siempre creciente capacidad de modificar interminablemente el aspecto del documento comenzó a inmiscuirse en la escritura. Modificar los márgenes, el tamaño de las columnas, el espaciado y el diseño de la página son el equivalente actual de tareas como sacar punta a los lápices y ordenar los cajones del escritorio: actividades que parecen un trabajo pero que en realidad son maneras solapadas de evitar el trabajo.

Del mismo modo, los programas esquematizadores intentan ayudar a los autores a organizar proyectos grandes y complejos siendo, también ellos, grandes y complejos. Un programa como el Scrivener, por ejemplo, estimula a los escritores a crear muchos archivos de texto pequeños antes que otros más grandes, del tamaño de un capítulo. Luego los induce a organizar esos archivos en capítulos utilizando una herramienta esquematizadora, y por último los insta a organizar los capítulos (como asimismo los documentos primarios, los links a la Web y otros similares) en carpetas. Los archivos pueden contener etiquetas, tarjetas, nombres, comentarios y muchos otros ítems de metainformación. El programa también ofrece varias otras herramientas, entre ellas un indicador que muestra cuántas palabras se han escrito hasta el momento (o hasta el día de la fecha) y cuántas más necesita producir el autor para dar por concluida la jornada. El Scrivener fue diseñado para ayudar a los autores a ver con mayor claridad la estructura del libro, identificar aquellas secciones que todavía les falta escribir y reorganizar los capítulos a su leal entender o a su antojo. Pero la curva de aprendizaje es sumamente escarpada. Habiéndolo usado todos los días durante un año entero, todavía continuaba descubriendo características que no había visto hasta entonces.

WriteRoom avanza en la dirección contraria y proclama confiada y autoconscientemente su creencia en que, en lo atinente a la escritura, menos es más. Grosjean describe el WriteRoom como "un medioambiente de escritura" antes que como un procesador de palabras o un editor de textos. No posee ninguno de los rasgos que los escritores que utilizan software esperan encontrar en un editor de textos (destacar la sintaxis, por ejemplo), ni tampoco permite dar un estilo o estructurar el documento como sí lo hace el programa Word. "Brinda una *sensación* antes que elementos característicos", dice su creador. El WriteRoom se focaliza inexorablemente –y focaliza al usuario– en el instante preciso en que las palabras aparecen en la página, pero no dedica recursos al formateo ni a la impresión del documento.

Comentaristas y usuarios comprendieron y apreciaron rápidamente el valor creativo de la simplicidad de Zenware. "Este tipo de procesador de palabras refiere al proceso de escritura propiamente dicho", explicó el autor y diseñador de páginas Web canadiense Michael Gorman. "No se trata de hacer que las palabras se vean bonitas, ni tampoco de hacer tablas o ajustar las tipografías y los tamaños de las letras." El programador indonesio Donald Latumahina fue más preciso aún: "El hecho de que no haya otra cosa en la pantalla me permite concentrarme enteramente en la tarea que tengo delante. No hay interrupciones ni señuelos para el ojo ni nada de nada. Solo la tarea que debo hacer y yo". Un usuario del DarkRoom dijo: "Cuando uno está adentro, está adentro. No puede ver la bandeja del sistema, ni la tecla de Inicio, ni el escritorio ni ninguna otra cosa. Sólo el editor. Es ideal para hacer lo que hay que hacer". El autor alemán Richard Norden concluye: "Lo único que tiene que haber soy yo, la pantalla en blanco, mis palabras y el contador de palabras. Nada de barras de herramientas sofisticadas, botones de colores, ventanas flotantes u otras distracciones inútiles que me impiden concentrarme en lo que realmente importa".

Otra característica vastamente imitada del WriteRoom es su aspecto. El WriteRoom no emula la hoja de papel, con letras negras sobre un fondo blanco; tiene fondo negro con letras brillantes, como las terminales de computadora de fines de la década de 1970. Rob Pegoraro, de *The Washington Post*, lo expresó así: "El WriteRoom parece haber arrojado a la nueva y brillante laptop Mac de regreso a los tiempos oscuros del DOS". Pero, en una era en que "los programas muchas veces nos tiran encima información en vez de ayudarnos a procesarla", continúa Pegoraro, "ese minimalismo no fue solo una 'actitud de viejo cascarrabias' ni tampoco un producto de la 'nostalgia de las viejas computadoras'". La estética retro fue, en palabras de Grosjean, "una manera insuperable de atraer la atención de los primeros innovadores que lo adoptaron". Dado que esas personas generalmente exigen un diseño de punta, esto podría parecer contraintuitivo, pero podemos ver un impulso similar cuando las compañías electrónicas lanzan cámaras digitales asimiladas a la estética de la Leica M3, un diseño clásico que sur-

gió a fines de los años '30 y que durante varias décadas estableció el estándar de la fotografía seria y simple. O en una aplicación como Instagram,
que hace que las fotos nuevas parezcan antiguas y en cierto sentido más
simples, pero también más ricas en matices.

Si el minimalismo del WriteRoom emula la vieja escuela de la pantalla
negra y el cursor verde parpadeante, otra pieza de Zenware, el OmmWriter
Dana, propone la clase de minimalismo que podríamos encontrar en un
hotel boutique en Helsinki. Es una obra maestra de vacío razonado, que
consiste en unos pocos elementos cautivantes rodeados por espacio negativo.

El hecho de que sea la creación de una agencia publicitaria lo vuelve
todavía más intrigante.

Marzan Cooper, uno de los directores de Herraiz Soto (con sede en
Barcelona), explica que se dedicaron al desarrollo de software debido a
"una necesidad interna real de la agencia". Dado que se trata de una pequeña empresa diseñadora de páginas Web cuyo objetivo es "transformar a los
consumidores en fans", sus programadores deben crear páginas focalizadas
y cautivadoras que atraigan a los visitantes. Pero, en el perpetuamente caótico mundo de la publicidad, concentrarse puede resultar difícil. El cofundador de la agencia, Rafa Soto, tuvo la idea del OmmWriter estando de
vacaciones "en una playa desierta de Brasil". A su regreso a las oficinas de
la agencia, Rafa convocó a un pequeño grupo de seis diseñadores y programadores y se pusieron a trabajar. Catorce meses más tarde, los redactores
de la agencia cerraron el programa Pages and Word y abrieron el OmmWriter por primera vez.

"Abrieron" es, en este caso, la palabra correcta. Usted no solo escribe
con el OmmWriter: usted entra en el OmmWriter. "Bienvenido al estado
de concentración" es el lema de apertura del programa, mientras automáticamente se desactivan el correo electrónico y las notificaciones del chat.
El OmmWriter llena la pantalla con uno de tres fondos a elección: las palabras se yerguen sobre un paisaje nevado de árboles desnudos bajo un
cielo gris, una tela en blanco o un fondo azul verdoso.

El OmmWriter nació bajo los auspicios de la experiencia de Soto y Cooper con la meditación y luego adquirió un "aspecto y una sensación, un tono
de comunicación y una filosofía zen", según Cooper. Pero mientras el equipo
trabajaba para crear un programa dotado de la simplicidad de "un lápiz y un
papel", se alejaba cada vez más de los programas convencionales. "Definiti-

vamente, no era un procesador de palabras" puesto que intencionalmente carecía de los rasgos que hacen que los documentos terminados se vean bien pero distraen a los escritores en la etapa creativa. Y además, "decir que el OmmWriter es un editor de textos es menospreciarlo".

En cambio, el OmmWriter evolucionó hasta transformarse en un "santuario, un espacio donde cada uno puede estar solo consigo mismo y con sus pensamientos". (La oficina de Herraiz Soto en Barcelona tiene ese estilo abierto que tanto aman las compañías, desde Silicon Valley a Tokio, por su tendencia a facilitar la colaboración, aunque muchas veces a costa de la concentración.) Y es verdad que posee cierta cualidad envolvente, tanto gracias a lo que no hay –pop-ups, controles y opciones (el menú es una serie de botones discretos que solo aparecen cuando se mueve el mouse)– como a lo que ocurre cuando lo utilizamos. Al tipear, las letras hacen un clic estilo terminal de computadora, como si un río de aguas digitales anegara el teclado.

Solo hay un par de tipografías para elegir. Por otra parte, es el único programa de texto que incluye su propia playlist, un conjunto de melodías reunidas por el ingeniero de sonido y compositor ambient barcelonés David Ummmo. "Es como si Brian Enno hubiera fabricado un procesador de palabras", comentó un usuario.

Cuando usted cierra el programa, este le avisa que las notificaciones de su correo electrónico se están reiniciando y agrega el comentario, ligeramente preocupante y no obstante zen: "Su mente, un mono indómito". Viendo eso, siente la tentación de reiniciar inmediatamente el OmmWriter.

Después de ser presentado a Herraiz Soto, el OmmWriter tuvo un éxito fulminante entre los revisores de texto de la firma. Ninguno de ellos desinstaló el Word o el Adobe Creative Suite –los seguían necesitando para transformar las palabras en sitios Web– pero Cooper notó que "empezaron a usar el OmmWriter no solo para escribir sino también para pensar, para encontrar conceptos e ideas únicos". Llegado este punto, Soto y Cooper decidieron que "era demasiado bueno para que lo acaparáramos". Lo rebautizaron OmmWriter Dana y postearon una copia online en noviembre de 2009; la versión para iPad apareció en mayo de 2011.

Desde entonces, el OmmWriter ha sido descargado por varios cientos de miles de personas y les ha "abierto puertas a clientes a los que previamente jamás habríamos llegado, sobre todo en el nivel internacional". "El OmmWriter", dice Cooper, "es ahora la tarjeta de presentación más importante de Herraiz Soto". Para esta agencia técnicamente sofisticada, la atención que presta el programa OmmWriter al detalle, las paletas de colores seleccionados por terapeutas ("una de ellas estimula la creatividad y la otra produce tranquilidad"), las imágenes de fondo (encargadas especialmente a un fotógrafo británico) y, sobre todo, su belleza minimalista presentan ventajas técnicas y reflejan un estilo de diseño único.

OmmWriter es inconfundible porque Zenware está orientado hacia el autor. Hoy, la mayoría del software posee la peculiaridad y las características de una campaña publicitaria: un conjunto de programas perteneciente a una empresa comparte el mismo diseño, los mismos íconos, la misma paleta de colores, etcétera. Los sistemas operativos imponen sus propias reglas y los programadores son incitados a imitar el aspecto y la sensación de la versión más reciente (¿recuerdan la furia por los íconos acuáticos?). Por el contrario, el WriteRoom, el OmmWriter y otros programas similares representan la visión estética de algunos individuos, a menudo inspirada por una necesidad específica o un "momento eureka". El diseñador de software Jesse Grosjean lo explica así: "un simple editor de texto es, probablemente, el programa más fácil de generar". A diferencia de muchas otras clases de software, puede ser desarrollado y mantenido por un solo programador o, en el último de los casos, por un grupo reducido. La comunidad global dedicada al desarrollo de Zenware podría competir en la cancha con un equipo de softball; el grupo que se ocupa de actualizar el Word de Microsoft —un programa que ya tiene veinte años de antigüedad—, conformado por un centenar de personas, podría formar su propia liga. Pero si bien la pequeña cantidad de programadores que trabajan en Zenware puede robustecer la preferencia por la simplicidad implacable —no se puede atosigar un programa con extras cuando también se tiene un trabajo fijo—, el impulso hacia el minimalismo no limita ni elimina la posibilidad de expresión personal. A pesar de su simplicidad, una vez que usted se familiariza con ellos, todos los programas son diferentes entre sí, así como los estilos de escritura de Ernest Hemingway, Raymond Chandler y Jeanette Winterston son diferentes entre sí. Cada estilo es libre, y no obstante inconfundible.

* * * * *

Zenware no consiste solamente en herramientas de escritura. También propone otros programas que apartan al usuario del mundo de los avisos publicitarios online, los videojuegos, las actualizaciones y la información en tiempo real y le ofrecen un espacio despejado en el que puede volver a centrar su atención.

Los ejemplos más simples modifican la interfaz normal de la computadora, resaltando el software en uso y oscureciendo otros programas. En efecto, todos mantienen un reflector virtual permanente sobre los programas que usted está utilizando, pero cada uno lo hace a su manera. Backdrop y Think le permiten tener abiertos múltiples programas, pero solo otorgan visibilidad al que usted está utilizando y colocan todo el resto detrás de una pantalla en blanco virtual. HazeOver e Isolator adoptan un enfoque menos extremo: atenúan, sin hacerlos desaparecer, aquellos programas o ventanas que permanecen abiertos pero no son utilizados habitualmente. Por último, Shoo Apps le devuelve al usuario una imagen refleja de su nivel de concentración resaltando los programas que utilizó en los últimos dos minutos.

Estos programas intentan establecer un equilibrio entre concentración y permanente cambio de tarea. Al colocar en primer plano visual un programa contribuyen a que los otros permanezcan en la periferia de la conciencia. Fueron diseñados para ayudar al usuario a concentrarse en la más importante de varias tareas, no para reducir la cantidad de cosas que este hace.

Otros programas adoptan un enfoque diferente para ayudar a sus usuarios a concentrarse. Irrumpen en su conexión de Internet. Algunos son navegadores adicionales que evitan que pierda tiempo visitando sitios Web. Chrome Nanny y StayFocusd trabajan sobre una lista de sitios Web que el usuario quiere bloqueados y, o le niegan el acceso a esos sitios durante ciertas horas, o bien le permiten visitarlos durante una cantidad predeterminada de minutos por día. Los programas que no requieren un sistema operativo para ejecutarse pueden ofrecer escudos más contundentes contra la distracción online. SelfControl permite desactivar el correo electrónico y niega acceso a los sitios Web previamente incluidos en una lista negra. Freedom cierra todos los programas. ("Es un ataque muy fuerza bruta contra el problema de la conectividad", admite su creador.) Aunque el usuario los desactive, Freedom y SelfControl no desbloquean el acceso a los programas bloqueados. De hecho, SelfControl no dejará de bloquear la conexión a Internet aunque el usuario reinicie su computadora. Es el *Mellivora capensis*[1] en el mundo de la productividad software.

La cantidad de programas de este tipo, y la variedad de enfoques que adoptan para instar a los usuarios a permanecer concentrados, indica hasta qué punto es invasivo el problema de la distracción online. Igualmente distractivos son los antecedentes de sus programadores. Think es el vástago dilecto de Freeverse, una empresa de software con sede en Nueva York más conocida por sus juegos de estrategia y por el SimStapler, un estrafalario "simulador de equipamientos de oficina" ¡que "lleva toda la emoción y el entusiasmo de una engrampadora 'real' a la pantalla de su computadora"! StayFocusd es un producto de Transfusion Media, un estudio de publicidad digital localizado en Los Ángeles. SelfControl fue la gran creación de Steve Lambert, un artista y activista cuyos hitos incluyen una impecable edición falsa de *The New York Times* anunciando el fin de la guerra de Irak en noviembre de 2008 y una aplicación que reemplaza los avisos publicitarios que aparecen en la Web por obras de arte. Lambert diseñó el programa SelfControl porque "como bien sabemos todos los creadores, el tiempo que podemos bloquear para consagrarnos a nuestra obra es invalorable".

Si usted desea ver cómo la Internet distrae incluso a las personas más creativas, y cómo se defienden ellas del embate virtual, lo mejor que puede hacer es observar al creador de LeechBlock, James Anderson. Anderson tiene dos doctorados por la Universidad de Edimburgo, uno en ciencias de la computación y otro en teología filosófica. Es probablemente la única persona que ha publicado artículos en *The International Journal of Human-Computer Studies* y *The Calvin Theological Journal*. Anderson pasó trece años en el Centre for Communication Interface Research de Edimburgo, y en los últimos años se ha desempeñado como profesor de teología en Carolina del Norte. Pero resulta ser que hasta un doctor en ciencias de la computación devenido teólogo puede pasar demasiado tiempo viendo videos en YouTube y cayendo en las "madrigueras de Wikipedia".

"Me di cuenta de que necesitaba tomar medidas drásticas", dice Anderson.

Para un doctor en ciencia de la computación, medidas drásticas solo podía significar una cosa: escribir un código. Ya existían secuencias de comandos para bloquear sitios Web, pero Anderson necesitaba controles más refinados: dado que trabajaba en proyectos de investigación sobre comercio electrónico y diseño de interfaces, no podía darse el lujo de desconectarse del todo. Así fue que diseñó LeechBlock para limitar su acceso a sitios que solo lo hacían perder tiempo. Con ese programa podía bloquear por completo "Stuff White People Like", permitirse diez minutos en Facebook después de trabajar, y adjudicar una hora durante el horario laboral para investigar sitios Web como Digg o Slashdot, que combinan contenidos útiles y relacionados con su trabajo con material frívolo.

Solo le llevó "un par de horas escribir" la primera versión, dice Anderson, pero "pasé muchas horas más desarrollándolo desde entonces". El programa "marcó una gran diferencia" en su productividad y, dado que suponía que "probablemente yo no era el único que tenía ese problema, subí la extensión a Internet".

En febrero de 2007 Anderson subió el LeechBlock 0.1 al depósito online de Mozilla que contiene extensiones del navegador Firefox; ese mismo año publicó su monografía sobre la paradoja en la teología cristiana. Puede parecer extraño que un programa que limita el acceso a la Web califique como "extensión" de un navegador, pero el éxito alcanzado por el Leech Block demuestra que el concepto de "funcionalidad" puede tener significados diferentes para las computadoras y para las personas. Tres años, veintidós actualizaciones y probablemente "cientos de horas" dedicadas al desarrollo y la documentación después ("¡Al diablo!", dice luego de sumar el tiempo transcurrido), el LeechBlock fue descargado más de medio millón de veces.

Anderson no es un tecnólogo devenido ludita[2]. Cuando le pregunto si las ciencias de la computación y la teología tienen algo en común, responde: "A decir verdad, tienen más en común de lo que la mayoría de la gente imagina. Yo estoy muy regido por el hemisferio izquierdo de mi cerebro, de modo que en cierto sentido lo único que cambió fue el tema al que aplico mi estilo de pensamiento". Para Anderson, y para el medio millón de personas que lo usan todos los días, el LeechBlock no pretende rechazar las computadoras. Pretende hacerlas funcionar mejor.

Fred Stutzman, el inventor del programa Freedom, tampoco es un ludita. "Mi padre trajo a casa una de las primeras PC XT cuando yo tenía diez años", recuerda Stutzman. Al llegar a la adolescencia aprendió por su cuenta a manejar el BASIC y el DOS, y pasó la década siguiente usando el Linux. Tiene la actitud de un programador en relación con las computadoras, pero no posee la actitud típica de un programador hacia la gente. Está más "interesado en cómo las tecnologías afectan la práctica social y cómo afectan nuestra interacción mutua" que en las tecnologías propiamente dichas, explica desde su despacho en la Carnegie-Mellon University, donde está haciendo su posdoctorado en privacidad digital.

La idea de Freedom se le ocurrió en una cafetería en Chapel Hill, en Carolina del Norte, mientras escribía su tesis para la Facultad de Ciencias de la Información de la UNC (así se autorrebautizaron las bibliotecas de los establecimientos educativos cuando pensamos que las bibliotecas estaban en vías de extinción). El lugar "servía un excelente café y no tenía acceso a Internet", recuerda Anderson. "Uno podía concentrarse mucho más en su trabajo porque no había distracciones" y además tenía "un carácter muy social".

Sin embargo, cuando una cafetería cercana instaló el servicio de Internet gratuito, las cosas empezaron a cambiar. Corrió el rumor de que había wifi y la gente comenzó "a pasar horas allí sentada con sus laptops". La atmósfera se volvió más fría y más impersonal. Y entre eso y el hecho de tener una fuente de distracción en la yema de los dedos, trabajar se tornó cada vez más difícil.

Stutzman necesitaba encontrar una manera de mantenerse concentrado mientras escribía su tesis –irónicamente quizás, estaba investigando el uso de las tecnologías sociales en la transición de la enseñanza secundaria a la universitaria– y se le ocurrió la idea de un programa para anular el acceso de su computadora a Internet. Es fácil desactivar el wifi en una Mac. El único problema es que reactivarlo es igualmente fácil. Stutzman necesitaba algo que le dificultara el acceso incluso a un programador como él.

Le llevó "tal vez dos horas" producir la primera versión del Freedom. Después de usarlo durante un tiempo, decidió subirlo online. Unas miles de descargas después, quedó claro que el programa Freedom había dado en la tecla. Los periodistas empezaron a buscarlo. Autores como Nora Ephron encomiaron el programa porque aumentaba su productividad. Naomi Klein, activista y autora de *No Logo: el poder de las marcas* y *La doctrina del shock*, lo felicitó por Twitter (irónicamente).

Programas como el Freedom suelen ser debatidos en el contexto del *lifehacking*[3] y otros movimientos para mejorar su productividad. En cierto sentido, son una actualización en la era de la información del movimiento de gerenciamiento científico liderado por Frederick W. Taylor (el Taylorismo se llama así en homenaje a él) y Lilian y Frank Gilbreth (más recordados por su libro *Cheaper by the Dozen*). A comienzos del siglo XX, Taylor, los Gilbreth y sus discípulos ambicionaban volver más eficientes a los trabajadores mediante la realización de estudios de tiempo y movimiento del trabajo manual, el rediseño de los flujos de trabajo en las fábricas, la planificación y regulación exhaustiva de las tareas de los obreros, y la implementación de programas que recompensaran financieramente a los trabajadores más productivos. Taylor anticipaba fábricas y cadenas de abastecimiento que trabajaran con la eficiencia de una máquina; para hacer realidad su visión, como bien dijo en su difundida frase, "el sistema debe estar primero". El *lifehacking*, en cambio, es autodirigido y mayormente orientado al servicio: allí donde los tayloristas daban herramientas a los gerentes para optimizar la eficiencia de los trabajadores manuales, suponían que los obreros eran fundamentalmente perezosos y buscaban traducir el trabajo más rápido en mayores ganancias corporativas, los *lifehackers* no pretenden ni más ni menos que rediseñarse para su propio beneficio.

Fred Stutzman lanzó su primera versión del programa Freedom en el año 2008 y el boca en boca atrajo a miles de personas. Dos años más tarde lanzó una versión comercial, pero en realidad el programa no cambió sustancialmente. Agregarle más aplicaciones no lo volvería más útil, piensa su autor, sino más complicado y la mayoría de los usuarios no desea eso. Del mismo modo, el código interno del LeechBlock ha mejorado con los años, pero la última versión se parece muchísimo a la primera. Cuando Herraiz y Soto renovaron el OmmWriter ignoraron los pedidos de introducir nuevas aplicaciones y decidieron "enfocarse en mejorar las experiencias visuales y de audio" encargando nuevas fotos y música en vez de agregar más tipografías y herramientas. Todos ellos se han dado cuenta de que Zenware es un éxito por sus límites y saben que las actualizaciones ambiciosas resultarían contraproducentes. La estética zen y minimalista les recuerda a los usuarios que deben mantenerse firmes. Y, lo que es aún más importante, Zenware funciona porque la gente *quiere* que funcione.

Hace ya varios años que Stutzman recibe los comentarios de los usuarios que pagan por el programa Freedom y las razones que dan para usarlo nos ayudarán a comprender las virtudes de Zenware en su conjunto. En primer lugar, el Freedom no es un programa complicado. Cosas como la privacidad y la productividad son "problemas difíciles computacionalmente", según dice; son "demasiado complejos de entender por completo" como entenderíamos los problemas convencionales de las ciencias de la computación, que pueden fragmentarse en tareas, rutinas y algoritmos más pequeños. Los humanos trabajan en demasiadas cosas diferentes, en demasiadas maneras diferentes, como para que una sola pieza de software funcione para todos todo el tiempo. "Tenemos montones de sistemas y procedimientos complejos para manejar la productividad", advierte, pero ninguno de ellos funciona bien para todos y muchos fueron diseñados para mejorar la productividad organizacional mediante patrones de trabajo comunes. El trabajo creativo es "intratable": término de moda para definir aquello que es posible comprender teóricamente, pero que en la práctica no puede ser completamente descripto, decodificado y optimizado.

Pero en vez de pretender resolver todos los problemas que afronta cada trabajador, enfoque que requeriría un sistema inmensamente complejo, o de volver más productivas a las personas forzándolas a cambiar enteramente su manera de trabajar, lo que requeriría otra clase de sistema igualmente complejo (el enfoque que adoptan las fábricas y las organizaciones tradicionales), la utilidad del programa Freedom radica en hacer una sola cosa y en confiar en que los usuarios tendrán inteligencia suficiente como para usarlo por sí solos. El programa "no le pide a la gente que reinvente sus ideas acerca del trabajo o modifique sus prácticas", explica Stutzman. Al mantenerse simple, "la gente puede desarrollar sus propios sistemas", sus propias maneras de trabajar, "y hacer que Freedom funcione dentro de ese cosmos".

La dimensión zen de Zenware también importa. Cosas como las referencias al budismo y los espacios contemplativos del OmmWriter ayudan a los usuarios a comprender su experiencia con el software: su manera de interactuar con el software, su manera de pensar el software, y su manera de pensarse a sí mismos. Un fan dice que usar el OmmWriter es como "escribir en un jardín zen". Donald Latumahina, quien se desempeña como programador y profesor en Indonesia, escribió en 2007 que usar Zenware le daba "paz mental, una 'mente como el agua'. Para mí es muy propicio entrar en estado de 'flujo'".

Los usuarios también utilizan el lenguaje espacial de Grosjean, Soto y otros programadores de Zenware. Michael Grothaus, un autor de tecnología estadounidense que reside en Inglaterra, afirma que el OmmWriter "te coloca en medio de un solitario paisaje nevado en un neblinoso día de invierno", donde "las palabras que tipeas aparecen en la pantalla como si las estuvieras escribiendo en el cielo". "Cuando escribo en el Omm Writer, dejo de oír los sonidos de la agitada vida de Londres", dice Grothaus. "Estamos sólo yo y mis pensamientos en kilómetros a la redonda." Otros usuarios comparten la sensación de alejarse del mundo regular y propenso a las distracciones de la computación y del flujo de la vida regular para ingresar en "un medioambiente de escritura creativa". Un sacerdote católico compara Zenware con la biblioteca donde escribió su tesis. Trabajaba en "una mesa de madera, rodeado de libros" con una "luz brillante sobre mi espacio de trabajo, que me ayudaba a focalizar la atención" mientras que "la alfombra del piso y los estantes llenos de volúmenes sofocaban cualquier sonido, y mi mente podía concentrarse por completo en la tarea que debía realizar". Pero tal vez el motivo más importante por el que Zenware funciona es que sus usuarios quieren que funcione.

Existen montones de alternativas baratas y livianas al programa Microsoft Word y, por otra parte, los usuarios con mayor nivel de eficacia técnica pueden instalar el Linux y abrir fuentes de herramientas, muchas de ellas dotadas de funciones que rivalizan con los procesadores de palabras comerciales. Solo adoptaremos Zenware si deseamos una experiencia libre de distracciones: la sensación de ingresar en un espacio plácido y protector que evoca la sacralidad de nuestro pensamiento, que no atiborrará nuestra atención con funciones innecesarias, que aprecia el valor de nuestra atención. (Una monja budista comparó Zenware con un reloj despertador. "El reloj despertador nos despierta", explica, "pero somos nosotros quienes decidimos levantarnos cuando suena, en vez de apagarlo y seguir durmiendo".) Zenware es útil, en parte, por sus propiedades formales, pero también porque representa un contrato que firmamos con nosotros mismos. En ese contrato afirmamos nuestra voluntad de permanecer focalizados. Además, cuando decidimos adquirir y aprender a usar el OmmWriter o el WriteRoom quedamos expuestos al lenguaje de estilo budista del sitio

Web, los comentarios de los usuarios y el software propiamente dicho. Aquí no se trata de adornar ventanas; esto es lo que el antropólogo de Berkeley George Lakoff llama "enmarcamiento" (*framing*): materiales que indican la intención del programador, establecen nuestras expectativas y nos ofrecen un lenguaje para que podamos explicar por qué utilizamos ese software.

El programa Freedom también es poderoso porque "la gente firma un contrato consigo misma cuando lo usa", dice Stutzman. El hecho de descargarlo muestra que tomamos en serio el problema de la distracción digital y queremos hacer algo al respecto. Esa sensación se fortaleció cuando Stutzman empezó a cobrar por el Freedom: "el hecho de que exista un precio es beneficioso para el contrato", afirma. Si bien no es esencialmente distinta de la versión anterior gratuita, la versión paga es más eficaz porque los usuarios toman más en serio su compromiso con ella. Stutzman está convencido de que intentar desactivar el programa cuando ya se ha iniciado les recuerda a los usuarios que han pactado un contrato. Tener que reiniciar la computadora para recuperar el acceso a Internet exige "un momento de reflexión: el usuario está forzado a pensar por qué fallaron las cosas". Y es cierto: una de las grandes sorpresas que me llevé cuando comencé a usarlo fue que no estiraba la mano para tomar mi iPhone o mi iPad cuando Freedom estaba encendido. *No*, me decía, *estoy offline por una razón*. En mi caso, pensar el programa Freedom como un contrato conmigo mismo fue esencial.

La autoconciencia que fomentan estos programas ayuda a explicar por qué, habiendo pasado ya varios años desde su aparición, Zenware continúa vigente. Cuatro años después de haber descubierto el DarkRoom, Donald Latumahina dijo que "tener un medioambiente libre de distracciones continúa facilitando la concentración". James Anderson afirma que el LeechBlock le sigue siendo útil. "Ahora sé cómo burlarlo, por supuesto", dice, "pero todavía me dificulta la huida, y eso funciona como un disuasivo. Creo que también tiene un efecto de entrenamiento sobre mí". Fred Stutzman sigue confiando en su programa Freedom; sabe cómo burlar sus restricciones, por supuesto, pero ni siquiera lo intenta. Michael Grothaus todavía usa el OmmWriter y confiesa que le agrada "la sensación de estar en un campo nevado lejos de todos" que brinda el programa. (No obstante admite que, llegado a este punto y para una escritura más introspectiva, ha "vuelto a utilizar una anticuada libreta Moleskine", a la que considera "superior a cualquier cosa que pueda ofrecer una computadora en lo que atañe a una escritura libre de distracciones".)

Cuando los usuarios dicen que Zenware propicia "una mente como un espejo", no están hablando de algo que CONSUMEN sino de una experiencia que ellos mismos contribuyen a CREAR. "La gente quiere creer que el programa funcionará", explica Stutzman. Son los deseos y las expectativas de los usuarios, tanto como la funcionalidad del software y la IU[4], los que hacen que Zenware sea poderoso.

Esto sugiere algo importante. Construir la mente extendida no se reduce a sumar nuevas tecnologías más sofisticadas ni a descargar archivos en la Nube. Construir la mente extendida es elegir y usar tecnologías que nos ayuden a forjar hábitos mentales y habilidades cognitivas que externalicen y por lo tanto refuercen nuestras capacidades mentales. Así como el buen juicio y la experiencia de un piloto veterano pueden resolver problemas en pleno vuelo que los sistemas automáticos no pueden solucionar (o, peor aún, problemas que los propios sistemas causan), las habilidades mentales que desarrollamos suelen ser más flexibles y adaptables que sus equivalentes digitales.

Entonces, el éxito de la tecnología depende de la participación voluntaria de sus usuarios. La arquitecta paisajista y diseñadora multimedia Rebecca Krinke lleva años explorando arquitecturas y nuevos medios que estimulen a las personas a ser más contemplativas. Krinke quiere averiguar "cómo podríamos interactuar con los aparatos electrónicos sin volvernos locos". Piensa que, si bien la arquitectura paisajística puede enseñarnos a crear tecnologías que ayuden a sus usuarios a ser más calmos y más conscientes, "nosotros tenemos la responsabilidad de hacerlo por cuenta propia". Tras haber trabajado una década sobre este problema, llegó a la conclusión de que no existe un acuerdo tecnológico perfecto. La clave radica en "la transacción entre la persona y la tecnología", no en la tecnología misma. En un sentido crucial, los espacios contemplativos son verbos, no sustantivos: podemos diseñar un sitio que propicie la contemplación (ya aprenderemos qué son y cómo aplicarlos más adelante), pero solo cobrará vida cuando las personas puedan usarlo para aquietar sus mentes. Un jardín no es un jardín zen si no hay nadie en él.

Esto significa que, para poder practicar la computación contemplativa, primero debemos saber de qué se trata la contemplación.

Notas

¹ El ratel (*Mellivora capensis*), también conocido como tejón de la miel o tejón melero, es un mamífero carnívoro de la familia *Mustelidae* propio de África, Oriente Medio e India. Es la única especie de su género. [N. de la T.]

² El ludismo (*Luddism*, en inglés) fue un movimiento obrero que adquirió auge en Inglaterra a partir del odio hacia las máquinas. Sus seguidores se llamaban ludistas o luditas (*Luddites* en inglés), nombre que tomaron de Ned Ludd –más tarde convertido en un líder ficticio que crearon los obreros para que las fuerzas del orden (ejército) nunca pudieran descabezar la rebelión–. El ludismo representaba las protestas de los obreros contra las industrias por los despidos y los bajos salarios ocasionados por la introducción de las máquinas. Estas revueltas eran desorganizadas y los obreros atentaban contra las máquinas destruyéndolas. [N. de la T.]

³ *Lifehack* es un truco, habilidad o modo novedoso para mejorar la eficiencia de las actividades diarias. El término fue inventado por geeks que tenían que lidiar con problemas para organizar la creciente información en Internet y además buscaban una forma de resolver problemas diarios de una manera más fácil y divertida. Por eso la combinación entre los dos términos: *hack* (del lenguaje informático) y *life* (que refiere a la eficiencia de cada uno). [N. de la T.]

⁴ La interfaz de usuario (IU) es el medio con que el usuario puede comunicarse con una máquina, un equipo o una computadora, y comprende todos los puntos de contacto entre el usuario y el equipo. Normalmente suelen ser fáciles de entender y fáciles de accionar. [N. de la T.]

Capítulo 3

Meditar

Siéntese en un almohadón, cruce las piernas, cierre los ojos e inhale profundo. Exhale lentamente. Relaje su mente mientras lo hace. Inspire usando los músculos del estómago para expandir los pulmones y cuente lentamente: uno... dos... tres... cuatro. Intente pensar solamente en los números y en la respiración, y en nada más. Retenga el aire volviendo a contar hasta cuatro. Después exhale, volviendo a contar. Inhale nuevamente, permanezca concentrado y vuelva a contar. En algún momento le fallará la concentración y su mente se distraerá con algo distinto de la respiración y la cuenta. La capacidad de concentración, tarde o temprano, nos falla a todos. No se desanime. Deje que la distracción pase, vuelva a centrarse en su yo, respire hondo y recomience.

Esta es una versión simple de una técnica de meditación con respiración llamada vipassana. Pretende oficiar como introducción a la meditación acompañada por la respiración. Aspira a servir como introducción a la práctica y dar a conocer las dificultades y las virtudes de la meditación. La meditación, en sus muchas variedades, se practica en todo el mundo. La imagen popular de la meditación es una especie de estado de abstracción dichoso en el que la mente está en blanco. Nada podría estar más lejos de la verdad. Hace años que medito, y cada nueva sesión comporta un nuevo desafío. La meditación me ha enseñado mucho sobre cómo funciona mi mente. Es esencial para mi salud mental y me ha permitido desarrollar las herramientas necesarias para practicar la computación contemplativa. Obtengo muchos beneficios de la meditación. Aunque, a decir verdad, no soy un meditador avezado.

Antes del amanecer, mientras todos duermen aún en la casa, me coloco mis auriculares anti-ruido, enciendo el Insight Timer en mi iPhone y me siento en el living. Una parte de mí experimenta la misma sensación de calma y excitación placentera que suelo tener mientras espero abordar un avión. La posición del loto supera todas mis posibilidades: lo mejor que puedo hacer es cruzarme de piernas a la manera tradicional. (Afortunadamente esta es también la posición birmana y puedo ocultar la debilidad de mi práctica tras un nombre de sonoridad exótica.). Una vez en posición, activo el Insight Timer, cierro los ojos, respiro profundo e intento que, de aquí en más y durante una hora, mi mente se transforme en un espejo.

¿Qué buscamos cuando meditamos? En nuestra vida cotidiana solemos realizar actividades que absorben nuestra atención, focalizan nuestra mente y nos producen una sensación de calma y propósito que identificamos como contemplativa. Conducir un vehículo, cocinar, escuchar música, esquiar, cuidar a un enfermo, nadar, rezar, sentarse a orillas de un río... casi cualquier actividad puede constituir una oportunidad de poner en práctica la contemplación y la atención alerta (o atención plena) en el mundo real. Pero lo que la meditación tiene de peculiarmente útil es que aísla el fenómeno de la contemplación permitiéndonos explorarlo en profundidad y ayudándonos a profundizar también nuestra capacidad de ser contemplativos. La meditación es práctica, estudio y auto-observación, todo al mismo tiempo.

Mi cuerpo pasa los primeros minutos acomodándose. Meditar no es como dormir: durante la meditación el cuerpo se relaja pero está en equilibrio y alerta, no laxo. Sentarse correctamente (incluso incorrectamente) requiere energía. Una vez centrado físicamente, es más fácil comenzar a despejar la mente para empezar a meditar en serio. La contemplación tiene una dimensión corpórea: aunque imaginemos que todo está y ocurre en la cabeza, el cuerpo —como en cualquier otro proceso cognitivo— desempeña un papel fundamental puesto que la sostiene.

Permanezco sentado inmóvil y respiro lentamente, inhalo al compás de varios latidos de mi corazón, retengo el aire durante varios más, y luego exhalo. Pero mi mente no quiere "sentar cabeza" y aquietarse. Igual que un niño que no quiere irse a dormir, mi mente despliega imágenes y recuerdos y lucha por mantenerse despierta. Dejo que pase el berrinche, reacomodo la mente y vuelvo a intentar aquietar su superficie. A veces funciona, pero la mayoría de las veces no.

No hay nada como meditar para comprobar lo activa y aleatoria que es nuestra mente cotidiana. Cuando estamos aburridos pensamos que el problema radica en que no tenemos la mente ocupada y con frecuencia evitamos quedarnos solos con nuestros pensamientos. Pero si nos sentamos y en verdad INTENTAMOS despejar o limpiar nuestra mente, nos damos cuenta de que incluso en los momentos de mayor aburrimiento oímos un monólogo silencioso, una especie de surfeo por los canales cognitivos. Algo que es muy difícil desactivar o dejar de oír. Mientras estoy sentado, focalizado en aquietar mi mente, ella dispara imágenes y recuerdos de un episodio de *Lost*, la tapa de *Houses of the Holy* de Led Zeppelin, la cantidad de dinero que debo pagar por la tarjeta de crédito, un correo electrónico de alguien que estoy entrevistando, una escena de *The Hunger Games* (de esto tiene la culpa mi hija), algo que posteé en mi blog hace ya varios años acerca del Error de Nunberg (así llamado en homenaje al doctor en ciencias de la información Geoffrey Nunberg, que trabaja en Berkeley), la tapa de *Zen and the Art of Consciousness*, de Susan Blackmore, una foto que tomé de la vidriera de una librería en la ciudad de Ely.

Suena el Insight Timer, indicando que ya han pasado cinco minutos. Dirijo mi atención a la campanilla y me concentro en ese sonido evanescente excluyendo todo lo demás. Cuando el sonido desaparece, imagino que todavía puedo oírlo en mi mente. Un minuto después me doy cuenta de que estuve pensando en helados de agua y en mi lista de Netflix. Fallo constantemente. Lo dejo pasar. Y vuelvo a comenzar.

Finalmente, sin embargo, mi mente comienza a aquietarse. Puedo sentir que todo se vuelve más lento. Pierdo la cuenta de los rings del Insight Timer. No sé cuántos faltan por sonar todavía, y no me importa. Ahora me concentro en una imagen muy moderna: una imagen de mi propio cerebro, como las que se obtienen por resonancia magnética, donde los pensamientos están representados por líneas de color rojo furioso. A medida que mi mente se aquieta, el color rojo se esfuma, y a medida que mi concentración aumenta mi cerebro comienza a brillar con blancura lánguida. Pero de pronto irrumpe otro pensamiento ingobernable, otra línea roja que se desvanece como una post-imagen. Si la cosa marcha realmente bien, el resplandor blanco continúa y siento esa hilaridad que suele recompensarnos cuando nos hemos esforzado mucho: como cuando llegamos al final de un sendero escarpado, nos paramos triunfantes en la cima de la montaña y podemos contemplar miles de kilómetros a la redonda. Pero una parte de mí se precave de no disfrutar demasiado ni demasiado conscientemente. Si me focalizo en ella, la sensación desaparece. Para poder mantenerla, tengo que estar presente.

Más allá de que las practiquemos en la cima de una montaña o en un estudio, en el automóvil o en la cocina, todas las actividades contemplativas comparten una propiedad crucial: nos llevan a un estado de compromiso distanciado, sereno. Esa es precisamente la calma que necesitamos para cultivar nuestras destrezas y nuestro autocontrol. No es una calma pasiva, sino activa. Mi cuerpo nunca está completamente relajado cuando medito, ni tampoco es pasivo: estar sentado, controlar mi respiración, centrar mi mente y concentrarme son actividades que requieren energía. El único estado físico comparable es ese instante inmediatamente previo a la acción o al sonido del silbato en una competencia de karate, cuando el karateca está listo, siente la energía fluyendo y está preparado para golpear o bloquear el movimiento de su oponente sin pensar.

Para mí, la meditación es un trabajo arduo: se parece más a realizar una rutina de gimnasia que a desconectarse del mundo. Me resulta sumamente difícil llegar a ese estado de serenidad absoluta que imagino que los meditadores más experimentados pueden mantener durante horas.

Sin embargo, a pesar de la baja calidad de mi práctica, saco provecho de ella. Aprender a recomenzar algo sin prejuicios es un talento inmensamente valioso. Una de las habilidades más importantes que deben desarrollar los meditadores es la capacidad de continuar practicando a pesar de los fracasos reiterados. Yo tengo muchísima práctica en eso de hacer regresar a mi mente errática, casi siempre extraviada en pensamientos aleatorios. En el ya mencionado clásico *El zen en el arte de la arquería*, el maestro de Eugen Herrigel lo instaba a disparar la siguiente flecha ignorando el peso de todas las ocasiones en que no había dado en el blanco; pero, en la medida en que su puntería mejoraba, el maestro lo urgía a no dejarse influir por sus éxitos, a estar presente en el momento presente. Muchísimas veces la concentración falla, la dieta fracasa o es necesario replantear un proyecto; en vez de desalentarse, considere que la meditación le permitirá comenzar de nuevo.

Si puedo despejar mi mente por completo, aunque solo sea por unos instantes, y si puedo no pensar en nada durante uno o dos segundos, podré pensar en una sola cosa durante largo rato y mi mente podrá pasar horas concentrada en un problema que signifique un desafío para ella. Puedo llegar a un estado en el que sienta que mi mente resuelve los problemas y modifica las cosas sin que yo participe en el proceso de manera consciente. Mi mente aquietada puede hacer cosas que mi mente ordinaria jamás podría hacer. Puede concentrarse incansablemente. Cuando estoy sumido en ese estado, nunca me desentiendo por completo de los problemas que me ocupan: incluso cuando salgo de compras o lavo los platos siento que una parte de mi mente está abocada a resolverlos.

Y el deseo de cultivar las distracciones –chequear el Facebook, ver si alguien ha posteado mi último tuit, ver si Paul Krugman dijo algo nuevo en su blog– disminuye. La sensación que tengo cuando me sumerjo de lleno en una sesión de meditación, cuando siento que mi mente cambia de velocidad, permanece conmigo.

Cuando marcha bien, la meditación es como un intenso estado de flujo. Provee metas simples y no obstante constituye siempre un desafío. Prolonga el tiempo en maneras extrañas y maravillosas. Es difícil pero también inmensamente placentera. Es una versión purificada de lo que ocurre cuando trabajo bien: la focalización es intensa y no requiere esfuerzo, toda mi mente –mi mente consciente y esa otra parte, más misteriosa, que genera ideas interesantes y giros dialécticos extraordinarios– está conectada con el problema y puedo sentir que existe una solución a mi alcance. Le pregunto a Mihaly Csíkszentmihályi, padre del concepto de flujo, por la conexión entre ambos. "Es cierto que el estado de flujo implica una posición reflexiva, meditativa", concuerda Mihaly. "La meditación puede ser una forma de flujo, y el flujo puede ser una forma de meditación." Pero, prosigue, el flujo implica comprometerse con las cosas del mundo –ya sean piezas de ajedrez, salmones, arcos y flechas o repuestos de motocicleta– mientras que en la meditación "tanto el reto como la capacidad de enfrentarlo están dentro de uno. Por eso es tan difícil, porque uno debe dominar su propia necesidad innata de novedad y movimiento y debe poder aplacar y aquietar su mente de mono."

Es verdad. Pero sentado en silencio, observando mis pensamientos, siento que ese mundo interno no es completamente unitario. En nuestra vida cotidiana hablamos de la mente y del yo como si fueran totalidades más o menos inquebrantables. Pero, cuando medito, llego a sentir que mi mente está compuesta por dos partes muy diferentes entre sí: una es autocontrolada y orientada; la otra es una generadora aleatoria de parloteo incesante. El budismo tibetano sostiene que no existe la mente unitaria, que no existe el yo, sino ocho partes que trabajan juntas para generar la ilusión de una individualidad estable y perdurable. Los cinco sentidos son las cinco primeras partes. Nuestra capacidad lógica analítica es la sexta. La mente de mono es la séptima. La octava parte es autoconsciente y focalizada y puede controlar a las otras siete. El desafío de la meditación es fortalecer esa octava parte y domesticar a la séptima. Y a los monos no les gusta que los obliguen a quedarse quietos, ni siquiera cuando están dentro de la mente.

La meditación es la neurociencia original, es la explotación consciente de la neuroplasticidad más antigua del mundo, y es una respuesta de dos mil quinientos años al problema moderno de la distracción digital. Ayuda a restaurar ciertas habilidades cognitivas que la sobreindulgencia electrónica puede erosionar. Demuestra que podemos modificar nuestra mente extendida tanto desde *adentro* –a través de las prácticas contemplativas– como desde *afuera* –mediante opciones tecnológicas más respetuosas.

El hecho de que la meditación sea útil para combatir la distracción digital no será una sorpresa para los millones de personas que meditan regularmente, ni tampoco para los científicos que estudian sus beneficios terapéuticos. En las décadas de 1970 y 1980 los psicólogos aplicaron por primera vez prácticas contemplativas en la terapia y llegaron a desarrollar el afamado programa de Reducción del Estrés Basado en la Atención Plena (REBAP; en inglés la sigla es MBSR: *Mindfulness-Based Stress Reduction*), una técnica que utiliza la meditación para combatir el estrés crónico. Desde entonces, las prácticas contemplativas han sido adoptadas en numerosos campos que requieren altos grados de creatividad, concentración y capacidad de funcionar bajo presión. Los educadores están integrando las prácticas contemplativas en campos tan diversos como la ciencia y el jazz. Los entrenadores usan la meditación y las técnicas de visualización para mejorar el desempeño de sus atletas de elite. Los instructores y psicólogos de las Fuerzas Armadas emplean prácticas contemplativas tanto para mejorar el desempeño en combate como para aliviar el desorden de estrés postraumático (DEPT). Las empresas utilizan prácticas contemplativas para contribuir a mejorar la colaboración y la comunicación y suavizar la resolución de disputas. Hasta los abogados usan prácticas contemplativas para mejorar su capacidad de negociación e infundir un sentido espiritual al ejercicio de la ley.

Los beneficios sociales y psicológicos de la meditación están bien documentados. Sin embargo, durante mucho tiempo fue difícil explicar qué es exactamente lo que nos ocurre cuando meditamos. La intensa subjetividad de la meditación hacía que fuera impermeable a la ciencia, hasta que herramientas como el electroencefalograma y la resonancia magnética nos permitieron ver qué ocurre en el cerebro de los meditadores y, en consecuencia, comenzar a conectar la experiencia subjetiva de la meditación con la actividad cerebral.

Así fue como aprendimos que la meditación no solo hace que el cerebro se comporte temporariamente de manera diferente. También renueva sus mecanismos.

Gran parte de los estudios pioneros sobre los efectos neurológicos de la meditación fueron realizados en la Universidad de Wisconsin, en un laboratorio dirigido por el profesor de neurociencia Richard Davidson. En sus épocas de estudiante universitario en Harvard, Davidson conoció a Ram Dass, otrora psicólogo de Harvard y colaborador de Timothy Leary. También abandonó sus estudios durante un tiempo para aprender meditación en India. En 1992, el Dalai Lama le sugirió que realizara estudios neurocientíficos a los monjes tibetanos: de más está decir que no tuvo que pedírselo dos veces.

Davidson había estado investigando la neurociencia de la emoción. Los científicos habían llegado a la conclusión de que tanto las emociones positivas como las negativas eran reguladas por las mismas partes del cerebro; o bien, si una emoción negativa era controlada por un centro cerebral determinado, la persona podía sentir la emoción positiva opuesta cuando ese centro se desactivaba. Davidson demostró que las cosas eran más complejas: si bien el miedo era controlado por la buena y vieja amígdala, sus estudios identificaron una sección del cerebro en el lóbulo frontal izquierdo –lóbulo cuyo desarrollo es más reciente– que se activaba cuando la persona sentía compasión y empatía.

Cuando Davidson empezó a observar qué ocurría en los cerebros de los monjes mientras meditaban y a investigar si la meditación podía producir cambios estructurales de largo plazo en el cerebro, el concepto de neuroplasticidad –la noción de que las estructuras del cerebro adulto pueden cambiar con el aprendizaje de nuevas tareas y la adquisición de habilidades– era todavía novedoso. Y continuaba siendo un interrogante si podrían detectarse cambios neurológicos en los cerebros de los monjes.

El equipo de Davidson también quería estudiar un fenómeno llamado sincronía gamma. Observadas por primera vez a comienzos de la década de 1960, las ondas gamma son oscilaciones neurales que parecen barrer el cerebro. Son particularmente notables cuando se utilizan la memoria de trabajo[1] y la percepción o durante períodos de concentración intensa. Los científicos han observado un aumento de la sincronía gamma en ratas que exploran laberintos, en monos *Rhesus* que miran pantallas de computadora y en músicos que escuchan música. Dependiendo de su fuerza, pueden actuar sobre regiones particulares del cerebro –por ejemplo, sobre los centros visuales cuando intentamos resolver un rompecabezas– o sobre el cerebro en su totalidad. Al proveer una especie de tiempo estándar a partir del cual pueden trabajar distintas partes del cerebro, la sincronía gamma incluso puede ayudar al cerebro a construir una experiencia unificada de la realidad partiendo de diversos registros sensoriales; en otras palabras, puede funcionar como cimiento para que emerja el estado de conciencia.

En el primer estudio, Davidson y su colega Antoine Lutz conectaron a los monjes (y a un grupo de control formado por estudiantes universitarios) a electroencefalógrafos y monitorearon su actividad cerebral durante el transcurso de una serie de ejercicios de meditación. El electroencefalógrafo utiliza sensores adheridos al escalpelo para medir la actividad eléctrica en diferentes regiones del cerebro. Uno de los primeros sujetos de investigación fue Mattieu Ricard, un bioquímico devenido monje budista que además era experto en el estudio científico de la felicidad. Cuando Davidson le pidió a Ricard que meditara sobre el amor incondicional y la amabilidad (uno de los varios tipos de meditación practicados por los budistas tibetanos), su electroencefalograma registró aumentos tan grandes en la actividad de las ondas gamma, además de aumentos pronunciados en la actividad de una sección del lóbulo frontal izquierdo que Davidson había identificado previamente como generadora de compasión, que en un principio supusieron que el equipo estaba funcionando mal. Pero cuando repitieron el experimento quedó claro que así funcionaban los cerebros de los monjes: después de años de intensa práctica sus cerebros operaban de una manera más coordinada durante la meditación, lo cual refleja una atención y una memoria más potentes.

El equipo de Davidson publicó sus hallazgos en la prestigiosa *Proceedings of the National Academy of Sciences* en el año 2004. Davidson y su grupo han continuado estudiando a los monjes, además de conducir otros estudios con personas recién iniciadas en la meditación o que utilizan prácticas contemplativas para tratar problemas médicos o psicológicos. Han llegado a la conclusión de que la meditación puede afectar de manera positiva y permanente la función cerebral. Al igual que tocar el piano o el violín, la meditación fortalece algunas partes del cerebro, así como el ejercicio físico fortalece determinados grupos musculares y reflejos. En cierto sentido, estos resultados no son sorprendentes: se han observado cambios en la función cerebral en matemáticos, malabaristas, músicos y taxistas de Londres (que necesitan una impresionante memoria visual para recorrer las calles de esa gran urbe). "Si usted hace la misma cosa durante veinte años y durante ocho horas al día", señala el neurocientífico Stephen Kosslyn, "necesariamente habrá algo diferente en su cerebro". No obstante ello, no puede ocultar su asombro ante algunas cosas que los monjes son capaces de hacer.

Mientras Davidson y sus colegas se ocupaban de estudiar las cabezas de los monjes mediante sensores de electroencefalógrafos en Madison, Wisconsin, el neurocientífico Clifford Saron y sus colaboradores estaban en la cima de una montaña situada dos horas al norte de Denver, Colorado, trabajando en un laboratorio localizado bajo el salón principal del Shambhala Mountain Center. Saron es profesor en UC Davis y director del Proyecto Shamatha (*Shamatha* significa "calma perdurable" en sánscrito), uno de los estudios científicos de más larga data sobre la meditación. En el piso de arriba, treinta estudiantes tomaban un curso intensivo de meditación de tres meses de duración con Alan Wallace, un maestro de esa disciplina cuya infancia transcurrió en el sur de California y que, luego de una peregrinación espiritual a Dharmasala a fines de los años '60 y varios años como monje budista tibetano, obtuvo un doctorado en estudios religiosos en la Universidad de Stanford. Para completar el círculo, Wallace regresó al sur de California, donde actualmente dirige el Santa Barbara Institute for Consciousness Studies.

El laboratorio de Davidson hizo algunos descubrimientos espectaculares estudiando a monjes que han pasado decenas de miles de horas meditando. Pero, si bien el proyecto Shamatha utiliza muchas herramientas similares —más precisamente, una combinación de electroencefalogramas y tests psicológicos—, en vez de estudiar a meditadores experimentados se focaliza en una población de sesenta estudiantes desde sus primeros días en Shambhala. La idea es usar la mente de principiante de los estudiantes como punto de referencia para medir el impacto de la meditación y así poder comprender mejor lo que ocurre en los cerebros de los novicios. Después de dejar el centro algunos estudiantes continúan meditando con regularidad, pero otros abandonan la práctica. Todos los participantes son testeados nuevamente a intervalos regulares, mediante laptops cargadas con experimentos y enviadas por correo. (El proyecto gasta una pequeña fortuna en encomiendas y estampillas.)

Lo que Saron y sus colegas quieren medir es el efecto a largo plazo de la meditación sobre la concentración, la actitud y la salud. El proyecto Shamatha va por su décimo año de vida, pero no obstante su extrema juventud ha producido algunos resultados interesantes. Los sujetos demuestran mayor capacidad para resistir las distracciones (los psicólogos lo denominan inhibición de respuesta aumentada) en los tests de percepción y atención, y focalizan y mantienen la atención durante los experimentos aburridísimos por antonomasia que los científicos no se cansan de pergeñar. También reportan tener mayor autocontrol y sentirse más adaptables. Estos resultados confirman experimentos anteriores e informes de médicos clínicos, pero dado que el proyecto Shamatha trabaja con una población más numerosa durante un período más prolongado puede medir con mayor precisión cuánto duran los beneficios de la meditación.

Todavía más sorprendentes son los resultados de las muestras de sangre extraídas a intervalos regulares para verificar los niveles de atención y medir la longitud telomérica. Los telómeros son secuencias de ADN que se encuentran en los extremos de los cromosomas; se parecen un poco a las terminaciones plásticas de los cordones de los zapatos, en tanto impiden que los cromosomas se desflequen o resulten dañados. Cada vez que una célula se divide, las secciones de los cromosomas que contienen información son copiadas con exactitud, pero los telómeros se acortan un poco y, cuando ya son demasiado cortos, las células dejan de dividirse. Los científicos creen que el acortamiento de los telómeros contribuye al envejecimiento y que lentificar ese proceso de acortamiento podría prolongar la duración de la vida humana. Y lo más sorprendente de estos resultados es que los cuerpos de los alumnos del proyecto Shamatha producen más telomerasa, una enzima que genera telómeros. En otras palabras, aparentemente envejecerían más lentamente a nivel celular.

Esta no es la primera vez que los científicos que estudian a meditadores han observado beneficios para la salud. Los participantes en un estudio de meditación que duró ocho semanas habían mejorado su respuesta inmunológica a la gripe al finalizar el experimento. Este estudio es prometedor y no solo porque brinda esperanzas a quienes odian las intervenciones quirúrgicas. Muy pocas personas pueden pasar varias semanas bajo la tutela de maestros de meditación de renombre mundial, y todavía menos pueden llegar a ser monjes; no obstante ello, el estudio inmunológico muestra que unas pocas semanas con sesiones de meditación de media hora pueden producir cambios modestos pero tangibles. Los estudios realizados en personas que han participado en programas de reducción de estrés basados en la atención plena revelan que los participantes muestran más actividad en las secciones anteriores del hemisferio cerebral izquierdo después de ocho semanas de meditación, a lo que se suma un estado de ánimo más positivo. Su memoria de trabajo también mejora, tal vez porque la atención plena implica prestar atención constante y al mismo tiempo casual a la propia mente, y ESO requiere observar y recordar información fugaz o impermanente de estados anteriores. (Intente hacer el siguiente experimento: recuerde en qué estaba pensando la última vez que se distrajo. Puesto que es muy probable que eso haya ocurrido hace uno o dos segundos, cabría esperar que fuera fácil de hacer. ¿Lo es?) Los meditadores no necesitan esforzarse tanto para mantener la atención como las personas que no meditan. Al mismo tiempo, su atención no tiende a quedar fijada en un solo estímulo. La meditación también puede mejorar la capacidad perceptiva básica, dejando más energía a la mente para que pueda concentrarse en otras cosas.

En otras palabras, los beneficios subjetivos de la meditación van acompañados de cambios fisiológicos en el cerebro. Esos cambios mejoran otras funciones cognitivas, como la memoria y la atención, y fortalecen el equilibrio emocional. Y son cambios duraderos, no pasajeros. Sin embargo, en vez de confiar en que estas técnicas nos ayudarán a manejar las distracciones y las frustraciones de la vida online, observaremos a un grupo de usuarios regulares de las redes sociales que parecen ser inmunes a sus efectos. Ellos pasan varias horas por día online sin alimentar por eso a la mente de mono. El tipo de relación que mantienen con las tecnologías de la información les permite controlar firmemente la situación. Y tienen una perspectiva única acerca de la distracción digital.

Conozco monjes que tienen blogs. Pertenecen a la orden budista y pasan varias horas por día dedicados al estudio y la meditación; pero además dedican otras varias horas diarias a postear videos instructivos en YouTube, redactar contenidos para sus blogs, organizar grupos de debate y utilizar el Facebook y el Twitter para compartir devociones y lecciones. Algunos de ellos son miembros de órdenes que les permiten llevar vidas seculares y tener una familia; otros viven solos en las junglas de Asia o en monasterios. Todos cultivan una antigua y rigurosa disciplina que promete la evasión de los deseos, las distracciones y las preocupaciones. No obstante, están tan familiarizados con los smartphones y las redes sociales como con las Cuatro Nobles Verdades.

Todas las religiones utilizan Internet para evangelizar a los no creyentes, instruir a los fieles, conducir debates sectarios y ordenar la diaria tarea de organizar el culto, la caridad, los retiros, las peregrinaciones, la enseñanza y el estudio. El budismo no es una excepción. Es una religión que tiene aproximadamente 350 millones de practicantes en todo el mundo. En países como Tailandia y Japón es central a la cultura y la identidad nacionales, y los monjes continúan rezando sus plegarias en templos que se vienen utilizando ininterrumpidamente para ese fin desde hace más de mil años. Si bien el budismo tiene profundas raíces nacionales, en el siglo XX la sangha –la comunidad de fieles budistas– se volvió móvil y cosmopolita. Algunos cambios fueron resultado de la guerra y la revolución. Varios monasterios en Tíbet, Vietnam y Camboya fueron cerrados por los regímenes comunistas durante la Guerra Fría. Los monjes (el caso más famoso es el del Dalai Lama) se unieron a la inmensa población de emigrados y desplazados del siglo XX, debiendo reinstalarse en Europa, Australia y América del Norte. Escuelas tibetanas completas fueron vueltas a fundar en India: en los últimos cincuenta años las comunidades de Dharmasala y Namdroling se han transformado en centros globales del budismo. (Sería como si los británicos hubieran perdido la Segunda Guerra Mundial y los refugiados provenientes de Oxford y Cambridge hubieran refundado esas universidades en las Montañas Rocosas canadienses.) Los intercambios entre órdenes monásticas han propiciado una suerte de fertilización cruzada entre escuelas de budismo hasta entonces separadas entre sí; por otra parte, los diálogos y las colaboraciones interconfesionales entre monjes y científicos han hecho que los círculos occidentales tomaran mayor conciencia del budismo.

Si bien la percepción popular del budismo se limita a las túnicas color azafrán y el incienso, esta religión adoptó y utiliza tecnologías de la información desde hace ya varios milenios. Los monasterios budistas usaban la xilografía (tallado o grabado de planchas que combinan imágenes y texto) ya en los años 600. El primer libro que se imprimió en el mundo fue el *Sutra del Diamante*, un texto budista. Los monjes y eruditos chinos usaron tecnología en proyectos que duraron décadas y cuyo objetivo era imprimir la Tripitaka y los sutras, y luego llevaron sus adelantos tecnológicos a Turkestán, Mongolia, Japón y Corea durante el siglo X. Dado su profundo compromiso histórico con la tecnología de la imprenta, y teniendo en cuenta sus necesidades contemporáneas en tanto comunidad distribuida globalmente, no es para sorprenderse que los budistas aprecien el valor de Internet para la comunicación y la coordinación.

Los usuarios de redes sociales, blogueros y diseñadores de sitios Web budistas tienen motivos simples para justificar su presencia online. Como me explicara Yuttadhammo, un monje bloguero, "si usted quiere compartir algo, tiene que ir donde está la gente". Cuando su primer video experimental atrajo a más de mil visitantes en una semana, se dio cuenta de que ese medio podía ser una poderosa manera de llegar a los seguidores. Otros monjes blogueros son parte de la primera generación de novicios digitales. Aprendieron meditación y enseñanzas budistas en las páginas Web y los foros de discusión. Una monja bloguera nacida en los Estados Unidos descubrió el monasterio Zen Mountain, donde se ordenó y residió durante ocho años, gracias a una página Web. La Internet es hoy un recurso tan central que Yuttadhammo afirma que "escribir libros sobre el dhamma no tiene demasiado sentido en los tiempos que corren, a menos que incluyan un archivo PDF".

Los monjes blogueros ven la Web como una valiosa herramienta de publicidad. "El acceso instantáneo a las enseñanzas budistas ha sido un gran incentivo para novicios y monjes por igual", dice uno de ellos. Otro me cuenta que la Internet "desempeñó un importante papel en el hecho de que yo encontrara algo que aprender, lo contemplara, lo memorizara y luego lo comunicara". Un monje bastante más viejo usa un Kindle[2] y describe su liviandad y su portabilidad como una gran bendición.

La utilidad de Internet para la construcción de comunidades virtuales y el fortalecimiento de las sanghas ya existentes también ha propiciado la experimentación con la Web. "Tener una comunidad es un aspecto absolutamente esencial de ser un budista practicante", explica Lauren Silver, budista y curadora en el Computer History Museum de Mountain View, California. Porque, si bien algunos monjes viven mayormente aislados, "el budismo se fundamenta en la integración de sus enseñanzas y prácticas en las comunidades". Numerosos centros de meditación y templos tienen páginas Web, y los sitios más activos tienen alcance global. Lauren recuerda que, cuando se ocupaba de responder los mensajes de correo electrónico enviados a su centro de meditación local, "siempre me sorprendía que recibiéramos mensajes de gente que vive en Latvia o en el outback australiano diciendo 'nunca conocí a un budista, medito desde que encontré estas enseñanzas y tengo una pequeña pregunta relacionada con la práctica'". El potencial de la Web para ampliar las comunidades es tan contundente que vale la pena afrontar las tentaciones de la distracción.

Al mismo tiempo, los monjes se muestran escépticos respecto de la posibilidad de que las comunidades online puedan rivalizar alguna vez con las comunidades reales, o de que las experiencias virtuales puedan ser tan compensadoras como el arduo trabajo cotidiano de seguir el Noble Sendero. Los budistas ponen mucho énfasis en "la práctica": hablan de ella con la misma intensidad con que los músicos aluden a la práctica como fundamento ineludible de cualquier composición de alto nivel. El Buda desafiaba a sus seguidores a poner a prueba el valor de sus enseñanzas en lugar de limitarse a aceptarlas por una cuestión de fe. En palabras de Yuttadhammo: "el budismo es un camino interior, no una manifestación exterior. Internet es un recurso, no una parte de la práctica". Uno de los practicantes que entrevisté regaló su computadora cuando sintió que había leído lo suficiente y necesitaba dedicar más tiempo a la meditación. "Ya había terminado con ella", dijo con abrumadora simplicidad.

"Las palabras nunca tendrán el poder de una experiencia real", me dijo una monja norteamericana. Y un monje zen finlandés aduce que si bien "el mundo virtual puede ayudar a los budistas en su práctica, no se parece en nada a la práctica en la vida real". Como bien dice Yuttadhammo: "Jamás debemos usar la Web como nuestra única fuente para la práctica del dhamma. Sería engañoso pensar que nuestra comunidad dhamma online es en realidad el aspecto más importante de nuestras vidas individuales en tanto meditadores budistas. De ello resulta que la Web es un atajo hacia una práctica más profunda, no un fin en sí misma".

El tiempo personal que monjes y monjas dedican a pasar online tiende a ser sustancial y, al mismo tiempo, estrictamente limitado. Los ritmos de la vida monástica les imponen límites cuando están online. "Estoy muy ocupado y tengo otras prioridades; no puedo darme el lujo de mirar gatitos lindos *ad infinitum*", dice uno de ellos. Varios monjes y monjas a los que entrevisté solo están online por las noches. La mayoría tienen computadoras de escritorio, no laptops, lo cual facilita la separación entre el mundo real y la vida digital. Y los pocos que tienen laptops las dejan sobre el escritorio o guardadas en el ropero con su correspondiente funda. Utilizan computadoras menos recientes, lo cual refleja una visión más utilitaria de la tecnología y de las exigencias de la economía.

Los teléfonos celulares no tienen buena fama. Choekyi Libby, la primera monja budista nativa de Israel, dice "Yo tengo teléfono celular, pero no vivo pegada a él. Prácticamente no lo uso. No estoy disponible todo el tiempo. Me gusta no estar conectada todo el tiempo". Bhikku Samahita, un monje sinalés, cierta vez recibió de regalo un teléfono celular, pero en aquel entonces era una rareza –¿con quién tendría yo necesidad de hablar?, se preguntaba– y además la recepción era terrible en su ermita. Yuttadhammo usa la cámara de su teléfono, pero las compañías de telefonía celular de Sri Lanka tienden a no instalar antenas en las proximidades de los monasterios y por lo tanto las comunicaciones son débiles. Los monjes de todas partes suelen tener celulares en vez de líneas fijas, pero, al igual que a las computadoras, los dejan en sus celdas. Esta comunidad evidentemente desconoce el síndrome del teléfono celular fantasma.

Los monjes también consideran que estar online les brinda la oportunidad de poner en práctica los preceptos budistas. Damchoe Wangmo dice que mantenerse al tanto de las noticias occidentales es "un buen fundamento para generar amor y compasión", puesto que "hace que mis propios problemas parezcan menores en comparación". Yuttadhammo piensa que la interacción online es budista por antonomasia. Le permite hacer el bien sin apego. "En realidad no establezco conexiones online con otra gente; sólo ayudo a las personas con quienes interactúo y no me preocupa pasar inmediatamente a otra cosa una vez logrado ese cometido." Eso me recuerda la historia de los dos monjes que encuentran a una mujer hermosa que no se anima a cruzar un río. El monje más viejo la alza en brazos y la lleva a la otra orilla. El monje más joven, presa de la furia, lo increpa por haberse atrevido a violar las reglas que les prohíben tocar a las mujeres. "Yo dejé de cargarla hace muchos kilómetros", replicó el monje más viejo, "¿por qué tú continúas llevándola en brazos?".

Considerar que las actividades online son importantes pero en última instancia secundarias para la práctica en el mundo real, adoptar una perspectiva utilitaria de la tecnología de la información y utilizar los aparatos de manera tal de minimizar el entrelazamiento: estas tres cosas ayudan a los monjes blogueros a controlar sus tecnologías e impiden que se sientan abrumados por sus aparatos. Pero ¿qué es lo que les permite manejar blogs, tuitear, responder preguntas de novicios, enviar mensajes de correo a sus monjes amigos, conducir sesiones de meditación online, tener conexiones a Internet por demás erráticas sin que todo eso perturbe su sensación de equilibrio interior o erosione su capacidad de focalizarse?

Consideremos a Bhikkhu Samahita, cuyos posteos y tuits sobre budismo hacen furor en el mundo de las redes sociales: las noticias sobre un nuevo ensayo suyo —escribe uno cada dos días— aparecen en cuestión de minutos en los muros de Facebook, los tuits, las páginas de Google+pages y los grupos de debate online. Las campañas políticas no tienen tanta facilidad para transmitir sus mensajes. Samahita (Bhikkhu[3] es la palabra que, en pāli, designa a los monjes) es el creador de la influyente página Web *What Buddha Said*, que recibe decenas de miles de visitas por año desde los Estados Unidos hasta la India, pasando por Malasia. Ocho mil seguidores de todo el mundo reciben sus oraciones diarias, que consisten principalmente en glosas del canon pāli, los textos más antiguos y venerados del budismo.

Para mantener en marcha todo esto, Samahita pasa varias horas al día online: al despuntar el alba y al atardecer. Es un impresionante torbellino de actividad, pero resulta por demás impactante si pensamos que lo hace desde una pequeña ermita en la isla de Sri Lanka. Samahita es un monje de la selva, uno entre varios miles de monjes sinaleses que modelan sus vidas siguiendo el ejemplo del Buda, que pasó años buscando el Nirvana o despertar. Los monjes de la selva viven en chozas, cuevas y pequeñas casas de concreto. Por tradición, sus moradas están a por lo menos quinientos tiros de flecha de la aldea o el villorio más próximos. Allí viven aislados, sin escuchar ni ver a otras personas o avistar sus casas. Al igual que los primeros monjes cristianos del desierto, los monjes de la selva cultivan un estilo de vida puro y ascético: nada de lujosos monasterios, nada de ciudades y contacto humano. Duermen cuatro horas por día, meditan ocho, y siguen las 227 reglas que orientan todos los aspectos de la vida monástica.

Hace ya una década que Samahita reside en la ermita Ciprés, una pequeña casa enclavada a cuatro mil doscientos pies sobre el nivel del mar, en las montañas de Sri Lanka. Se puede llegar a la ermita cruzando una plantación de té en automóvil y luego siguiendo a pie por un camino de tierra demasiado angosto y escarpado para cualquier vehículo. El mapa que indica cómo llegar advierte a los eventuales visitantes: "Permanezca dentro de los límites de la plantación de té. No entre en la selva. Camine siempre hacia arriba. Nunca hacia abajo". Samahita ve a otros seres humanos quizás una vez por mes, cuando baja al pueblo para abastecerse; los visitantes llegan solamente una o dos veces por año a su ermita. Sin embargo, pasa cuatro o cinco horas por día frente a su laptop HP Pavilion DV7. Su computadora está flanqueada por grandes ventanales y las vistas son espectaculares. Tanto la laptop como la conexión a Internet son alimentadas por un panel solar y un generador micro-hidroeléctrico que a su vez se alimenta de un arroyo vecino. (Piense en esto la próxima vez que el solo hecho de cambiar el cartucho de su impresora lo haga sentir un experto en tecnología y un paradigma de la independencia personal.)

¿Cómo consigue Samahita llevar lo que, a todas luces, parecen dos vidas muy diferentes? Comenzamos a conversar vía correo electrónico. ¿Cuál es la gran recompensa, y cuál el desafío, de ser un monje de la selva?, pregunto. "¡Completar la Noble Vía es, simultáneamente, la gran recompensa y el gran desafío!", responde. ¿Cómo es la vida en la selva de Sri Lanka? "Apacible. Tranquilizadora. Feliz. Simple", responde. "La selva es sonreír." Otras respuestas son un mix de prosa telegráfica, citas de poemas e hipervínculos. Su inglés es inobjetable, pero tengo la clara impresión de estar entrevistando a alguien que ya no usa mucho las palabras. Se parece un poco a hablar con el Yoda. Un Yoda alto, nórdico.

Samahita nació en Dinamarca. Antes de ordenarse era médico, especialista en enfermedades tropicales e infecciosas. También fue profesor de bioinformática en la Universidad Tecnológica de su país. La bioinformática es un campo que desarrolla herramientas para analizar vastos conjuntos de datos relacionados con la medicina y la salud: los investigadores lo investigan todo, desde hebras de ADN hasta estadísticas de la Organización Mundial de la Salud sobre epidemias emergentes, pasando por las ventas de medicamentos contra el resfrío y la gripe en Walmart. Era uno de los mejores campos de trabajo para los investigadores ambiciosos de comienzos de los años 2000. Pero Samahita no estaba contento con su vida y empezó a tener problemas de depresión. Aunque era médico, se resistía a tomar antidepresivos. Un encuentro casual con un monje tibetano lo condujo a practicar la meditación. La práctica curó su depresión y le permitió vislumbrar una nueva vida. Empezó *What Buddha Said* en el año 2000. Al año siguiente cambió la investigación científica en Copenhague por un monasterio en Sri Lanka. Después de dos años de arduo estudio se ordenó monje y se mudó a la ermita Ciprés.

La suya es una transformación notable y yo la considero un signo prometedor. Si una persona acostumbrada a manejar terabites de data y atender emergencias en un hospital puede pasar de una vida de distracciones relacionadas con la tecnología a una vida que equilibra la quietud de la selva con la presencia online, es probable que el resto de nosotros podamos aprender a ser un poco más contemplativos en el uso de la tecnología.

Le pregunto si no es una paradoja utilizar la Web, un medio que para muchísimas personas es fuente de gran distracción, para enseñar el budismo, cuyo objetivo es eliminar la distracción y los deseos. "Si uno no se apega y lo utiliza correctamente (lo que no es tan fácil), el loto crecerá incluso en el barro", responde. El loto es un símbolo de pureza para el budismo porque su belleza puede florecer incluso en áreas pantanosas y sus pétalos poseen una notable capacidad para rechazar el barro (gracias a una nanoestructura única que los científicos han logrado copiar recientemente).

Por supuesto que muchas personas se autodescribirían como "adictas" a sus aparatos electrónicos –el mote Crackberry[4] no salió de la nada–, pero, para el budismo, el apego (o *tanha*, que literalmente significa "sed") es la raíz y el origen de todo sufrimiento. En palabras de Buda, el apego "conlleva un vehemente anhelo" y "busca placeres nuevos en todas partes". Alimentar esos deseos permite saciarlos provisoriamente, pero luego retornan con más vehemencia que nunca y con más hambre y sed, hasta volverse insaciables. Esta no es una descripción desacertada del estado mental que afirma "Solo voy a chequear las noticias y enseguida salgo", estado que generalmente nos lleva a continuar "chequeando las noticias" una hora más tarde.

Entonces ¿una persona que pasa cuatro o cinco horas por día online NUNCA puede navegar mecánicamente por Internet?, le pregunto a Bhikkhu Samahita. Al principio, parece que no comprende la pregunta. "Ya se trate de estímulos internos (recuerdos, imágenes recurrentes) o externos (mundo, Internet, televisión), hay que responder a ellos de manera acorde." Todas las distracciones son iguales, dice. No importa de dónde provengan.

Sospecho que no estoy siendo claro y vuelvo a intentarlo. ¿Internet plantea desafíos especiales? "La belleza y la paz que conozco aquí hacen que Internet resulte aburrida y ruidosa en comparación", dice.

Tengo amigos a quienes les resulta difícil dejar pasar un semáforo en rojo sin chequear su correo electrónico. No obstante, aquí tenemos a un doctor en medicina, que además fue profesor en una de las mejores universidades de Europa —en suma, exactamente el tipo alfa saturado de información a quien cabría imaginar conflictuado si debe pasar algunos segundos "desconectado"–, afirmando que una casa de dos habitaciones pintada a la cal en el medio de la nada hace que Internet parezca aburrida.

Queda claro que está ocurriendo algo interesante.

Entrevisto a otro monje. Yuttadhammo es un emprendedor independiente en las redes sociales con investidura monástica. Su canal de YouTube *Truth is Within* ya ha recibido más de un millón de visitantes. Sus videos abarcan desde instrucciones para la meditación hasta análisis de las escrituras budistas y visitas guiadas a un retiro todavía en construcción en las cercanías de su ermita. Yuttadhammo también responde preguntas que le envían simpatizantes y curiosos: ¿Hay que matar a las plagas? ¿Cómo eligen sus nombres los monjes?

Yuttadhammo graba sus videos con una Canon Vixia HF200 donada por un discípulo norteamericano. La mayor parte de la tecnología utilizada por los monjes ha sido donada por sus seguidores, ya sea de manera directa, como un regalo, o a través de contribuciones a organizaciones que ayudan a su manutención. Los videos *Ask a Monk* forman parte de un combo de páginas Web, wikis, emisiones radiales por Internet y grupos de estudio online que mantiene a Yuttadhammo en una suerte de conversación digital con discípulos y monjes de todo el mundo. "Incluso hago parte de mi meditación con un grupo online", dice. Las actividades online son actualmente su tarea monástica principal. "Yo no construyo chozas, pero he construido una comunidad online", afirma.

¿La tarea de grabar videos, redactar posts para el blog, conversar con sus discípulos online y responder correos electrónicos alguna vez le resulta agobiante? Yuttadhammo responde que no. "Pero debo confesar que muchas veces me distraje, tal vez porque en otras épocas la vida era un poco deprimente. Pero ahora que estoy en un lugar cómodo, donde puedo hacer mi trabajo en paz, no tengo demasiado interés en nada de todo eso, más allá de echar un rápido vistazo a las noticias cada mañana."

No es para nada sorprendente que Yuttadhammo conecte distracción con depresión: uno de los síntomas de la depresión clínica es la incapacidad de concentrarse. Por experiencia propia sé que, particularmente para las personas instruidas o de alto rendimiento y logros, la depresión es la incapacidad de retroalimentarse: la depresión dificulta el trabajo y alimenta lo que Winston Churchill llamaba "el perro negro" del letargo mental. Para la mayoría de nosotros, ese "lugar cómodo" de Yuttadhammo está muy lejos de ser perfecto: los mosquitos son un acicate constante, las sanguijuelas abundan durante la estación lluviosa, y las serpientes y escorpiones son un peligro permanente. Los monos –los de la vida real, no los mentales– "pueden ser una verdadera molestia" porque son muy inteligentes y no les tienen miedo a los humanos. Pero todos estos desafíos "no son nada comparados con el estrés de vivir entre seres humanos".

Yuttadhammo vive en un kuli, una choza pequeña a pocos kilómetros de Bhikkhu Samahita. Al igual que Samahita, Yuttadhammo es un monje que cambió una vida "conectada" en Occidente por los rigores de la vida en la selva. Nació y se crió en el seno de una familia "nominalmente judía" en Canadá y descubrió el budismo durante un viaje a Tailandia, en su época de estudiante universitario. Después de pasar un año en un monasterio jemer en Canadá (una casa de varios pisos en los suburbios de Ottawa) regresó a Tailandia, donde se ordenó, y luego se trasladó a Sri Lanka.

La inmersión de Yuttadhammo en la tecnología lo ha enfrentado a otros monjes que consideran "inapropiado" que un monje de la selva pase tanto tiempo online. Si bien se supone que los monjes deben renunciar a los bienes mundanos, los materiales de enseñanza y estudio están permitidos y por lo tanto es admisible tener una computadora. No obstante, Yuttadhammo admite: "Supongo que no soy un verdadero monje de la selva. En realidad no sé qué clase de monje soy". Pero la tecnología le permite establecer cierto equilibrio entre las exigencias de la vida monástica y su deseo de enseñar. "Estar online me mantiene cerca del mundo; puedo hacer el bien en el mundo y no obstante mantenerme apartado de la mundanidad." Esto también explica por qué, si bien utiliza YouTube y otros soportes para video, ha optado por no ingresar en las otras redes sociales. "Probé con Facebook, pero no le encontré sentido al hecho de que un monje antisocial hiciera 'amigos' online. Twitter me parece igualmente inútil."

Quinientas millas al noroeste de las tranquilas ermitas de Samahita y Yuttadhammo, Damchoe Wangmo es una de los cinco mil estudiantes que pululan en el vibrante Monasterio de Namdroling, en el sudoeste de India. Wangmo está en el noveno año de un programa de estudio que dura diez y, cuando se gradúe, espera poder enseñar y traducir al inglés las escrituras budistas. El suministro eléctrico de la universidad monástica es errático y los frecuentes cortes y sus estudios dificultan que Wangmo tenga una presencia online regular. Pero su blog *Nun Sense* aspira a dar "una idea de cómo es la vida monástica" a los budistas que están evaluando la posibilidad de ordenarse. Wangmo también orienta un grupo online para sus compañeros de vida monástica. (Efectivamente es así: los monjes budistas tienen su propia red oscura.[5])

Damchoe Wangmo nació y se crió en Canadá. Su padre era ministro presbiteriano y su madre daba clases de catequesis. "Yo tenía la costumbre de beber el resto de jugo de uvas que quedaba en las tacitas de la comunión", dice Wangmo. Cuando iba a la escuela secundaria, dejó de asistir a la iglesia –"No creía en lo que me enseñaban allí", le dijo a su madre– pero continuó interesada en la religión y poco después descubrió el budismo. Una vez concluido el colegio secundario estudió Budismo en Vancouver, impartió sus enseñanzas en Dharmasala y Taiwán, regresó a Canadá, ponderó su futuro y en el año 2001 se instaló en Namdroling.

Le pregunto a Damchoe Wangmo qué piensa de la distracción digital. Es un error suponer que "la distracción proviene de influencias externas antes que de condiciones mentales internas", me explica. Si usted tiene una mente distraída, el sonido del teléfono celular y el zumbido de la Web alimentarán esa distracción, pero no son su causa. La distracción no irrumpe desde el mundo exterior para afectar una mente libre de preocupaciones. La mente normal, la mente cotidiana, genera la mayor parte de sus distracciones.

Hago la misma pregunta a otros monjes y monjas y sus respuestas son desconcertantes al principio y luego fascinantes. Al principio algunos no comprenden la pregunta y me veo obligado a explicar algo que a mi entender es evidente: que la tecnología es una fuente de distracción especial. Cuando dejo en claro lo que pretendo, casi siempre responden con una pregunta: ¿por qué piensa usted que la distracción proviene de la tecnología? El propósito del entrenamiento mental es, precisamente, volvernos inmunes a esa clase de cosas. "Las distracciones existen, con o sin PC", advierte un monje. Por cierto, según dice Samahita, las distracciones externas como las tecnologías son "mucho más fáciles de manejar que las distracciones que provienen del interior de la propia mente".

Esta actitud también hace que los monjes contemplen el Zenware (término que les resulta muy divertido) con una suerte de absoluta indiferencia, excepto como herramienta que puede contribuir a aquietar la mente. "Creo que la intención de ese tipo de software es buena", dice Damchoe Wangmo, "dado que presume cierto interés en el autocontrol por parte del usuario. Pero también refleja la idea incorrecta de que la distracción es causada por influencias externas antes que por condiciones mentales internas".

"Los programas y los bloqueos están bien, pero en última instancia cada uno de nosotros debe edificar su propia fuerza de voluntad", me dice una monja norteamericana. "Solo nosotros podemos ser responsables por nosotros mismos y por lo que hacemos." "Cada uno debe alcanzar por sí mismo la paz de la mente, no es algo que venga desde afuera", concuerda un monje más viejo. "La paz mental no se alcanza rápido. Hay que desarrollar la práctica y aplicarla a diario para obtener beneficios." Pero siempre existe la posibilidad de desactivar el software cuando la tentación es fuerte y la tecnología pasa a ser un lastre antes que un beneficio. La hermana Gryphon, una monja budista que vive en los bosques de Maine, explica: "Cuando vemos claramente y entendemos, tanto a nosotros mismos como a nuestra realidad, ya no hay lucha." "Tarde o temprano todos tenemos que tomar el toro por las astas y acallar el ruido interno de la charlatana mente de mono", concluye Bhikkhu Samahita.

Pero ese estado de separación y aislamiento del mundo, ¿no resulta en última instancia un poco aburrido? Para la mayoría de nosotros, lo único interesante en la celda del monje sería la computadora. Ahora bien: ¿qué clase de estado mental logra invertir esa ecuación? Lo que tengo que comprender es que "el renunciamiento es un trueque ventajoso", me dice Jonathan Coppola, un amigo norteamericano de Samahita, "no desventajoso". Abandonar los bienes mundanos no es un mero ejercicio de autodisciplina o una idea abstracta de pureza para los monjes. Ellos dejan atrás esos bienes para poder liberarse. Cuando nos liberamos de las cosas que no tienen importancia podemos focalizarnos en aquellas que sí la tienen.

Explicadas desde esta perspectiva, las respuestas de los monjes cobran muchísimo sentido. No se trata de resistir el canto de sirena de la Web. Sus respuestas revelan con impactante profundidad que la distracción es menos atractiva que la concentración. "¿Cuánta satisfacción conllevan o producen las distracciones?", pregunta Coppola. "¿Quedarme sentado, consciente de mi respiración y del momento presente, no es mucho más sereno y cautivante que mirar una troupe de gatos que ladran en YouTube? La respuesta es sí, por supuesto." Esta actitud permite a los monjes usar las computadoras con atención plena, cultivar prácticas que expresan compasión y desapego, y demostrar la irrelevancia de la adicción a Internet o la distracción digital. La mente que actúa como un espejo no necesita mirar videos de gatos.

Si vemos la vida cotidiana como un reguero de ilusiones y consideramos que los dolores de esa vida son producto de creencias ilusorias que nos conducen a la tristeza y al desaliento; si pasamos años disciplinando nuestra mente y despojándonos de los apegos y las creencias falsas, y si nos consagramos a aprender cómo observar cada momento y cada sensación sin prejuicios ni presupuestos, la rutilante y titilante Internet, que supuestamente apela a las partes más primitivas y reptiles e imposibles de apagar de nuestro cerebro, queda reducida a nada. Pocos de nosotros podemos esperar alcanzar el rigor que han alcanzado estos monjes. Pero, no obstante ello, podemos aplicar sus percepciones a nuestra vida saturada de tecnología. Los budistas han pasado miles de años estudiando el funcionamiento de la mente. Si ellos dicen que la distracción viene del interior de la mente, no de afuera, vale la pena tomar en serio sus palabras.

* * * * *

Puede parecer extraño que la idea de la "mente de mono" continúe vigente. Después de todo, el budismo nació en India hace ya dos mil quinientos años. ¿Es posible que la vida que se llevaba entonces se parezca a nuestro mundo multitareas e hiperconectado? La respuesta es que sí, se parece mucho.

Chamanes, ermitaños, oráculos y hombres y mujeres santos han existido casi desde siempre, y es indudable que algunos de ellos desarrollaron prácticas que podríamos calificar como contemplativas. Pero en su inmensa mayoría se trataba de prácticas y enseñanzas no escritas o secretas, a las que solo tenían acceso los iniciados y los adeptos. En cambio, las instrucciones de meditación budistas y taoístas, que datan del siglo VI antes de la Era Cristiana, eran vastamente publicitadas, asombrosamente empíricas y aspiraban a convertir la meditación en una disciplina espiritual accesible a todos. Así, pronto se crearon instituciones permanentes para albergar y alimentar esas vidas humanas organizadas en torno de la contemplación y la purificación espiritual: los primeros ashrams hinduistas y monasterios jainistas, seguidos en el siglo II antes de la Era Cristiana por los judíos esenios.

Pero, ¿por qué han vuelto a florecer las prácticas contemplativas en nuestra era? El filósofo alemán Karl Jaspers acuñó en 1949 el término Era Axial para aludir al notable período de creatividad espiritual y filosófica comprendido entre los años 800 y 200 antes de la Era Cristiana. En este período, siempre según Jaspers, "fueron plantados los cimientos espirituales de la humanidad, de manera simultánea aunque independientemente entre sí, en China, Persia, India, Judea y Grecia". En todas estas regiones los estudiosos intentaron dar respuesta a interrogantes profundos sobre lo que significa ser humanos, cómo percibimos y conocemos el mundo, y cómo nos relacionamos unos con otros y con la sociedad. En palabras de Karen Armstrong, los filósofos griegos, los monjes budistas, los sacerdotes judíos y los eruditos confucianos "superaron las fronteras de la conciencia humana y descubrieron y trascendieron la dimensión medular del propio ser". El surgimiento y vigencia de las prácticas contemplativas es parte de una formulación más amplia de ideas modernas sobre qué significa ser humano.

Las prácticas contemplativas son una respuesta a la turbulencia causada por la expansión imperialista, los levantamientos políticos, las redes de comercio global, las migraciones masivas y la urbanización. En sus peores etapas, la vida en el período de los Reinos Combatientes en China[6], en la antigua Grecia y en un Oriente Medio asediado por los imperialistas griegos, romanos y persas era violenta, turbulenta y brutal. Incluso en los buenos tiempos, la vida en las ciudades ofrecía diversiones placenteras, alboroto y un espectro cada vez más amplio de distracciones. Los filósofos y líderes espirituales de la Era Axial postularon la racionalidad y la no violencia como respuesta a esas pruebas del destino. Pero también hicieron algo más: reorientaron la religión propiamente dicha, alejándola de lo que John Hick dio en llamar "mantenimiento cósmico" –aludiendo a los rituales y sacrificios destinados a garantizar las buenas cosechas, la suave transición de las estaciones, etc.– y orientándola hacia el perfeccionamiento personal y la iluminación. Para superar una vida hostil, embrutecida y breve –y, en última instancia, crear un mundo mejor– había que cultivar lo que S. N. Eisenstadt denominó "la conciencia trascendental": "la capacidad de apartarse del mundo (a veces literalmente, como es el caso de las tradiciones monásticas y ermitañas, pero más a menudo psicológicamente) y observarlo sin prejuicios ni preconceptos". En otras palabras, observarlo con atención plena. Contemplarlo.

La Era Axial llegó a su fin *circa* el año 200 antes de la Era Cristiana, pero la coevolución de sociedades complejas, economías globales e imperios, por una parte, e instituciones y espacios dedicados a cultivar la memoria y la contemplación, por la otra, siguió su curso. En Occidente, el monasterio, la catedral y la universidad evolucionaron hasta convertirse en inmensas maquinarias destinadas a fomentar y ampliar la concentración. Estas instituciones ofrecen un escape del mundo cotidiano, pero también dependen de él. Las universidades medievales en París, Bolonia, Oxford y Cambridge levantaron barreras contra las distracciones de la vida normal y acogieron de buen grado a estudiantes, donaciones, patronazgos reales y material de alta tecnología como el papel, los instrumentos científicos y los libros.

Los historiadores aducen que Internet es la más reciente de una serie de tecnologías, que se remontan a la invención de la escritura, destinadas a modificar nuestro cerebro y nuestra manera de pensar. Y además sostienen que su impacto sobre nosotros es irresistible. Pero solo han contado la mitad de la historia. Hay una historia paralela de personas que responden a la complejidad y la turbulencia y los cambios tecnológicos creando prácticas contemplativas que fomentan la concentración, propician la calma y restauran la atención. Incertidumbre mundial y distracciones por un lado y prácticas contemplativas por el otro son como el sello al lacre: se dan forma mutuamente. No es sorprendente, entonces, que las antiguas prácticas contemplativas encuentren resonancia en el superdistraído mundo de hoy. Son herramientas hechas para mundos como este y para mentes como las nuestras.

Notas

[1] La memoria de trabajo es un constructo teórico, relacionado con la psicología cognitiva, que refiere a las estructuras y procesos usados para el almacenamiento temporal de información (memoria a corto plazo) y la manipulación de la información. [N. de la T.]

[2] El Kindle es un lector de libros electrónicos (e-books), un dispositivo portátil que permite comprar, almacenar y leer libros digitalizados, creado por la tienda virtual Amazon.com. [N. de la T.]

[3] Un Bhikkhu (p li) o Bhiksu (sánscrito) es un monje budista que ha recibido la ordenación completa. Las monjas se llaman Bhikkhunis. Bhikkhus y Bhikkhunis guardan numerosos preceptos: viven según la norma monástica del vinaya, cuyas reglas básicas se llaman patimokkha. Su forma de vida está orientada a apoyar su práctica espiritual, para que, llevando una existencia sencilla y de meditación, puedan alcanzar el Nirvana. [N. de la T.]

[4] Así se llama vulgarmente a la Blackberry. El aparato, que comprende teléfono, PDA y correo electrónico, se ha popularizado asombrosamente. Los usuarios/propietarios son típicamente adictos a chequear sus correos electrónicos y enviar mensajes breves utilizando la Blackberry. Se dice que son adictos a sus aparatos como el adicto al crack lo es a la pipa. [N. de la T.]

[5] El concepto de red oscura, también conocido por su nombre original en inglés *darknet*, ha ido evolucionando con el tiempo desde su definición original, dada por unos investigadores de Microsoft. Actualmente el término Darknet no tiene una definición universalmente aceptada. Sin embargo, basándose en las versiones más populares, se puede decir que la Darknet es un conjunto de redes y tecnologías usadas para compartir información y contenidos digitales (ej.: textos, software, canciones, imágenes, películas), que está "distribuido" entre los distintos nodos y que intenta preservar el anonimato de quienes intercambian esa información; es decir que se persigue el anonimato del origen y del destino cuando se produce la transferencia de información. En la definición anterior, cuando se habla de redes, no se hace alusión a redes físicas separadas de las redes actuales sino a redes superpuestas que pueden usar protocolos y puertos "no estándar" sobre la red subyacente. Por eso se dice que estas redes operan aparte de las redes públicas, sobre las que se

montan, y que sus contenidos se mantienen inalcanzables para el público general de la red subyacente (son privadas). Para acceder a la red y sus contenidos es necesaria cierta información adicional, que puede ser compartida por un grupo restringido de personas. Esa información suele incluir la necesidad de ejecución de un sofware específico y a veces requiere la conexión a algún tipo de servidor no accesible vía los DNS tradicionales. Debido a esta dificultad de acceso los motores de búsqueda no suelen buscar en estas redes, lo cual facilita que sus contenidos permanezcan invisibles. A causa de todos los impedimentos que plantean para acceder a la información, estas tecnologías son llamadas red oscura o Darknet. [N. de la T.]

⁶ El período de los Reinos Combatientes tuvo lugar en la franja de tiempo que comenzó en algún punto del siglo V a.C. y acabó en la unificación de China por la dinastía Qin en el año 221 a.C. Normalmente es considerado como la segunda parte de la dinastía Zhou oriental, siguiendo al período de las Primaveras y Otoños. [N. de la T.]

Capítulo 4

Desprogramarse

Piense en su primera computadora. Recuerde el año en que la compró. ¿Cuán rápido era el procesador de textos? ¿Cuánto RAM tenía? ¿Cuánta capacidad tenía el disco rígido? Ahora hágase las mismas preguntas sobre la última computadora que adquirió... aunque bien podría tratarse de una tablet o de un smartphone. La diferencia entre ambas le dará una medida de cuánto han cambiado las computadoras personales en el transcurso de su vida.

Si quiere una medida un poco más técnica, calcule cuántas veces se ha cumplido la Ley de Moore[1] en el período transcurrido entre la adquisición de una y otra computadora. La Ley de Moore postula que la densidad de los circuitos en un microprocesador de computadora –el corazón mismo de su PC o de su smartphone– se duplica cada dos años, más o menos. Por lo tanto, si han pasado diez años entre su primera y su última computadora, la Ley de Moore se habrá cumplido cinco veces, lo cual se traduce en treinta y dos veces un aumento de la densidad de los circuitos. Dentro de dos años, esa cantidad se habrá duplicado a sesenta y cuatro veces. Dos años más tarde, volverá a duplicarse. Y así sucesivamente.

La idea de que las computadoras constantemente se vuelven más baratas y más poderosas no es una ilusión abstracta ni pertenece al campo de la ciencia ficción. Es algo que todos nosotros hemos comprobado en nuestra historia personal con las computadoras. Mis hijos ya han visto grandes cambios en este ámbito. Mi hija mayor ha vivido el crecimiento del wifi, la aparición de los smartphones baratos, el surgimiento de Facebook y cinco etapas de la Ley de Moore. Y, de acuerdo con algunos futurólogos, cuando se gradúe en la universidad podrá comprar una computadora cuya inteligencia y memoria rivalizarán con las suyas.

Ahora piense en su cerebro. ¿Ha seguido su propia curva exponencial, similar a la Ley de Moore? (En realidad lo hizo durante un tiempo, antes de que usted naciera; también creció espectacularmente cuando usted era bebé y daba sus primeros pasos.) ¿Sabe más de lo que sabía cuando usted compró su primera computadora? ¿Ahora tiene mayor capacidad de recordar? En los años inmediatamente próximos, a medida que las computadoras sean cada vez más veloces y más baratas, ¿cree que su cerebro también será más veloz y podrá almacenar mayor cantidad de información?

Las respuestas a estas preguntas son: probablemente no, no, no y definitivamente no. Las computadoras hacen las cosas mucho más rápido que nosotros. Continúan mejorando exponencialmente. Se tornan más complejas y más simples, más poderosas y más pequeñas. Nosotros simplemente envejecemos. Es fácil sentirse impresionado, y hasta un poco intimidado, por el ritmo del cambio tecnológico. Convivir con computadoras cambia lo que pensamos de nosotros mismos, de nuestra inteligencia, de nuestra memoria. Y esos cambios han sido, hasta ahora y en su inmensa mayoría, para peor.

* * * * *

Veinte años atrás, los profesores de la Universidad de Stanford Byron Reeves y Clifford Nass hicieron un descubrimiento impactante: las personas tratan a las computadoras como si fueran personas. Hasta el usuario más desinformado sabe que una computadora no tiene sentimientos ni personalidad; no obstante, a través de una prestigiosa serie de experimentos, Reeves y Nass demostraron que los usuarios aplicamos inconscientemente reglas y normas sociales a nuestras computadoras. Damos por sentado que las voces de computadora de sonido masculino son más competentes que las femeninas, particularmente si hablan de cuestiones técnicas. Tenemos más confianza en los "agentes" computarizados (piense en Max Headroom) que pertenecen a nuestra misma etnia. Incluso somos corteses con las computadoras: cuando testeamos un programa en una de ellas, decimos más cosas agradables si debemos llenar el formulario de evaluación en esa misma computadora que si lo completamos en otra máquina diferente o a mano. La interactividad y la capacidad de reacción de las computadoras nos llevan a socializar con ellas, así como antropomorfizamos a los perros o simpatizamos con los gatitos de ojos grandes.

El hecho de que subconscientemente pensemos en las computadoras como si fueran personas hace que nos sea más fácil comparar sus rápidos progresos con nuestra evolución glacial y que por ende nos sintamos deficientes. Y en la medida en que las computadoras se vuelven cada vez más reactivas e interactivas, más fluidas y (en algunos sentidos) más sociables, tanto su capacidad de afectarnos como la aparente brecha que nos separa de nuestras creaciones digitales aumentan.

Por eso, para poder establecer una relación mejor y más alerta con las tecnologías de la información, usted tendrá que comprender cómo nos programan las computadoras. Para saber cómo las tecnologías afectan la imagen que tenemos de nosotros mismos, tendrá que ingresar en el mundo virtual. Más específicamente, tendrá que entrar en la sala VR (Realidad Virtual) del Virtual Human Interaction Laboratory en la Universidad de Stanford.

El director del laboratorio, el profesor de comunicaciones Jeremy Bailenson, es probablemente el único miembro del cuerpo docente de Stanford que da nombre a una aplicación de iPhone. Una prueba todavía más clara de su reputación profesional es la sede de su laboratorio. La propiedad inmueble es escandalosamente cara en Silicon Valley, y la competencia por obtener un espacio en los laboratorios del vasto pero no obstante superpoblado campus de la Universidad de Stanford devino un deporte sangriento hace ya muchos años. Pero el VHIL ocupa varias salas en el último piso del edificio principal, de estilo románico, de Stanford. Las oficinas del presidente de la universidad se encuentran en un edificio adyacente. La ubicación geográfica importa, aun cuando usted pase la mayor parte de su tiempo en el mundo virtual.

Conocí a mi guía, Cody Karutz, junto al ascensor que está frente al laboratorio. Cody me hizo entrar en una sala de espera color naranja cuyo único mobiliario era un televisor 3D y varios ejemplares de *Infinite Reality*, libro cuya autoría comparten Bailenson y Jim Blascovich. Desde allí pasamos a la sala principal de realidad virtual.

El laboratorio es uno de los centros líderes mundiales en ciencia social virtual, un campo emergente que estudia cómo las personas reales interactúan en los mundos virtuales y utiliza la Realidad Virtual, o RV, para comprender mejor la conducta humana cotidiana en el mundo real. Sin embargo, al principio la sala RV parece la sala de conferencias sin ventanas de un hotel, pura alfombra neutra y colores inofensivos. Cody, que combina la absorbente pasión del investigador con el franco entusiasmo de un consejero estudiantil (cosa que fue durante varios veranos en la universidad), señala los tres controladores Kinetic y las ocho videocámaras distribuidas en la sala. Detrás de las pareces hay dos docenas de parlantes conectados a un sistema de sonido que se utiliza para manipular la acústica de la sala, haciendo que parezca mucho más pequeña o mucho más grande. El piso está equipado con transductores de baja frecuencia que pueden hacer que la sala retumbe y se sacuda. (Yo creía que la rampa era para facilitar el acceso de las sillas de ruedas, pero resulta que hay hardware bajo nuestros pies.) El guardarropas es una sala de servidores con ocho máquinas de alta potencia que muestran gráficos y una maraña de cables. Me recuerda esas películas de espías en las que el protagonista cruza las góndolas de un bazar polvoriento, abre una puerta destartalada e ingresa en un centro de comando resplandeciente.

En el centro de la sala hay un trípode, coronado por una cabeza de espuma de poliestireno y un casco de realidad virtual. El casco consiste en dos pantallas pequeñas de alta definición, un acelerómetro y una unidad infrarroja que los controladores Kinetic utilizan para calcular la posición del sujeto. Tiene el aspecto de una tecnología constantemente en uso y un tanto baqueteada, y no obstante cuesta casi lo mismo que un automóvil de alta gama. Me siento intrigado, pero también tengo miedo de romperlo. Dado que los cascos inalámbricos no pueden "actualizar el mundo" –adoro esa expresión– lo suficientemente rápido como para evitar el mareo cibernético –la sensación de vértigo que produce la reacción demasiado lenta del sistema a nuestras acciones–, una negra coleta de cable de fibra óptica conecta físicamente el casco a una placa.

El casco se enciende. Para facilitarles las cosas a los investigadores, un proyector proyecta sobre la pared más alejada la imagen de lo que ve el casco. En esta oportunidad los investigadores eligieron los archivos CAD del arquitecto que diseñó la sala y, dependiendo del experimento, agregan espejos, nuevas puertas o cualquier otra cosa que necesiten. En este momento muestra una imagen de la pared más alejada, ligeramente torcida. La imagen gira de manera enfermante cuando una asistente toma el casco y lo levanta para ayudarme a ponérmelo.

Cierro los ojos mientras me lo coloca en la cabeza y ajusta la cinta bajo el mentón que impedirá que cuarenta mil dólares de hardware salgan expulsados al espacio sideral en cualquier momento. Cuando abro los ojos veo una réplica casi perfecta de la sala, pero Cody ha desaparecido. Extiendo los brazos hacia adelante. Nada. La sala está ahí, pero yo soy invisible y Cody es una voz sin cuerpo. Lo que resalta todavía más ambas ausencias es el hecho de que la sala se ve REALMENTE realista. No solo porque se parece a la realidad –es una reproducción inobjetable dotada de la misma precisión artificial del show televisivo CGI– , sino porque la visión acompaña perfectamente cada movimiento de mi cabeza: giro la cabeza y la puerta está allí, la ventana que da a la sala de control está allí, las esquinas de la habitación están exactamente en el mismo lugar que en la vida real. La mayoría de las personas piensan que todo es cuestión de utilizar gráfica de alta calidad, pero lo que separa una buena realidad virtual de una realidad virtual magnífica, me explica Cody, es el seguimiento. Gran parte de la "realidad" de la realidad virtual depende de un buen seguimiento o tracking. Un mundo de cartón recortado donde nos podamos mover fluidamente parecerá más real que un mundo cargado de detalles que se nos viene encima.

El piso vibra. Miro hacia abajo y veo que el suelo se está abriendo justo delante de mis pies, revelando un pozo profundo de metal con las palabras "No salte" pintadas en el lejano fondo. Por supuesto que yo sé que nada de esto está ocurriendo, pero mi cuerpo piensa que realmente estoy parado en la cubierta de un portaaviones mirando el hangar: mi corazón da un vuelco y experimento un rush de adrenalina. Cody explica que es una simple demostración de cómo se siente la realidad virtual, y puedo dar fe de que funciona. Una angosta plancha de madera se extiende sobre el pozo y Cody me invita a cruzarla. Empiezo a caminar con cuidado. Recién a mitad de camino me doy cuenta de que abrí los brazos para mantener el equilibrio.

El grupo de Bailenson construyó este laboratorio para demostrar que la gente no puede evitar responder a los mundos virtuales como si fueran reales. Si un laboratorio científico tradicional es un universo en miniatura y autocontenido donde podemos modificar una variable dentro de un sistema físico y observar los resultados, Bailenson descubrió que en un laboratorio virtual podemos experimentar con sistemas sociales. Tanto él como sus alumnos utilizan la realidad virtual para crear avatares con aspecto humano a los que pueden cambiarles la voz, el género, la raza, la estatura o casi cualquier otro rasgo para observar cómo esos cambios afectan la conducta humana y la toma de decisiones. (Otros investigadores están utilizando mundos virtuales como Second Life y World of Warcraft como sitios de trabajo de campo antropológico: estudian cómo funciona el comportamiento social y económico cuando uno puede convertirse, por así decirlo, en el Yeti o en un mago de mil años.) Bailenson y sus discípulos han descubierto reglas generales que hacen que los políticos parezcan más confiables, los maestros virtuales más autoritarios y convincentes, el ejercicio físico más atrayente, y el impulso de autoconservación más instintivo. Incluso han imaginado cómo usar los avatares para cambiar la percepción que cada uno de nosotros tiene de sí mismo.

Algunos de estos primeros experimentos usaron software *morphing*[2] para medir el impacto de la similitud visual en la evaluación social. Este software permite crear una imagen de aspecto realista mezclando fotos de distintas personas. En la vida real, el parecido visual resulta tranquilizador para la mayoría de las personas: es probable que tomemos más en serio, supongamos más dignas de confianza y consideremos más atractivas a las personas que se parecen a nosotros. Bailenson y sus colegas querían saber si responderíamos del mismo modo a personajes virtuales creados a nuestra imagen y semejanza... y si advertiríamos o no la manipulación. En uno de los experimentos se le mostraba al sujeto una foto no modificada de un político y otra manipulada digitalmente que incluía rasgos de la cara del sujeto observador. En otro experimento, se les mostraba a los cuatro integrantes de un grupo la imagen de alguien cuyo rostro era una mezcla de sus caras y se les comunicaba algo que supuestamente había dicho esa persona.

¿Cómo respondieron los participantes? El sujeto del primer experimento dijo que la imagen digitalmente modificada del político les parecía más atractiva (cabe señalar que los partidarios del político de marras se dejaron conmover menos que los independientes por los cambios digitales). Del mismo modo, los miembros del grupo calificaron los argumentos provenientes de la "persona" que era una mezcla de todos ellos como más persuasivos que los argumentos provenientes de una persona real que no se parecía a ninguno. Por increíble que parezca, casi nadie se dio cuenta de que las imágenes habían sido manipuladas. Ni siquiera los estudiantes de Stanford, expertos en tecnología, advirtieron que la imagen que les estaban mostrando había sido modificada digitalmente. Dijeron que el político les resultaba familiar, o que se parecía a algún pariente.

Después de estos resultados, Bailenson y el estudiante graduado Nick Yee quisieron averiguar si esas modificaciones funcionarían durante interacciones en vivo. Es mucho más difícil crear una imagen virtual animada que modificar una foto, pero en los tiempos que corren, gracias a las cámaras web baratas, el software de reconocimiento facial y las computadoras veloces, ya no lo es TANTO. Bailenson y Yee desarrollaron un sistema para crear una representación virtual de un sujeto experimental que pudiera ser actualizada en tiempo real utilizando cámaras y software de reconocimiento de imagen para seguir las expresiones faciales, los movimientos oculares, la voz, etc. Cuando el sujeto del experimento mira esa representación virtual ve una inquietante versión animada de sí mismo, un avatar que se mueve cuando él se mueve, que mira cuando él mira, y que habla con su voz. Es como mirarse al espejo.

Para uno de los nuevos experimentos crearon una sala de conferencias virtual, con su correspondiente conferencista virtual. Los buenos oradores establecen contacto visual con el público, pero en el mundo real un orador jamás puede mirar a más de una persona por vez. Bailenson manipuló el ámbito de manera tal que, independientemente de lo que hiciera el conferencista, cada espectador viera a su avatar estableciendo contacto visual permanentemente con él, en vez de mirar a otras personas a su alrededor, sus notas o su laptop. (Imagine un discurso televisado de un político magistral como Ronald Reagan, que tenía el poder de dar a millones de espectadores la impresión de que los estaba mirando directo a los ojos y hablando solo con ellos.) Los sujetos calificaron como más convincente al profesor virtual que los miraba que al que no lo hacía... y, una vez más, no pudieron detectar la manipulación.

El próximo paso fue alterar el sistema. Modificando algunas conexiones virtuales, Bailenson y su colega hicieron que el avatar imitara el comportamiento de cualquiera: imagine no un espejo que refleja su imagen, sino un espejo que muestra a otro haciendo exactamente lo mismo que hace usted. También alteraron el sistema para que el avatar no imitara absolutamente todo: por ejemplo, copiaba los gestos y las expresiones faciales, pero no movía la boca cuando el sujeto hablaba. Por último introdujeron una demora temporal, de modo tal que el avatar no pudiera copiar instantáneamente los gestos del sujeto y tuviera que esperar un par de segundos. Luego sentaron a varias personas frente a una pantalla gigante con una versión tamaño natural de un avatar y las enfocaron con cámaras. El avatar les leyó el mismo discurso, que duraba cuatro minutos, a todos y cada uno de los participantes. La mitad del tiempo reflejó las expresiones faciales y los movimientos de cada espectador con cuatro segundos de retraso; el resto del tiempo, no. Los discursos leídos por los avatares que "reflejaban" a los espectadores tuvieron más aceptación que los discursos leídos por los avatares menos interactivos. Los resultados del experimento fueron una brillante confirmación del "efecto camaleón": la idea de que la imitación o el reflejo de nuestras expresiones o rasgos faciales afecta de manera sutil pero no obstante poderosa nuestra opinión acerca de la capacidad de persuasión, la solicitud y el atractivo de otras personas.

Hace ya varias décadas el psicólogo Daryl Bem observó que la actitud que las personas tienen hacia sí mismas es definida, en parte, por lo que creen que los otros piensan de ellas. Las personas se sienten más sagaces e imaginativas cuando visten de negro, mientras que los que usan trajes tienden a actuar más profesionalmente: eso se debe a que ven a otras personas vestidas de negro en las galerías de arte y a que la gente que trabaja en oficinas usa traje. Bailenson y Yee, hoy investigador científico al servicio de Xerox PARC, descubrieron que cuando nuestro avatar es alto o apuesto nosotros nos comportamos con mayor confianza, somos más agresivos en las negociaciones y actuamos más amigablemente que cuando nuestro avatar reproduce la estatura de un enano o un duende. La altura y la belleza física nos dan confianza porque suponemos que son atractivas para los otros. Y no es necesario experimentar largas horas con el avatar para comprobarlo: Yee y Bailenson observaron cambios de comportamiento "drásticos y casi instantáneos" cuando los sujetos de experimentación se veían más altos o más bellos.

Pero estas modificaciones en la conducta no solo afectan el presente inmediato. Otros miembros del laboratorio han examinado cómo las versiones virtuales de nuestra persona pueden modificar lo que pensamos incluso sobre nuestro yo *futuro* y, por ende, cambiar nuestra conducta en el presente.

Cuando no encendemos la cafetera automática antes de irnos a acostar beneficiamos a nuestro yo presente, a la persona que somos en ese preciso instante. Tal vez estamos cansados y solo queremos irnos a dormir. El problema es que lo hacemos a expensas de nuestro yo futuro: la persona que seremos mañana tendrá que preparar el café. Todo el tiempo hacemos esta clase de cosas: gastamos dinero que podríamos ahorrar para cuando nos jubilemos, miramos televisión cuando tendríamos que estar estudiando, etcétera. Y si bien sabemos que sacrificarnos por el futuro es coherente con nuestros intereses a largo plazo, a menudo encontramos razones para no hacerlo.

Muchas veces los beneficios de hacer algo aquí y ahora son muy claros, mientras que los beneficios de sacrificarnos por nuestro futuro son inciertos. Si gasto mi dinero ahora, consigo lo que quiero; si lo ahorro quizás tenga más dinero cuando me jubile... pero también cabe la posibilidad de que la economía naufrague y yo pierda todo. La tangibilidad de la recompensa presente versus el valor incierto del sacrificio, combinados con nuestra grandiosa capacidad de racionalización, hace que encontremos justificaciones geniales para nuestro afán de vivir el momento a expensas del futuro. Sentado en el restaurante puedo pensar para mis adentros: *Si como cada vez menos y hago ejercicios sin parar durante todo el año, podría parecerme a Tom Cruise.* Y cuando llega la carta de los postres puedo decirme: *Iré al gimnasio mañana y bajaré el postre haciendo abdominales.* Y por si esto fuera poco, siempre cabe la posibilidad de que mi Yo de la Semana que Viene quiera comerse un kilo de helado de chocolate, lo cual significaría que ahora estaría sacrificándome en vano. Y de ser así, mi Yo del Año que Viene será inexorablemente gordo. Por lo tanto, para mis adentros *odio a mi Yo de la Semana que Viene y no voy a permitir que se burle de nosotros.* Pero mientras tanto pregunto: ¿De qué sabor es esa cheesecake, camarero?

Podría haberme acercado un poquito más a mi peso ideal de haberme restringido, pero competir con un postre real es casi imposible para los progresos saludables imaginarios. El ejercicio físico presenta un desafío similar: es más fácil imaginar el placer que sentimos comiendo palomitas de maíz mientras miramos una película que imaginar la satisfacción que eventualmente obtendremos si logramos correr diez kilómetros en cuarenta minutos.

Jesse Fox se dedica a estudiar cómo los avatares de la realidad virtual pueden ayudarnos a alcanzar esos beneficios a largo plazo tan difíciles de imaginar. Su trabajo es una caja de sorpresas, empezando por el hecho de ser conducido por una autoproclamada "abstemia" de las redes sociales para quien los libros son más apasionantes que los videojuegos. "Ni siquiera tenía computadora hasta que empecé el doctorado en Stanford", me dice desde su laboratorio en la Universidad de Ohio, donde actualmente se desempeña como profesora. "Nunca me gustó la televisión, si vamos al caso. Pero ahora tengo que dar una clase sobre videojuegos y me veo obligada a jugar *LA Noir.*"Tampoco tiene cuenta de Facebook y al respecto nos comenta, sin un dejo de sarcasmo, que en la universidad tuvo "la *maravillosa* experiencia de ser socialmente excluida a raíz de ello".

Pero Jesse sabe cómo transformar en virtud su falta de fascinación fanboy[3] con la tecnología. Porque ese desapego le permite focalizarse en las personas y en sus interacciones con la tecnología en vez de concentrarse pasionalmente en el hardware. Uno de sus últimos proyectos de investigación estudia cómo el estar en Facebook o abstenerse de hacerlo afecta nuestra vida social.

Si bien no era una tecnófila por naturaleza cuando se unió al Virtual Human Interaction Lab, Fox tenía interés en "usar los equipos de última generación para hacer del mundo un lugar mejor". Como atleta y preparadora física de larga data, también estaba familiarizada con los desafíos que debemos afrontar cuando iniciamos un programa de entrenamiento físico. Así, para defender su tesis de doctorado en Stanford, ideó una serie de experimentos para comprobar si el feedback o retroalimentación virtual podía estimular a la gente a hacer más actividad física.

Primero construyó una sala virtual como la que visité y diseñó un test para comprobar si ver a un avatar haciendo gimnasia estimulaba a las personas a hacer ejercicio físico durante más tiempo o con mayor regularidad. Fox creó dos conjuntos de avatares: uno con figuras de aspecto genérico y otro con figuras que se parecían a los estudiantes que participarían en el experimento. Cuando los estudiantes se pusieron el casco, el primer grupo vio a sus avatares corriendo en la cinta, el segundo los vio parados y el tercero vio correr a otros. En su seguimiento de los participantes, Fox descubrió que "aquellos que se vieron correr se sintieron motivados para hacer actividad física, en promedio, durante una *hora* más que los otros. Salieron a correr, jugaron al fútbol o hicieron pesas en el gimnasio". Incluso en un campus universitario donde los estudiantes tienen acceso a facilidades olímpicas y pueden ejercitarse durante todo el año, ver al yo virtual haciendo ejercicio tuvo un gran impacto sobre su conducta.

Fox se preguntó enseguida: ¿podría aumentarse el efecto mostrando los resultados del ejercicio y de la inactividad? Uno de los problemas del ejercicio físico y de la dieta es que al principio son puro sufrimiento e incomodidad, lo cual hace que sea más fácil abandonarlos antes de que la recompensa por el esfuerzo sea visible. Fox diseñó un segundo experimento en el que los participantes veían cómo adelgazaban sus avatares mientras corrían o cómo engordaban si se quedaban inmóviles; en otras palabras, ofrecía estímulos positivos y negativos haciendo visibles en pocos segundos los resultados de un programa de ejercicios físicos de larga duración. Otro grupo de participantes vio esos mismos efectos rápidos sobre otras personas. "No importaba si los amenazábamos con aumentar de peso o los recompensábamos con perder grasa", descubrió Fox. "La gente hacía más ejercicio cuando se veía en la pantalla que cuando veía un avatar aleatorio."

¿Por qué es tan eficaz ver el propio yo virtual? En la última prueba, Fox volvió a colocar a los sujetos en el gimnasio virtual, pero esta vez los conectó a aparatos especializados para medir el ritmo cardíaco y otros efectos físicos mientras observaban a su yo virtual. "El hecho de vernos haciendo ejercicio físico en el plano virtual produce una excitación fisiológica que nos motiva a ejercitarnos en la vida real", descubrió Fox. "De hecho, las personas transpiran más cuando se ven a sí mismas corriendo que cuando ven a otros."

Sonaba bastante parecido a la mona cyborg de Miguel Nicolelis, pero al revés. En vez de controlar un yo virtual con sus mentes, como la mona *Rhesus* que caminando por la cinta controlaba a un robot, los sujetos del experimento de Fox eran influidos por un yo virtual que contribuía a hacer que los futuros beneficios del ejercicio físico, de por sí inciertos y abstractos, parecieran más tangibles.

La mayoría de nosotros tenemos muchas dificultades para imaginar nuestro yo más viejo de una manera realista. Cuando yo era joven no tenía ningún problema en imaginarme agradeciendo a mi esposa supermodelo durante mi discurso de aceptación del Premio Nobel, pero me parecía ridículo imaginar que algún día cumpliría cuarenta años. Uno de los actos de perversidad más inspirados de nuestra Madre Naturaleza fue otorgarnos una imaginación maravillosa para conjurar hazañas extravagantes, como reemplazar a Keith Richards en la próxima gira de los Rolling Stones o pilotear un caza X-wing sobre la superficie de la Estrella de la Muerte, pero incapaz de imaginar lo absolutamente inevitable, como por ejemplo el proceso de envejecimiento. Como lo ha dejado en claro el filósofo de la Universidad de Oxford Derek Parfit, si contemplamos a nuestro futuro yo como si fuera un extraño, seremos renuentes a sacrificarnos en su beneficio y tenderemos a anteponer nuestros deseos actuales a nuestras futuras necesidades. En el plano abstracto, sé que cuando me jubile querré continuar viviendo tan bien como vivo ahora; pero es difícil actuar en pos de ese objetivo si mi yo futuro es todavía más abstracto.

Los estudios de Fox vuelven más tangibles las virtudes del ejercicio físico, pero cabe recordar que el yo virtual que cada participante vio en los experimentos no era una versión más vieja de sí mismo sino, por el contrario, una más atlética. Actualmente Fox ha unido fuerzas con Grace Ahn, una alumna de Stanford que ahora da clases en la Universidad de Georgia, para comprobar cómo el encuentro con un yo virtual más viejo –la persona que seremos dentro de veinte años– puede ayudarnos a tomar mejores decisiones en el presente. El nuevo experimento coloca a los estudiantes en un medioambiente virtual equipado con un espejo que "refleja" un avatar cuyo aspecto envejecido muestra los efectos a largo plazo de la sobreexposición al sol para la piel humana. "Si el sujeto se ve expuesto al sol, y luego ve cómo su avatar envejece excesivamente debido a ello, será una intervención poderosa", explica Ahn. "En el caso de estos chicos que ni siquiera pueden imaginarse con 21 años, verse con una complexión desagradable y la piel llena de manchas puede tener un efecto positivo sobre su conducta."

El psicólogo Hal Hershfield quiere saber si conocer a nuestro yo virtual más viejo puede estimularnos a tomar decisiones que beneficien a nuestro yo futuro a expensas del yo actual. Al igual que Fox, Hershfield no se identifica como un fanático ni como un cultor de la tecnología. "Crecí con el Nintendo y el Super Nintendo", dice, "pero no tuve ninguna experiencia inmersiva en los videojuegos ni tampoco ninguna experiencia inmersiva en el mundo virtual antes de acercarme al VHIL". Pero Hershfield no era exactamente ajeno al uso de tecnologías interesantes para elucidar los misterios de la toma intertemporal de decisiones. En sus investigaciones iniciales utilizó técnicas de neuroimagen para comparar las partes del cerebro que usamos para imaginar nuestro yo futuro con aquellas que usamos para imaginar a los extraños. Y llegó a la conclusión de que, si Derek Parfit está en lo cierto y realmente observamos a nuestro yo futuro como si fuera un extraño, "cuando pensemos en el yo futuro veremos los mismos patrones neurales que vemos cuando pensamos en una persona del futuro". Y resulta que, efectivamente, es así.

Los resultados dejaron pensando a Hershfield. Entonces, ¿qué ocurriría si tuviéramos acceso a representaciones más vívidas de nuestro yo futuro? Imaginar nuestro yo más viejo es una cosa; verlo mirándonos a los ojos es otra muy diferente. Comentó la idea en una reunión con sus colegas "y alguien dijo 'Oh, en el campus hay un laboratorio de RV'. Así que le envié un mensaje de correo electrónico a Jeremy [Bailenson] explicándole cuál era mi trabajo, y la cosa empezó desde allí. Puedo decir que estuve en el lugar indicado en el momento correcto".

En su primer experimento, Hershfield hizo interactuar a los participantes alternativamente con un avatar envejecido de sí mismos y con la versión actual. Los sujetos se colocaban el casco de RV y veían una habitación virtual. Una vez que se acostumbraban a "estar en" la habitación –algunas personas necesitan un tiempo para experimentar con las antiparras y deben girar varias veces la cabeza hacia ambos lados hasta hacer que la ilusión parezca real– tenían que mirar un espejo virtual colgado de una pared que les devolvía una versión envejecida o no envejecida de sí mismos mirándolos a los ojos. (Hershfield les había tomado fotos y, utilizando un algoritmo de progresión etaria, había creado una versión más vieja de los sujetos lo más realista posible.) El avatar copiaba los movimientos y los gestos de los sujetos, tal como lo haría la imagen del espejo. Los sujetos debían mirar su imagen reflejada mientras respondían algunas preguntas que "los llevarían a identificarse con lo que estaban viendo". A diferencia del experimento de Fox, los sujetos no solo estaban viendo una versión más vieja de sí mismos; además estaban siendo estimulados a ser, aunque solo fuera por unos minutos, su yo más viejo.

Cuando salían de la habitación virtual debían responder la siguiente pregunta: si recibieran mil dólares y pudieran gastar una parte y ahorrar otra, ¿cómo los dividirían? Estas "tareas de adjudicación de dinero" son una estrategia bastante común para medir cuánto valoramos nuestro yo presente versus nuestro yo futuro: cuanto más dinero decidimos ahorrar, más orientados hacia el futuro estamos. En este caso, fue una buena manera de medir cómo la visión del yo envejecido afectaba los sentimientos de los participantes hacia su yo futuro. Hershfield descubrió que "los que habían visto su yo futuro invirtieron dos veces más en sus fondos jubilatorios" que aquellos que solo vieron su yo presente.

Ahora bien: ¿los sujetos realmente estaban pensando en su yo futuro cuando hicieron sus elecciones? ¿O fueron inducidos a pensar en la vejez en líneas generales? Para responder a estas preguntas los sujetos volvieron a ingresar en la habitación virtual, pero esta vez vieron su yo envejecido digitalizado o bien a otra persona de edad provecta. Si solo hubieran respondido a estímulos relacionados con la edad avanzada, todos hubieran adjudicado el dinero de la misma manera. Por el contrario, los que vieron su *propio* yo futuro decidieron ahorrar más que los otros.

En un experimento final, conducido junto con los profesores de psicología Dan Goldstein y Bill Sharpe, Hershfield pasó del mundo inmersivo de la realidad virtual al mundo de atención fragmentada de la World Wide Web. Diseñaron cinco páginas Web, similares a las que usan los empleados para solicitar sus beneficios jubilatorios, dotadas de una barra deslizante que los participantes utilizaron para adjudicar parte de su sueldo al fondo jubilatorio. Dos de las páginas mostraban imágenes del yo actual o del yo futuro de los participantes, que "modificaban su expresión emocional según cómo se adjudicaba el dinero": sonreían si la suma era alta y fruncían el ceño si era baja. Otra de las páginas mostraba una imagen del yo futuro o del yo actual cuya expresión no cambiaba, "para asegurarnos de que los participantes no anduvieran a la caza de sonrisas". La quinta página también tenía barras deslizantes, pero en ella no aparecía ninguna cara. Una vez más, los sujetos que vieron su propio yo envejecido adjudicaron más dinero al fondo jubilatorio sin dar importancia a la respuesta o falta de respuesta de la cara virtual. También hubo poca diferencia entre aquellos que vieron su yo actual y los que no vieron ninguna imagen. Ver la imagen proyectada de nuestra cara actual no surte efecto, especula Hershfield, porque generalmente "estamos pensando en el presente".

Cuando por fin llego al final de la plancha en el laboratorio virtual, doy media vuelta para volver a cruzarla. Me habían hablado de los agorafóbicos que ni siquiera se atreven a pisar la plancha y de otros que gritan y se estremecen al caer. Pero, maldita sea, yo no sería uno de ellos. Sin embargo, después de haber dado uno o dos pasos, tropiezo y siento un rush de adrenalina mientras lucho por no caer irremediablemente al pozo. La parte racional de mi cerebro sabe que es absurdo, que en realidad estoy parado sobre un piso alfombrado que no ha sufrido ningún cambio. Pero mi corazón que late desbocado y mis manos trémulas dicen otra cosa. No puedo evitar creer en mis ojos, que mienten.

Entonces ocurre algo que me perturba. Me doy cuenta de que no es del todo correcto decir que la realidad virtual funciona porque supera a nuestro cerebro racional o porque inocula un alimento digital en nuestro sistema nervioso. Se parece más al teatro: si "funciona" conmigo es porque yo mismo permito que funcione.

Grace Ahn explica que la realidad virtual triunfa debido a dos fenómenos que, en cierto modo, le son propios: la inmersión y la presencia. La inmersión se crea mediante sonido estéreo, iluminación, atención al detalle y seguimiento naturalista. El laboratorio concreto, con su vasto despliegue de tecnologías, es un gran monumento a la inmersión. La presencia, la sensación de presencia, por contraste, es "la *creencia* en que ese ambiente virtual es real", dice Ahn. "Lo virtual no es otra cosa que una ilusión visual que la gente está dispuesta a creer." En palabras de Jesse Fox: "La presencia está en la mente". Si bien yo jamás lo había pensado así, Fox y Ahn sostienen firmemente que la realidad virtual no es algo creado por la tecnología y consumido por los usuarios. Es, en cambio, una cocreación entre la tecnología y los usuarios.

"No es que la gente no comprenda que [lo que está viendo y sintiendo] no es real, sino que [lo que la gente está viendo y sintiendo] es lo suficientemente realista como para que suspenda voluntariamente el descreimiento y abrace la idea de que es real", dice Ahn. A determinado nivel "uno entiende que es pura simulación, pero está dispuesto a aceptar que su experiencia virtual es lo suficientemente real como para aprender algo de ella".

La experiencia anterior, la capacidad de focalizarse en el instante digital y los hábitos de concentración determinan cuánta presencia experimentará –o no– cada usuario. Tras haber realizado varios experimentos, Fox afirma: "Hubo gente que vino a decirme 'VR es una mierda. Call of Duty es muchísimo más realista." Para los videojugadores, la sensación de estar realmente inmersos y presentes en un mundo virtual depende de que queden absortos en una acción o tarea. Comprendo de inmediato la crítica de los videojugadores: yo juego a Mario Kart en el Nintendo Wii de mis hijos y soy muy bueno en eso porque puedo bloquear por completo todo lo que me rodea y focalizarme, también por completo, en el camino que tengo delante. La realidad virtual es poderosa cuando los ojos, la mente, el cuerpo y la tecnología están profundamente entrelazados. La tecnología aporta lo virtual, pero nosotros aportamos la realidad.

* * * * *

La realidad virtual ofrece un claro ejemplo de lo poderoso que es el entrelazamiento cuando funciona bien. En caso contrario, el entrelazamiento puede llevarnos a cuestionar nuestra propia inteligencia.

Una mañana como tantas otras, se interrumpió la comunicación entre mi iPad y mi teclado Bluetooth. Volver a conectarlos tendría que haber sido una operación sencilla y directa: solo debía asegurarme de que el teclado esuviera encendido (tiene un botón on/off en un costado) y luego encender el Bluetooth del iPad y pedirle que se conectara con el teclado. Normalmente se encuentran sin dificultad, pero esa vez no.

Yo no estaba seguro de dónde podía estar la falla. Si estaba en el teclado, ¿serían las baterías? ¿La antena? ¿Un problema mecánico? El teclado no podía decirme nada al respecto: tiene una sola lucecita verde (en realidad, un láser diminuto) que brilla (dispara) cuando uno presiona el botón on. Yo puedo ver si está encendido o apagado, pero el teclado no puede decirme que está roto (en caso de que efectivamente lo esté). Cambio las baterías y reinicio el teclado. Todo sigue igual. Retiro las baterías nuevas y las PRUEBO, por si acaso. Funcionan bien. ¿Entonces tal vez será un problema de antena? Pero, un momento... ¿cuál antena, la del teclado o la del iPad? Traigo mi iPhone (sí, ya lo sé), lo conecto a Bluetooth... y encuentra el teclado. Eso indica que el problema está en el iPad. Pocos segundos después, el teclado se desconecta de mi iPhone. La duda persiste.

Paso uno o dos minutos apretando el botón on/off del teclado: lo veo aparecer en la lista de dispositivos disponibles en mi iPad para enseguida desaparecer. Me pregunto si habrá algo en el medioambiente que está interfiriendo con la señal. Pero no sabría cómo detectar esa clase de interferencia, ni mucho menos cómo resolverla. Es algo tan ajeno a mí como hablar de los gremlins.

"No tengo tiempo para esto" es mi pensamiento recurrente, con variaciones del tipo "la tecnología es estúpida" y "debo estar pasando por alto algo realmente simple, porque esto siempre ha funcionado bien". Al mismo tiempo, me doy cuenta de que este episodio es un claro y flagrante ejemplo de cómo las fallas de la tecnología nos hacen sentir estúpidos. Hasta que no resolvemos el problema –o, peor aún, hasta que el problema no se autoresuelve de manera espontánea y misteriosa– no podemos estar seguros de cuál es la causa del error: si es el aparato, si es el subsistema o si somos nosotros.

Problemas como este provocan frustración porque las tecnologías de la información son oscurantistas. Las compañías quieren fabricar productos que parezcan "fáciles de usar", pero eso casi siempre es sinónimo de ocultar inmensas complejidades tras una carcasa de aluminio reluciente y cristal polarizado. Eso hace que sea más difícil comprender qué es lo que anda mal, deducir con qué clase de problema nos enfrentamos, y aprender lo suficiente para poder resolverlo la próxima vez.

El oscurantismo se torna más problemático en la medida en que las tecnologías se vuelven más complejas. El sociólogo de Yale Charles Perrow ha afirmado que catástrofes como la explosión del Challenger no son causadas por lapsus paralizadores del juicio profesional o fallas técnicas que "ocurren una sola vez en la vida"; en los aterradores términos de Perrow, son "accidentes normales". Los sistemas estrechamente acoplados, altamente interdependientes, fallan de manera catastrófica cuando los cambios menores y los errores cotidianos devienen impredeciblemente, en cascada, en problemas masivos. La incapacidad repentina de mi teclado para comunicarse con mi iPad no fue un problema grave, pero cuando uno vive rodeado de tecnologías de la información, pasa mucho tiempo interactuando con ellas o interactuando con el mundo a través de ellas, está permanentemente expuesto a esas imprevistas fallas menores sumamente molestas.

Las interrupciones como esta no son necesariamente más difíciles de resolver que otras clases de problemas técnicos que nos afectan, pero dado que obstaculizan el flujo de trabajo y concentración, resultan dolorosamente memorables. La doctora en computación Helena Mentis descubrió que recordamos con fastidio o impotencia una respuesta lenta a un comando, un pop-up que nos distrae de una página Web y otros varios ejemplos de lo que el diseñador de interfaces Alan Cooper denominó "detener los procedimientos con idiocia" mucho más que otras clases de problemas. Si usted tiene un problema para iniciar su computadora, es probable que responda de manera diferente que si, después de haber trabajado durante horas contra reloj para cumplir con una fecha límite, pulsa "Imprimir"... y no ocurre nada.

Una hora más tarde, el teclado volvió a funcionar repentinamente. Todavía no he logrado averiguar por qué.

* * * * *

Las computadoras tienen otras maneras de hacernos sentir lelos. Hace ya mucho tiempo que los humanos asociamos la inteligencia con la velocidad. A manera de elogio, decimos que alguien es "más veloz que la luz" o que "aprende rápido"; por cierto, no es ningún cumplido decirle a alguien que es "lento". De acuerdo con este estándar, las computadoras tienen una ventaja decisiva sobre los humanos. Pueden hacer sin esfuerzo y casi instantáneamente cosas que a nosotros nos resultan muy arduas. Ya son veloces de por sí, y van a ser cada día más rápidas, más baratas y más poderosas; nosotros, en cambio, seguiremos equipados con el mismo cerebro que nuestros ancestros moradores de cavernas y blandidores de hachas. El futuro de la inteligencia de la computadora parece ilimitado, mientras que el futuro de la inteligencia humana (sin ayuda de la ingeniería genética o las drogas que estimulan la actividad cerebral, por supuesto) parece trunco.

También nos dicen que están surgiendo nuevas formas de inteligencia digital. El aluvión de robots y programas de computadora demuestra el poder del comportamiento emergente, la capacidad de un gran número de agentes semi-inteligentes para crear sistemas muy inteligentes. La colaboración abierta distribuida (*crowdsourcing*, en inglés), Wikipedia y los mercados de predicción[4] son la punta del iceberg de esa inteligencia colectiva completamente nueva, de alcance global y dotada de un potencial literalmente sobrehumano, que está emergiendo en la Web.

El pionero de la realidad virtual Jaron Lanier arguye que, en nuestro afán de perseguir tecnologías y proyectos de colaboración abierta distribuida, hemos recalibrado accidentalmente nuestras ideas acerca del trabajo humano y de la importancia humana. "Las personas se degradan para hacer que las máquinas parezcan inteligentes", afirma Lanier. Por ejemplo, la habilidad del Mechanical Turk (MecT) de Amazon, que permite a las empresas delegar en terceros grandes cantidades de tareas menores y simples –por ejemplo, describir los contenidos de una imagen–, crea el supuesto de que el valor de los seres humanos radica en que sean numerosos y flexibles, no inteligentes. Wikipedia omite las identidades de los autores, insiste Lanier, "para dotar a los textos de capacidad sobrehumana" y crear la ilusión de que el conocimiento emerge espontáneamente del colectivo. Incluso sistemas como Innocentive, a través de los cuales las empresas ofrecen recompensas por soluciones de problemas técnicos, se describen como portadores de la "sabiduría de la multitud" en vez de decir claramente lo que son: mercados donde las empresas con problemas inusuales pueden encontrar expertos con conocimientos únicos.

Este recalibramiento también se hace evidente en los debates sobre el futuro. *The Singularity is Near*, de Ray Kurzweil, predice que pronto tendremos computadoras que igualarán o superarán la inteligencia humana y formarán redes de "inteligencia no biológica" cuyo poder "excederá con creces la inteligencia biológica hacia mediados de la década de 2040". A los que dicen que las computadoras nunca podrán pensar como los humanos, Kurzweil les responde que, si bien *Hamlet* y *Rubber Soul* son obras grandiosas, la mayor parte del "pensamiento humano es derivativo, menor y circunscripto". Más aún, "el pensamiento biológico humano está limitado" por las características del cerebro humano, que tiene "conexiones interneuronales muy lentas". Los humanos podemos juguetear en los márgenes gracias a la ingeniería genética, pero el futuro verdadero está en las interfaces cerebro-computadora[5]. Nuestros hijos y nuestros nietos, sostiene Kurzweil, tendrán nano-robots[6] en sus cerebros que conectarán las unidades biológicas de procesamiento a sus primas silicónicas y espintrónicas. En el futuro, los humanos descargaremos nuestros recuerdos en la Nube con la misma naturalidad con que ahora los volcamos en el papel, las visitas a los medioambientes virtuales serán tan reales como ir a comprar pan a la esquina, y fundir nuestros recuerdos de toda una vida y nuestros sentimientos con los de otra persona no será más que otra forma de conversación. Nuestros descendientes unirán "pensamiento y existencia biológicos" con tecnologías de punta, pero no experimentarán la Singularidad como una enajenación masiva, desgarradora. Los humanos no mirarán a su alrededor para ver lo que ocurre. En cambio, mirarán hacia adentro y sentirán qué ocurre.

Gordon Bell predice que los "recuerdos personales electrónicos" transformarán nuestra manera de recordar. Durante casi toda la década pasada, Bell fue sujeto de experimentación del proyecto MyLifeBits, un auto-experimento que aspira a capturar virtualmente cada instante de su vida (excepto cuando duerme). Bell escanea o fotografía los documentos que va encontrando y usa una pequeña cámara llamada SenseCam que toma fotos durante todo el día. La base de datos también incluye material de sus primeros años en un pueblito de Missouri durante la Depresión, la tienda de electrodomésticos familiar donde aprendió los rudimentos de la electrónica, sus años en el MIT dedicados al estudio del entonces novel campo de las ciencias de la computación, las dos décadas que pasó trabajando en Digital Electronics Corporation y, más recientemente, su trabajo en Microsoft Research, empresa a la que se incorporó en 1995.

"La mayoría de los humanos vamos camino a tercerizar nuestros cerebros en alguna forma de memoria electrónica", afirma al unísono con su colega Jim Gemmell. Y MyLifeBits aspira a descifrar qué significará eso. Cámaras web, cámaras en teléfonos celulares, cámaras de video, grabadores de audio, aparatos de GPS... todos son asombrosamente baratos y nos permiten documentar prácticamente cada segundo de nuestras vidas. Almacenar toda esa información es tan barato actualmente, que hasta podría decirse que es más caro eliminar algún ítem que conservarlos todos. Y la memoria digital es asombrosamente precisa. Compare su propio recuerdo de un evento con una grabación de ese mismo evento y probablemente se deprimirá al ver cuántas cosas ha olvidado: *Ah, ¿ella también había ido? No recuerdo a la banda tocando esa canción,* pensará usted. O, mediante una estrategia diferente pero no por ello menos deprimente, compare su recuerdo del último movimiento de su cuenta bancaria o su tarjeta de crédito con la información online al respecto. Verá que en algún lugar del vasto orbe hay una computadora que conoce los detalles de su historia financiera muchísimo mejor que usted. Las computadoras recuerdan las contraseñas que usted olvida, las citas que no recuerda haber pactado, y pueden recordar series aleatorias de letras y números con la misma facilidad con que usted recuerda su propio nombre. Realmente no hay punto de comparación entre sus memorias estables y digitalmente precisas y nuestra frágil, olvidadiza memoria humana.

Pero estas comparaciones oscurecen el hecho de que la inteligencia de la computadora y la inteligencia humana son en realidad lo suficientemente diferentes entre sí como para que cualquier comparación directa resulte engañosa. En primer lugar, hay muchísimas clases de inteligencia. Nuestras capacidades de reconocer caras, detectar patrones, usar el lenguaje, vivir situaciones sociales, responder a emociones y hacer miles de otras cosas son formas de "inteligencia", pero son un poco diferentes entre sí e incluso emplean distintas partes del cerebro. La correlación de inteligencia y velocidad también es engañosa. Los artistas visuales pueden pasar meses dedicados a una misma pintura (a veces abocados a detalles ínfimos que dan a sus obras cierta chispa de frescura e improvisación), los escritores pueden trabajar años en un mismo libro y las teorías científicas suelen ser fruto de una mezcla de inspiración veloz como el rayo y décadas de investigación. Por último, la inteligencia humana no está tan constreñida por la biología como Kurzweil pretende hacernos creer. No nos volvemos más inteligentes a raíz de cambios producidos en la estructura básica del cerebro; nos volvemos más inteligentes gracias a la evolución cultural.

La "memoria" humana es igualmente compleja. El concepto reúne y alberga una amplia variedad de procesos mentales: describe nuestra capacidad de recordar palabras que oímos hace cinco segundos, el lugar donde dejamos las llaves del auto anoche, el nombre de alguien que conocimos dos semanas atrás, la sensación de la piel de un amante una tarde en una playa tropical, las palabras de nuestra lengua materna, el ganador de la final del campeonato europeo en 1998 (Holanda le ganó a la URSS por dos a cero), a quién le pediríamos que averigüe en cuál restaurante del Barrio Chino preparan el mejor *dim sum*, nuestros años de facultad y así sucesivamente, *ad infinitum*. La memoria a corto plazo, la memoria visual, la memoria transaccional, la memoria episódica, la memoria a largo plazo, la memoria declarativa o explícita, los hechos, los eventos, los sustantivos, los verbos, los traumas, las impresiones, las imágenes, los sentimientos... son todas cosas que podemos recordar. Todas ellas involucran el pasado y utilizamos la palabra "memoria" para describirlas, pero allí termina su similitud. Y si bien nos impactan muchísimo las personas que pueden recordar un sinnúmero de hechos con memoria enciclopédica, la mayor parte de lo que entendemos por memoria no es mera información almacenada en el cerebro. "Memoria" es un sustantivo, pero también existe el verbo "memorizar"; en suma, la memoria es un proceso por el cual reconstruimos nuestro pasado, así como un patrón de información estable que conservamos para el futuro.

La flexibilidad de la memoria no es algo malo. Nos da la posibilidad de revisitar eventos, de tener una visión más madura de nuestro pasado, de dar otro sentido –probablemente mejor– a nuestras vidas mientras las vivimos. El olvido también puede ser constructivo. Para alguien que se ha recuperado de un desorden de estrés postraumático, la capacidad de no recordar la muerte de un amigo, la vulgar ambigüedad y la brutalidad de la contrainsurgencia, o el terror de estar en un avión alcanzado por la metralla a punto de caer sobre territorio enemigo es, antes bien, un triunfo. En nuestra vida diaria, la capacidad de olvidar la desestabilizadora sensación que nos producen los insultos y las intrusiones, los deslices y las cosas que nos avergüenzan, permite que se curen las viejas heridas. Una persona que todavía guarda rencor por un malentendido que ocurrió veinte años atrás no es admirada por su memoria asombrosa: es mucho más probable que la consideremos infantilmente incapaz de olvidar aquello que no vale la pena recordar.

La memoria y el olvido colectivos también tienen una dimensión social. En nuestra vida cotidiana, la memoria transaccional[7] reduce el costo cognitivo de recordar delegando ese trabajo en otras personas. Las naciones negocian activamente aquello que eligen recordar y destacar: los Estados frágiles pueden tomar la decisión de evitar reflexiones profundas sobre guerras o conflictos civiles recientes en pos de promover la unidad nacional y salir adelante. Por haberme criado en la capital del Sur Confederado, a la sombra de los monumentos a los generales de la Guerra de Secesión, soy consciente de que lo imperdonable, lo que no vale la pena recordar y lo que podemos tener la fuerza y la generosidad de olvidar está sujeto a negociación; y sé también que lo que vive en el recuerdo configura el presente. Hay formas de olvido que incluso poseen una dimensión legal. Durante mucho tiempo se creyó que nuestras acciones juveniles eran separables de la adultez y por lo tanto no la afectaban. Y además, la mayoría de las malas acciones tienen fecha de vencimiento: se supone que alguien que pasó un tiempo en la cárcel por haber cometido un crimen ha pagado su deuda con la sociedad.

La persistencia de la memoria digital conlleva el riesgo de reducir el arco temporal de estos procesos. Las computadoras son memoriosas indiscriminadas. Esa es una excelente propiedad cuando se trata del seguimiento de registros bancarios o de eventos subatómicos, pero puede ser problemática si se aplica al mundo de los asuntos humanos más complejos. Para los humanos, olvidar puede ser valioso a nivel psicológico, y hasta generoso. Para las computadoras, es lisa y llanamente un error.

Algunas de las memorias electrónicas más relevantes analizadas por Bell y Gemmell muestran que los registros digitales son a la memoria humana como la leña es al fuego: encienden la chispa, pero no son la cosa misma. MyLifeBits puede traer al presente contenidos de casi cualquier etapa o momento de la vida de Bell: desde sus fiestas de cumpleaños infantiles hasta la tarjeta personal de alguien que conoció durante una conferencia. Y él describe lo que ocurrió cuando en su protector de pantalla apareció la foto de su cumpleaños número cuatro. Varias décadas después y a miles de kilómetros de distancia, la fotografía inspiró una "avalancha de recuerdos": la torta, los niños que había invitado, la vecinita que le gustaba en secreto, el hijo del predicador presbiteriano que murió trágicamente poco después. Es algo rotundamente proustiano. Bell no tendría presente esa foto en su mundo cotidiano de no ser por el *lifelogging*[8]; pero lo que es igualmente notable es dónde se origina ese recuerdo que describe de manera tan vívida. Como la magdalena de Proust[9], la fotografía desencadena un raudal de asociaciones. Pero, así como la magdalena no contiene el recuerdo de las mañanas de infancia de Proust en Combray, la fotografía trae a la mente recuerdos que están dentro del propio Bell y no dentro del *lifelogging*. La fotografía no es una memoria humana: es una imagen almacenada en la "memoria" de una computadora que, para tener algún significado, necesita que el cerebro de Bell se lo dé. La memoria electrónica puede contribuir a mantener viva la memoria humana, pero eso no es lo mismo que remplazarla.

En el futuro, según especulan Bell y Gemmell, el software podrá crear avatares que incorporen los *lifelogs* de las personas, construir un perfil psicológico a partir de ese material y reproducir sus personalidades. La idea de construir avatares basados en *lifelogs* también plantea muchas preguntas y posibilidades intrigantes. ¿Cuál de todos los "usted" que existen sería ese avatar? ¿La persona que su esposa ve todos los días, la persona con la que tratan sus padres o la persona que ve su jefe? ¿Sería su versión de los veinte años, su versión de los cuarenta, o su versión de los cinco años?

En vez de pensarlas como competidores desleales, conviene ver las capacidades digitales y humanas como complementarias. Usted puede "recordar" en maneras que las computadoras no pueden; ellas pueden almacenar y recuperar información con mayor precisión de la que usted jamás podrá alcanzar. Usted tiene una capacidad para comprender la ambigüedad, para establecer conexiones novedosas y para imaginar que ninguna computadora puede igualar; ellas pueden trabajar con una precisión y una atención que usted nunca podría equiparar. Juntos pueden crear una mente extendida, fortalecida por la unión de capacidades diversas, no debilitada por interminables distracciones, complejidades inútiles y hábitos incuestionados.

* * * * *

Por lo general, las computadoras desafían indirectamente lo que pensamos de nosotros mismos. Sin embargo, ocasionalmente son diseñadas para modelar a sus usuarios. En algunos casos, según Morgan Ames, de la Universidad de Stanford, me explica mientras saboreamos un pho[10] vegetariano y unos arrolladitos primavera, las biografías de los programadores "tienen un efecto material sobre las computadoras". Nos hemos citado en un restaurante de moda en el centro de Palo Alto, el tipo de lugar donde los inversores angelicales[11] y los jóvenes CEO mantienen conversaciones carísimas sobre algoritmos de búsqueda e innovaciones disruptivas[12], para debatir cómo las historias de vida de los programadores afectan la configuración de las tecnologías. El lugar está abarrotado, pero ella se desplaza graciosamente entre las mesas. No es para asombrarse: su madre es profesora de danza y la propia Morgan fue una bailarina de salón que competía a nivel nacional hasta que se retiró de las pistas para concentrarse en su disertación sobre el programa Una Laptop Por Niño (*One Laptop Per Child* en inglés, u OLPC).

Creación dilecta del empresario del MIT Nicholas Negroponte, el programa OLPC pretende lanzar una revolución mundial en el aprendizaje. Su producto-emblema –tan práctico como un AK-47 y tan elocuente como la Declaración de la Independencia– es la XO, una laptop barata y lo suficientemente fuerte y duradera como para ser usada por niños de todo el mundo. Las XO serán lo bastante resistentes como para ser arrojadas en paracaídas y también fáciles de reparar, de modo que los propios niños puedan recomponerlas. Irán directo a los niños: al poner las XO directamente en sus manos y no bajo el control de las escuelas, explica Negroponte, los niños se sentirán libres de explorarlas sin las restricciones impuestas por los maestros y las estructuras formales. Así aprenderán a programar y desarrollarán sin obstáculo alguno el potencial transformador de la computación.

El programa OLPC refleja todo un conjunto de supuestos sobre cómo aprenden las personas y, más específicamente, sobre cómo aprenden a usar las computadoras, me explica Morgan. Está basado en la idea de que los grandes programadores son autodidactas: es decir que nadie les enseña. Al igual que muchos expertos y emprendedores independientes en computación, Negroponte cuenta su historia de descubrimiento de las computadoras más o menos en estos términos: *Cuando era chico la escuela me aburría. No tenía muchos amigos. Era un inadaptado sin aspiraciones. Entonces descubrí las computadoras y fue como si todo un mundo se abriera para mí. Cuando me sentaba y encendía la máquina, aparecía mi verdadero yo: aprendí a programar por mi propia cuenta y encontré algo que me apasionaba. No permití que mi indiferencia hacia la escuela me detuviera; en todo caso, aprendí que las limitaciones no son más que nuevos problemas a resolver. Me convertí en programador gracias a los miles de horas que pasé frente a la pantalla de la computadora.*

Lo más sorprendente de estas historias, prosigue Morgan, no es lo que dicen −"los científicos en computación no nacen, se hacen explorando individualmente las computadoras"− sino lo que callan. Los padres de muchos de los hackers que Morgan entrevistó eran científicos o ingenieros. Pero ellos casi siempre insisten en que no aprendieron nada en sus casas. E "incluso si se destacaron en la escuela", dice Morgan, con frecuencia recuerdan "haberla odiado y haberse enfrentado con sus maestros". Algunos de ellos llegaron a hackear las computadoras de sus escuelas, aunque con propósitos benignos. (Los cofundadores de Microsoft Bill Gates y Paul Allen, por citar un ejemplo, hackeaban el sistema de computación de su escuela secundaria para poder utilizar las computadoras sin límite de tiempo. Si peleaban por algo en la escuela, era por su derecho a aprender.) En esas historias de vida "todo lo importante ocurre entre el ingeniero y la máquina", prosigue Morgan. "Los valores familiares, los valores del hogar que establecen cómo debe ser el aprendizaje, cómo hay que aprender...

todo eso desaparece." Lo que surge es la idea del programador como un individuo absolutamente autodidacta y autosuficiente.

Esta ética del hacker solitario impregna el programa OLPC: por eso la computadora XO ha sido diseñada para hacer que los niños sean técnicamente diestros y perspicaces, autogestivos y rebeldes a la tradición y la autoridad: en otras palabras, para convertirlos en hackers. La XO no es un dispositivo de comunicación ni una consumidora de redes sociales. La navegación por la Web, las películas y la música pierden preeminencia en favor de herramientas como Turtle –que permite hacer arte programando el recorrido de una tortuga sobre una tela en blanco– y LOGO –un lenguaje de programación desarrollado por el profesor del MIT Seymour Papert en la década de 1960–. La revolucionaria estrategia de entregar las computadoras XO directamente a los niños en vez de hacerlo por intermedio de las escuelas refleja una profunda fe en la capacidad de todos los niños para aprender a programar y una fe igualmente profunda en que tanto los maestros como las escuelas se interpondrían en su camino. La creencia en el aprendizaje autogestivo y los hackers autodidactas también ha suscitado políticas que minimizan las inversiones en programas de educación, capacitación docente y técnicas de reparación. (Mientras tanto, la computadora ha resultado ser menos fuerte y más difícil de reparar de lo que pretendían sus diseñadores, e incluso en el Tercer Mundo los niños usan sus XO para estar online y jugar videojuegos.)

Lo más impactante del relato de Morgan es que los diseñadores del proyecto OLPC no solo creen en el poder de las computadoras para cambiar el mundo. Según Morgan, el proyecto OLPC tiene la misión de propiciar cierta clase de relación entre las computadoras y los niños. Pone énfasis en la experimentación, en el bricolaje[13], en la sensación de que todo es posible con las computadoras y de que todo puede ser bueno. Pero también estimula a los niños a creer que las instituciones son, en el mejor de los casos, irrelevantes para el aprendizaje, y en el peor de los casos, impedimentos.

* * * * *

La imagen que tenemos de nosotros mismos puede ejercer un poderoso efecto sobre el comportamiento y el funcionamiento humanos, en parte porque su influencia es inconsciente. En una serie ya clásica de estudios, el sociólogo Claude Steele demostró que los estudiantes afronorteamericanos a quienes se solicitaba que identificaran su raza antes de iniciar una prueba estandarizada obtenían puntajes más bajos que sus compañeros; la autoidentificación racial, según Steele, disparaba una "amenaza de estereotipo" relacionada con la supuesta inferioridad intelectual de los afronorteamericanos. (Estudios similares mostraron que los puntajes alcanzados por mujeres en pruebas matemáticas bajaban cuando se les pedía a las participantes que identificaran su género.) Los estudiantes que piensan que triunfan debido a su talento nato consideran que el fracaso establece hasta dónde llegan sus capacidades. Cuando se les muestran investigaciones y estudios que demuestran que la inteligencia es flexible y no fija, y que la práctica es más determinante para el éxito que la capacidad innata, aprenden a considerar el fracaso como un desafío antes que como una derrota y como consecuencia de ello mejoran sus posibilidades de éxito a largo plazo. No obstante, el hecho de que conozcamos estos efectos puede impulsarnos a resistirlos.

Es igualmente importante tomar conciencia de cómo nos programan las computadoras, saber que la imagen que tenemos de nosotros mismos es producto directo de nuestras interacciones con la tecnología de la información. Las computadoras han modificado la comprensión del trabajo, la inteligencia y la memoria *humanas* y nos inducen a valorar cualidades (propias de las computadoras) como la eficiencia, la velocidad y la productividad por encima de la creatividad, la deliberación y la meticulosidad.

Pensar que la inteligencia es fija antes que flexible, creer que nuestras capacidades son una versión tibia o deficiente de las capacidades de nuestras propias creaciones digitales, y aceptar que el futuro les pertenece más a nuestros aparatos y dispositivos que a nosotros mismos, tiene consecuencias en el mundo real. Enfrentar las capacidades humanas con las de las computadoras y comparar nuestras historias y perspectivas conduce a una suerte de desesperación ciega, propicia una visión del futuro con infinitas promociones e inadecuación perpetua, avalanchas de novedades y distracción constante.

Si comprendemos que las computadoras nos programan tal vez podamos romper ese círculo de fusión, comparación y desesperación y aprendamos a usarlas con más cautela. Y evaluar las nuevas capacidades humanas y digitales cada una en sus propios términos, en vez de fusionarlas. Reconocer que nuestros cerebros y nuestras computadoras tienen habilidades complementarias nos ayudará a dejar de compararnos con nuestros aparatos y propiciará la implementación de usos y prácticas que conjugan lo mejor de las capacidades biológicas y artificiales, fomentando así las mentes extendidas y no distraídas. Estos experimentos no necesariamente aspiran a reemplazar nuestras capacidades sino más bien a aumentarlas. No tenemos por qué aceptar la idea de que un futuro en el que las computadoras serán más inteligentes que nosotros, en el que las máquinas contendrán nuestros recuerdos y pensarán con y por nosotros, es un destino inevitable. En otras palabras, no se resigne. Rediseñe.

Notas

[1] La ley de Moore expresa que aproximadamente cada dos años se duplica el número de transistores en un circuito integrado. Se trata de una ley empírica formulada por el cofundador de Intel, Gordon E. Moore, el 19 de abril de 1965, cuyo cumplimiento se ha podido constatar hasta hoy. [N. de la T.]

[2] El *morphing*, anglicismo construido a partir de la palabra griega μορφή (*morphé*, 'forma'), es un efecto especial que utiliza la animación por computadora para transformar la imagen fotográfica de un objeto real en la imagen fotográfica de otro objeto real. Se lo utiliza sobre todo para crear la ilusión de la transformación de una cosa en otra, como por ejemplo la metamorfosis de un hombre lobo. [N. de la T.]

[3] Se llama así al fan locamente apasionado por varios elementos de la cultura geek (ciencia ficción, comics, Star Wars, videojuegos, animé, hobbits, Magic: the Gathering, etc.) que deja que su pasión triunfe sobre los buenos modales. [N. de la T.]

[4] Los mercados de predicciones son mercados especulativos, es decir, de apuestas, creados con el objetivo de hacer predicciones. Se crean activos cuyo valor final de caja está ligado a un evento particular, como por ejemplo la posibilidad de que el siguiente presidente de los Estados Unidos sea republicano, o a un parámetro, como las ventas totales del próximo mes. Los precios de mercado en un momento dado se pueden interpretar como las predicciones de la probabilidad del evento o el valor esperado del parámetro. [N. de la T.]

[5] Las interfaces cerebro-computadora, en inglés *Brain Computer Interfaces* (BCI), son una tecnología basada en la adquisición de ondas cerebrales para luego ser procesadas e interpretadas por una máquina u ordenador. Establecen el camino para interactuar con el exterior mediante nuestro pensamiento, ya que estas interfaces permiten transformarlos en acciones reales en nuestro entorno. [N. de la T.]

[6] La nano-robótica es el campo de las tecnologías emergentes que crea máquinas o robots cuyos componentes están o son cercanos a escala nanométrica (10-9 metros). De

una forma más específica, la nano-robótica se refiere a la ingeniería nanotecnológica del diseño y construcción de nano-robots, teniendo estos dispositivos un tamaño de alrededor de 0,1 a 10 micrómetros y están construidos con componentes de nanoescala o moleculares. Las denominaciones de nanobots, nanoides, nanites, nanomáquinas o nanomites también describenestos dispositivos, que actualmente se encuentran en investigación y desarrollo. [N. de la T.]

[7] La memoria transaccional es un sistema cognitivo interdependiente de codificación, almacenamiento, recuperación y comunicación de información que condensa el conocimiento que poseen los individuos en una conciencia compartida por el grupo sobre quién tiene cuál saber. Así, se refiere al conocimiento compartido por una colectividad que, en el caso del escenario organizacional, puede ser un equipo de trabajo. [N. de la T.]

[8] Gordon Bell, ingeniero informático, fue uno de los pioneros en el *lifelogging*. Debido a lo incómodo que le parecía transportar papeles de un lado para otro, optó por guardar digitalmente todos sus documentos y fotografías. A partir de ahí su apetito de guardar más datos creció y decidió crear un software que guardara automáticamente todo lo que su vida generaba. Para ello buscó a dos investigadores de Microsoft: Jim Gemmell y Roger Lueder. De sus manos salió la última "moda" en material tecnosocial, el llamado *lifelogging* o la actividad de registrar todos y cada uno de los hechos de una persona. [N. de la T.]

[9] Se denomina informalmente así al proceso de evocar momentos del pasado a partir de un objeto, acto, sabor, color u olor desencadenantes del recuerdo. En el primero de los libros de *En busca del tiempo perdido*, el protagonista embebe en una taza de té una magdalena y su sabor, su aroma y su textura desencadenan los recuerdos de su vida. [N. de la T.]

[10] Plato tradicional de la cocina vietnamita basado en lo que se denomina genéricamente sopa de fideos. [N. de la T.]

[11] Un inversor angelical (o simplemente "ángel") es un individuo próspero que provee capital para iniciar un emprendimiento, usualmente a cambio de participación accionaria. Los ángeles típicamente invierten sus propios fondos, no como las entidades de capital de riesgo, que administran profesionalmente dinero de terceros a través de un fondo. Un número cada vez mayor de ángeles inversores se están organizando en redes, grupos o clubes de ángeles para compartir esfuerzos y unir sus capitales de inversión. [N. de la T.]

[12] El concepto de "Innovación Disruptiva" es relativamente nuevo. Fue introducido por Clayton Christensen en 1997 en el libro *The innovators dilema* y se refiere a cómo puede un producto o servicio –que en sus orígenes nace como algo residual o como una simple aplicación sin muchos seguidores o usuarios– convertirse en poco tiempo en el producto o servicio líder del mercado. Ver más en: http://www.luisan.net/blog/marketing-2/innovacion-disruptiva#sthash.4gPztTr1.dpuf [N. de la T.]

[13] La Tinkering School, o Escuela de Bricolaje, es un sistema de enseñanza iniciado por el científico de la computación Gever Tulley en California. Está basado en la exploración y la experimentación. En la tecnología de la información, el Bricolaje, es un sistema de manejo de contenidos de código abierto. [N. de la T.]

Capítulo 5

Experimentar

Abra su correo electrónico. Adelante. Tarde o temprano tendrá que hacerlo, de todos modos.

(¿Se acordó de respirar?)

Durante los próximos días continúe normalmente su rutina online, pero preste un poco más de atención a su interacción con el correo electrónico. Comience por observar la cantidad de interacciones que realiza con su programa de correo electrónico. Tome nota de cuántas veces por día abre el programa (o navega a la ventana) y chequea sus mensajes y de cuántas veces recibe un alerta anunciando que acaba de llegar uno nuevo. (No se olvide del smartphone.) Tome nota también de dónde chequea su correo electrónico: en el trabajo, en el auto, en la cocina, en las partes aburridas del reality show televisivo al que secretamente es adicto, en el baño (sea sincero). Después calcule cuánto tiempo pasó leyendo, respondiendo y redactando correos electrónicos. Si tiene un cronómetro, mejor, pero los resultados no tienen que ser precisos ni tampoco transformarse en una carga que distorsione sus hábitos normales.

Esta observación de tiempo y lugar es algo que los ingenieros industriales y los diseñadores de productos hacen todo el tiempo. Puede ser un ejercicio sumamente iluminador. Con frecuencia revela con qué poca atención plena usamos las computadoras y la Web en nuestra vida cotidiana, y trasluce que pasamos más tiempo del que creemos con las manos sobre el teclado y los ojos clavados en la pantalla. La profesora de la Ohio State University e investigadora de realidad virtual Jesse Fox utiliza una técnica similar a esta en sus clases de comunicación. Les pide a sus alumnos que lleven un "diario de medios electrónicos" donde deben registrar todo lo que hacen en relación con las redes sociales, la televisión, los videojuegos, etcétera. El seguimiento puede parecer un poco abrumador –"¡Da demasiado trabajo!" es la queja unánime–, pero los resultados casi siempre son impactantes: los estudiantes descubren que, mientras ellos PIENSAN que solo echan un vistazo online o juegan brevemente al Drawsome[1] con sus amigos, en realidad pasan dos horas por día en Facebook o treinta horas por semana con los videojuegos.

Sin embargo, lo que deja pensando a los alumnos de Fox es otra cosa. Antes del experimento, Fox les pide que hagan una lista de todo lo que les gustaría hacer pero creen que no tienen tiempo de hacer. Los obliga a ser específicos para que piensen seriamente cómo emplearían su tiempo: una hora cada tres días para hacer Pilates, cuatro horas por semana para visitar algún lugar nuevo, media hora cada día para compartir un café con amigos, veinte minutos al día dedicados a lavar la ropa y limpiar la casa, etcétera. Luego les pide que comparen las dos listas. En las ocho horas que dedicaron a jugar videojuegos, les dice Fox, podrían haber hecho todo esto.

Pero en nuestro caso, medir las sesiones y el uso del tiempo no es sino el principio. Porque, a menos que usted viva encapsulado en un programa televisivo retro de la década de 1960, el correo electrónico es realmente importante. La gente que creció y se educó en un mundo donde las comunicaciones comerciales y profesionales eran más formales se quejó durante muchos años de que el correo electrónico era más informal que los memos o las cartas "reales", de que el tiempo requerido para la escritura (o el dictado) de una carta daba la oportunidad de pensar un poco mejor lo que se quería decir, y de que la comunicación instantánea fomentaba el pensamiento al tuntún. Es posible. Pero el correo electrónico llegó para quedarse y es importante saber manejarlo: por el bien de las personas con quienes nos comunicamos, por nuestra reputación profesional y por nosotros mismos.

Tenemos que ir un paso más allá de las cuestiones de eficiencia y *lifehacking*, más allá de pensar cómo hacer para escribir más rápido o vaciar la bandeja de entrada. Tal vez sus colegas no necesiten *más* mensajes suyos ni tampoco respuestas *más rápidas*; tal vez necesiten recibir *mejores* mensajes y respuestas.

Por lo tanto, no se limite a anotar cantidades de veces y horarios. ¿Cuántos mensajes realmente importantes recibe por día: mensajes que requieren actuación rápida o brindan información útil? ¿Cuánto spam recibe? (Chequee los mensajes filtrados y luego vacíe la bandeja. No se preocupe: esa transferencia multimillonaria de un banco de Nigeria seguramente no es para usted.) Esta maniobra le dará una sensación más clara de cuánto tiempo necesita dedicarle en realidad al correo electrónico.

Por último, preste un poco de atención a su nivel de atención y a su estado emocional antes y después de chequear su correo electrónico. Cuando abre su programa de correo electrónico, ¿está ansioso porque espera un mensaje importante? ¿Lo chequea porque está aburrido? ¿Por qué no lo chequeó en los últimos diez minutos? ¿Tiene algún motivo para chequearlo o es solamente un reflejo, algo que usted hace habitualmente cuando debe frenar por un semáforo en rojo o hace fila para esperar el café o no sabe cómo iniciar un proyecto?

¿Y cómo se siente después de haberlo chequeado? ¿Mejor que antes? ¿Su humor mejora después de chequear su correo electrónico? ¿Cuánto tiempo transcurre hasta que vuelve a preguntarse si habrá un mensaje crucial en su bandeja de entrada esperando ser leído?

Después de haber observado cómo usa el correo electrónico durante una semana, y de haber registrado cómo se siente al usarlo, habrá llegado el momento de interpretar la información obtenida y actuar en consecuencia. Usted pasa X cantidad de horas por día chequeando su correo electrónico X veces y leyendo X mensajes importantes, y eso mejora su estado de ánimo el X% del tiempo.

¿Los números le parecen demasiado altos? Entonces imaginemos cómo bajarlos.

En primer lugar, comience con la información emocional. ¿Hay momentos del día en los que le resulta más satisfactorio chequear su correo electrónico? Si hay un patrón, el primer paso está claro. Durante unos días, intente chequear sus mensajes de correo solo en esos momentos y en ningún otro. Deje de "echar un vistazo" cuando está en el mercado o en el ascensor: si es necesario, entierre su Blackberry en el fondo de su cartera o portafolios. Continúe anotando cuántas veces chequea el correo, cuánto tiempo gasta en eso, cuántos de los mensajes recibidos ameritan su atención y qué siente al responderlos; luego compare estos números con los de su primer registro.

Si usted piensa que pasar menos tiempo en el correo electrónico sería bueno, trate de chequear sus mensajes solo un par de veces por día, en dos momentos predeterminados. Hágalo en la computadora: de este modo anulará el instinto de usar cualquier dispositivo que tenga a mano y se ahorrará el incordio de tener un borrador de un mensaje crucial fuera de su computadora.

Rediseñar nuestros hábitos y prácticas de correo electrónico implica una serie de observaciones menores y pequeños experimentos, pero el resultado final puede expresarse con toda justicia en términos rimbombantes: es un ejemplo de cómo podemos rediseñar nuestra mente extendida. Requiere observar nuestras propias prácticas cotidianas, jugar con los aparatos y con nuestra manera de usarlos, y tomar decisiones conscientes respecto del uso que daremos a la tecnología en el futuro. En otras palabras, requiere autoexperimentación.

La autoexperimentación es la observación sistemática de nuestras reacciones físicas y psicológicas a determinados estímulos o eventos. Los científicos solían descartar la autoexperimentación porque la consideraban una práctica narcisista, subjetiva y poco confiable. Pero se ha vuelto más legítima y popular gracias a las herramientas de monitoreo de bajo costo y fáciles de usar que generan información precisa e imparcial, las herramientas analíticas flexibles que rápidamente encuentran patrones en grandes conjuntos de datos, y el crecimiento de las comunidades online que necesitan encontrar soluciones personales específicas a problemas médicos complejos o diseñar regímenes de entrenamiento o capacitación adaptados a sus necesidades específicas. La autoexperimentación fue utilizada por científicos que han ganado el Premio Nobel (los galardonados más recientes fueron Barry Roberts y Robin Warren por haber descubierto las causas bacteriales de las úlceras sépticas), personas que padecen enfermedades crónicas y atletas de alto rendimiento.

Dado que requiere prestar muchísima atención tanto a las tecnologías como a nuestra propia persona, y puesto que también exige observar cómo funcionan esas tecnologías –y cómo funcionan con nosotros– en diversas circunstancias, la autoexperimentación es una herramienta muy fina para descubrir algunos de los costos y beneficios más sutiles de las nuevas tecnologías, las maneras imprevisibles en que afectan nuestra mente, y las capacidades inesperadas –y en ocasiones muy valiosas– que pueden ayudarnos a desarrollar.

Todos nosotros tenemos diferente capacidad de atención, diferentes cosas que tienden a distraernos o nos ayudan a concentrarnos. Es esencial que usted averigüe por sus propios medios cuáles sistemas le son útiles o propicios. Por eso es importante que juegue conscientemente con las tecnologías y utilice sus prácticas y hábitos laborales para saber cuáles combinaciones fomentan su capacidad contemplativa.

* * * * *

La primera observación es que es posible utilizar las tecnologías que nos resultan familiares con atención plena. A veces podemos cultivar esta capacidad. Otras nos sorprende por asalto y lo mejor que podemos hacer es estar preparados para recibirla.

A mí me sorprendió una tarde en Cambridge, durante una larga caminata con mi esposa y un colega de Microsoft Research. Iniciamos la caminata de Cambridge a Grantchester para visitar el Orchard, una casa de té a orillas del Cam, el legendario río que atraviesa sinuoso las marismas de Cambridgeshire. La humanidad ha seguido este sendero durante siglos, cuyo pionero fue el gran poeta Rupert Brooke: siempre lo utilizaba cuando necesitaba huir un rato de Cambridge, a la que describió como "urbana, poca cosa y llena de fraudes". Si bien Brooke encontraba "paz y santa quietud" en Grantchester, en realidad no tenía que ir muy lejos, porque el pueblito está a unos tres kilómetros de Cambridge. Más o menos la misma distancia que separaba la pequeña cabaña de Henry David Thoreau a orillas de la laguna de Walden de la ciudad de Concord, como recordó oportunamente mi esposa. La contemplación puede estar más cerca de lo que pensamos.

Para llegar al Orchard hay que seguir el curso del río Cam en dirección sur, cruzando Cambridge hacia Grantchester. La pradera suave y descendente posee una serena belleza: hacia un lado se ven granjas y bosques, e intermitentemente los chapiteles de la universidad asoman a lo lejos. No parece haber cambiado mucho desde que el King's College la compró en 1452, el mismo año en que nació Leonardo da Vinci y el primer ejemplar de la Biblia salió de la imprenta de Johannes Gutenberg. Una manada de Red Poll pasta cerca del agua. Un kilómetro y medio de caminata después entramos en Grantchester, tomamos una calle angosta amurallada, pasamos junto a una iglesia y llegamos al Orchard.

Es exactamente la clase de paseo que, a mi entender, nos invita a capturarlo en una serie interminable de fotografías. De modo que traje conmigo nuestra SLR digital y un par de lentes. Cuando yo era niño, mi padre era un dúctil fotógrafo aficionado, pero yo me inicié en la fotografía con la invención de la cámara digital y el nacimiento de mis hijos. Para alguien como yo, la cámara fotográfica puede transformarse fácilmente en un objeto intrusivo e inoportuno que distorsiona los eventos que pretende documentar ("¡párense allá, todos juntos, para la foto!") o que aparta el foco de atención del fotógrafo del ambiente que lo rodea y de sí mismo. Para mí es fácil quedar atrapado en los aspectos más *geek* del oficio. He pasado tantas horas experimentando con lentes y películas virtuales en Hipstamatic y con la cámara retro del iPhone como pasé dominando laberintos en el Pac-Man cuando era chico, y amo la sensación de precisión casi absoluta de las grandes cámaras. La memoria digital permite tomar una enorme cantidad de fotos y dar por sentado que, por pura suerte aleatoria, algunas saldrán bien. Esta actitud estimula el despilfarro a expensas de la destreza, la velocidad a costa de la visión, la distracción y la perturbación en contra de la concentración. Después de todo, ¿para qué molestarse en enfocar bien cuando podemos jugar a la lotería y suponer que, si sacamos suficientes fotos, por lo menos una saldrá bien?

En muchas oportunidades estuve tan focalizado en documentar el momento que no estuve en el momento. Pero mientras caminábamos por la pradera de Grantchester, me sorprendió sentir que el solo hecho de haber llevado la cámara me estimulaba a comprometerme con el *lugar*. Miraba más y mejor el paisaje que me rodeaba, prestaba más atención a los movimientos y las luces y las sombras, advertía reflejos en el agua o el contraste entre los distintos matices de verde y marrón (en invierno no abundan los colores).

No se trataba de escanear el paisaje en busca de buenas fotos. Hacía ya varios años que había comprendido que la retroalimentación instantánea que proporciona la cámara digital poco a poco agudizaba mi habilidad de ver y enfocar buenas fotos. ¿De qué manera? Completando el círculo entre lo que yo veía y la precisión con que lo capturaba. Pero ahora sentía que prestaba menos atención a la cámara y, en cambio, me concentraba en mirar el lugar. Las fotos parecían surgir solas mientras yo observaba las sombras proyectadas sobre el pasto o notaba las distintas tonalidades de gris en las nubes. Volví a recordar los escritos de Eugen Herrigel sobre arquería zen y los años que pasó intentando lograr que sus flechazos cayeran del arco como los pétalos caen de un cerezo. Yo era consciente de que podía encontrar algo de esa actitud casual y sin esfuerzo con la cámara.

Los monjes budistas blogueros demuestran que es posible utilizar cualquier tecnología con atención plena. Más tarde descubrí a otro monje famoso que transformó la fotografía en una forma de contemplación: el trapense Thomas Merton, autor de *La montaña de los siete círculos* y probablemente el monje cristiano más famoso del siglo XX, descubrió tarde en la vida que podía usar la cámara como herramienta para "recordar cosas que he pasado por alto y cooperar en la creación de mundos nuevos". Lo que le ocurrió a Merton me impactó como un gran ejemplo de cómo la tecnología bien usada puede fomentar una actitud (en palabras del propio monje) "de apertura y receptividad hacia lo que tenemos ante los ojos", una actitud de atención plena antes que de distracción.

Mirando los movimientos lentos de una vaca que pastaba cerca me pregunté: ¿de dónde viene todo esto? ¿Esta atención focalizada es producto de mi conocimiento de la cámara? Por supuesto que prestaba más atención porque suelo tomar fotos, y dudo de que hubiera podido concentrarme tanto en los detalles —los reflejos, las sombras, la textura del barro en el camino seguido por la vaca— de no haber tenido esa práctica. Entonces bien, ¿la tecnología me estaba entrenando para mirar el mundo de una manera particular, como tal vez lo miraría una cámara? Difícil saberlo. Si yo hubiera estudiado dibujo o pintura a la acuarela, probablemente habría notado otras cosas: el crítico de arte victoriano Philip Hamerton decía que la acuarela nos enseña a ver el mundo en términos de espacios y tonos, mientras que el lápiz nos insta a verlo en términos de líneas firmes y sombras. Pero toda tecnología —incluidos los anteojos— tiene sus bemoles y toda percepción posee una incompletud inherente: los científicos han descubierto que la vista oscila entre el consumo voraz y el coqueteo astuto. No hay visión sin selección.

En manos de los paparazzi y los reporteros gráficos, la cámara es —para bien o para mal— una herramienta que posibilita entrometerse en los eventos y en las vidas. Pero también podría ser usada, como bien dijo Thomas Merton, como una suerte de recordatorio para permanecer "abiertos y receptivos a lo que tenemos delante de los ojos", para comprometernos con el mundo en vez de distraernos de él.

Como cualquier buen ejemplo de entrelazamiento, la cámara me estimulaba a dejar de lado mis habilidades para poder ver con mayor cuidado y precisión. Podía ver más con la cámara de lo que habría visto sin ella. Se había convertido en un medio para mejorar mi capacidad de atención y había dejado de ser el centro de mi atención. Me regalaba la oportunidad de ser más consciente de mi entorno, de comprometerme con mi visión y con el mundo que estaba viendo. Mi yo extendido podía ser un yo expandido.

Unos meses más tarde, ya de regreso en nuestro hogar en California, se me presentó otra oportunidad de encontrar una manera más consciente de utilizar la tecnología, una manera que abre posibilidades al flujo –esa forma de participación profunda que no es autodistracción, sino que aumenta nuestra facilidad para concentrarnos–, jugando al Mario Kart en nuestro Nintendo Wii.

A quienes no lo conocen, les digo que el Mario Kart es un juego de carreras de vehículos; el controlador Wii oficia como volante y hay controles simples para acelerar, frenar o arrojarles cosas a otros conductores. En mi familia se juega mucho al Mario Kart. Tratamos de utilizar el estante abarrotado de juegos de mesa con tanta asiduidad como usamos los Wiimotes, y eso se ha convertido en un ritual regular en nuestra casa, pero debo confesar que jugamos a las carreras varias noches por semana.

Yo no soy uno de esos padres que están en contra de los videojuegos. No quiero que mis hijos se lo pasen jugando en vez de leer o hacer ejercicio físico, ni tampoco que se enfrasquen en los videojuegos de una manera que resulte insana o que los empuje al aislamiento social. Pero no puedo olvidar que los videojuegos y yo nos criamos juntos. El primer videojuego que vi en mi vida, Pong, fue el primero de la historia. Pasé miles de horas de mi adolescencia jugando al Defender, al Xevious, a Missile Command, a Star Wars y a Battlezone. Cuando a comienzos de la década de 1980 pasé un verano en Japón, me sentía como un fanático del jazz que acabara de aterrizar en Nueva Orleans: estaba en el centro creativo, en la cuna del Nintendo y el Namco, en el lugar donde había nacido el Pac-Man (o había roto el cascarón o se había materializado o lo que fuera). Los videojuegos fueron parte integral de mi crecimiento y por eso no me sorprende que a mis hijos también les gusten.

Pero también reconozco que tienen su costado negativo. Pasé muchísimas horas en la sala de videojuegos haciendo cosas que aletargan la mente, repitiendo movimientos que sabía de memoria por haberlos aprendido mil juegos antes en vez de obligarme a hacer algo nuevo. Los videojuegos pueden ser adictivos, pero los libros también. No quiero prohibir ninguna de las dos cosas en mi casa; quiero que mis hijos sean lectores y videojugadores ágiles, inteligentes y entusiastas. Jugar con ellos es una manera de propiciar eso, de convertir el juego en una experiencia social, de inocular el espíritu deportivo y de enseñarles a mis hijos (esto no es ningún secreto) a jugar bien. Teniendo una madre docente y un padre que explica que el cajero automático devuelve la tarjeta antes de retirar el dinero para evitar errores, nuestros hijos están acostumbrados a que las experiencias perfectamente simples e inocentes se transformen en lecciones y experimentos.

Jugamos al Mario Kart porque nos gusta a todos, pero también porque es razonablemente simple y recompensa la habilidad y la práctica. Algunos juegos son tan complejos que sería necesario asistir a la universidad para comprender todos sus controles y objetivos. Pero los básicos del Mario Kart se aprenden en cuestión de minutos. Otros videojuegos recompensan estrategias más agresivas como pulsar frenéticamente palancas y botones, causando malestar entre los contrincantes y dolores de cabeza a los padres. Nosotros sencillamente los hemos desterrado de casa. Pero el Mario Kart recompensa la capacidad de mantener la calma, estar alerta y reaccionar instantáneamente. Enseña la virtud de cultivar la persistencia y la habilidad.

El Mario Kart también brinda la oportunidad de aprender las virtudes de la concentración total. La primera vez que vi a alguien jugándolo, me pareció increíblemente ruidoso y abigarrado: justo lo que no quiero en una experiencia sensorial. Sin embargo, cuando lo probé ocurrió algo asombroso: mi mente filtró de inmediato los fondos, las multitudes, la señalización y los efectos de sonido. En vez de distraerse, mi atención estaba intensamente enfocada en el camino y en los automóviles que tenía delante de mí. El campo visual literalmente se achica cuando estamos estresados o muy concentrados, y me impresionó poder ver cómo ocurría eso mientras yo jugaba.

Esa capacidad de focalización era algo que quería transmitirles a mis hijos y quería que ellos experimentaran. Si podían desarrollarla en un videojuego, pensé, sería más probable que la buscaran luego en otras partes o la cultivaran en otras cosas que hicieran. Sin embargo, conducirlos hasta esa zona fue todo un desafío. En cuanto empezábamos a jugar, mi hijo se ponía a hablar sin parar. Literalmente sin parar. Eso no solo es mala educación, también perjudica las sensaciones y el desempeño. Después de la milésima vez, le expliqué que jugar con otros es como ir al cine con otros y que uno debe respetar el deseo de los otros de concentrarse en la acción. Los grandes jugadores, proseguí, ganan porque aprenden a concentrarse lo suficientemente profundo como para jugar bien; en el caso de los más grandes, el verdadero juego es alcanzar un alto nivel de concentración y eso recompensa más que el juego que se desarrolla en la pantalla. Todavía habla mientras juega algunas veces, pero está mejorando y todas las noches su hermana y él conocen en carne propia las recompensas de la concentración. Dado que sus padres están muy afinados, mis hijos reciben una lección sobre cómo ser buenos perdedores.

No es como pasar una semana en un monasterio zen. Pero es una manera entretenida de aprender los beneficios de mantener la calma y no perder la concentración, de ver que la mejor manera de ganar cualquier juego es jugarlo con atención plena, e incita a elegir juegos que fomentan el flujo. En cuanto a mí, el reto de pensar cómo explicar esto de una manera que no sonara demasiado abstracta me forzó a prestar más atención a por qué me gustaba el juego, cómo lo jugaba, y cuál es la diferencia entre jugar socialmente y jugar solo. Tuve que explicar cómo el hecho de jugar con atención plena hizo de mí un videojugador dotado de atención plena.

* * * * *

La autoexperimentación puede ayudarnos a encontrar maneras de prestar atención plena a las tecnologías de la información. También puede ayudarnos a ser más conscientes de cómo nuestros hábitos cognitivos y nuestro trabajo son afectados o ampliados o degradados por las distintas clases de tecnologías. Por ejemplo, puede ayudarnos a mejorar una de nuestras elecciones cotidianas más comunes: si usar libros, papel y lapicera para leer o escribir, o bien utilizar e-books, pantallas y teclados.

Es una elección común y corriente, pero también una de las que más consecuencias tiene. Mucho se ha debatido sobre el futuro de los libros y la lectura, pero irónicamente el interés en la literatura y las noticias nos distrajo de otras realidades relacionadas con la palabra impresa y digital.

Vivimos en un mundo sobresaturado de palabras. Vemos y reaccionamos a las palabras escritas en carteles, cajas, periódicos, ropas, teclados, revistas y un sinfín de lugares. (Hasta el rubro o categoría "libro" incluye catálogos, atlas, historias, enciclopedias, manuales de instrucciones, juegos, libros para niños hechos con materiales lavables, etc.) Nuestras interacciones con las palabras son tan variadas como los lugares y contextos donde las encontramos: miramos de reojo los carteles de la vía pública mientras manejamos, leemos de un vistazo los titulares de los diarios durante el desayuno, escaneamos páginas Web en el trabajo, nos enfrascamos en la lectura de una novela en el avión, les leemos a nuestros hijos para que se duerman cada noche. Leer implica un amplio espectro de actividades y es una acción sobre la que influyen el lugar, la intención y el medio.

Si bien muchos reportan dedicar menos tiempo a la lectura de libros por placer del que le dedicaban en el pasado, el trabajo intensivo sobre el conocimiento exige mucha lectura. Para poder comprender las opciones del público lector, por qué eligen el medio impreso o el medio digital y lo que encuentran valioso en cada uno, entrevisté a un número de académicos, científicos, ingenieros y psicólogos. Todos ellos leen en el trabajo, por placer y para sus hijos. También utilizan todos los soportes: desde blogs, revistas técnicas y pruebas de página de tesis científicas hasta tratados filosóficos y monografías académicas y novelas y poesía, pasando por libros alfabetizadores y literatura para jóvenes.

Como el resto de nosotros, viven en un mundo literario cuántico donde las palabras pueden ser físicas o digitales. Lo más sorprendente para mí es que todos han creado su propia versión del principio de complementaridad de Bohr, según el cual un electrón puede ser visualizado o ser una partícula o una onda, dependiendo del observador. Para estos lectores, las palabras pueden ser bits o átomos según dispongan de pantalla o de papel.

El término *affordances*[2] fue tomado, para este texto, del libro de Abigail Sellen y Richard Harper *The Myth of the Paperless Office*. (Harper dirige el grupo Socio-Digital Systems en Microsoft Research Cambridge y me invitó a pasar allí un año sabático.) Mientras estudiaban por qué el papel sobrevivía en oficinas, laboratorios, vehículos policiales equipados con computadoras e incluso en centros de control de tráfico aéreo, Sellen y Harper descubrieron que las personas dependían de las cualidades físicas del papel para trabajar eficazmente, tanto solas como en grupo. Si bien los fabricantes de computadoras consideran que el papel es un lamentable *cul-de-sac* tecnológico y ven su existencia física como un signo de debilidad, los lugares de trabajo dependen de la liviandad, la portabilidad, la flexibilidad y la maleabilidad del papel. Sus *affordances* (características manipulables) son, en realidad, fortalezas.

Los lectores con quienes hablé pensaron mucho acerca de cómo las *affordances* de los medios impresos y digitales respondían a sus prácticas de lectura, a la naturaleza del contenido, a cómo planeaban leer y a lo que pensaban hacer con lo que leían. Para todos ellos, sin excepción, la Web es fuente de noticias y de cualquier contenido que sea altamente modificable o pasible de ser excavado rápidamente para obtener gemas momentáneamente valiosas y luego olvidado con la misma celeridad. Nadie defiende los libros impresos fundamentándose en una supuesta autoridad cultural. La gente elige los libros impresos porque son físicamente manipulables y porque propician la lectura seria y comprometida.

En palabras de Elizabeth Dunn, antropóloga en la Universidad de Colorado-Boulder: "Cuando necesito leer algo por arriba, leo en el Kindle, pero si realmente tengo que comprender algo, necesito la página impresa. Tanto el trabajo para el que realmente tengo que concentrarme y comprender como las cosas que necesito anotar y la poesía son imposibles de leer en el Kindle. No puedo retener lo que leo en el Kindle para luego utilizarlo en aquellas cosas que necesito profundizar". Stephen Herrod, director de tecnología en VMWare, concuerda con Dunn. Siempre lleva su Kindle encima, pero "tiendo a imprimir los artículos más interesantes de la Web cuando sé que tendré que pensar un poco más sobre ellos".

Los libros y la imprenta son valiosos cuando necesitamos leer sin distracciones y con mayor intensidad. Lo más interesante es que ese tipo de lectura suele ser muy físico. La gente menciona que subraya, anota y consulta varios libros a la vez en una suerte de lectura no lineal y de cruce textual. La novelista Nancy Etchemendy dijo: "Si voy a usar un libro como referencia o para profundizar un corpus teórico difícil, me resulta útil hacer anotaciones y señalar páginas. No es práctico hacer esas cosas en los lectores electrónicos". Ho John Lee, investigador en Microsoft Research, afirma por su parte: "Si recibo algo importante online, primero lo imprimo para poder desplegarlo, marcarlo y tomar notas. Nunca hago una lectura sostenida online de ningún documento importante". La estabilidad física de los libros también es útil para la gente dotada de una poderosa memoria visual. Dunn recuerda ideas visualizando su localización física en la página. Si lee un libro en el Kindle, en cambio, no puede "recordar una sola palabra, más allá del argumento general". En consecuencia, "hago todas mis lecturas de trabajo o que requieren pensamiento intensivo en forma impresa". Para mí, una lectura seria implica señalar, subrayar y anotar los libros: es un arte marcial y requiere esa clase de compromiso y soporte material que el papel puede brindar y del que las pantallas conspicuamente carecen. Hace cincuenta años, el profesor del MIT y pionero del hipertexto Vannevar Bush imaginó que haríamos esta clase de lectura intensiva, interactiva y relacional en el Memex, un sistema electrónico que él mismo propuso. Hoy en día, las personas que necesitan conocer a fondo su material de lectura continúan eligiendo el papel.

Esta necesidad de sostener un compromiso físico con las palabras también explica por qué ninguno de esos lectores compra libros digitales para sus hijos. Para ellos, todavía sigue siendo una cuestión de fe eso de que los niños necesitan libros físicos con los cuales puedan interactuar (*Pat the Bunny* no sería lo mismo en el iPad), que puedan serles leídos antes de irse a dormir y de paso puedan masticar. Leerle a un niño pequeño acurrucado en su regazo y a punto de quedarse dormido es una clase de lectura muy física e interactiva.

Las formas de lectura menos intensivas intelectualmente plantean menos exigencias al soporte y al lector, dependen menos de las *affordances* y son más fáciles de digitalizar. El Kindle de Elizabeth Dunn ilustra cómo funcionan estas opciones. Está abarrotado de ficción y artículos académicos que necesita "leer por encima, pero no conocer a fondo" y recurre a él "cuando necesito matar el tiempo". Los e-readers o lectores electrónicos son la pasión de los viajeros deseosos de trasladar montones de novelas sin cargar peso o que visitan locaciones exóticas (una de las personas que entrevisté había llevado su Kindle a la Antártida). Nadie quiere clavarse teniendo como único material de lectura la revista del avión en un viaje a Dubai. En algunos casos, el hecho de que el e-book tenga luz propia es útil: sé de un ingeniero que gusta de leer en la oscuridad para no molestar a su esposa.

Por último, la lectura oportunista, que tiene un objetivo muy específico —como cuando buscamos encontrar un fragmento en particular o necesitamos un pantallazo rápido sobre un tema nuevo–, es casi enteramente digital. Si basta con cliquear una cita de un fallo judicial para llegar al fallo propiamente dicho, copiar la cita y pegarla en un memo que debemos entregar al finalizar el día, no tiene ningún sentido ir a buscar el volumen impreso.

Para los lectores serios que vienen leyendo desde hace años, que leen mucho y necesitan hacerlo bien, los soportes impreso y digital no son intercambiables ni tampoco elegibles al azar. Cada uno tiene sus ventajas y propicia *diferentes* estilos de lectura.

Casi todas las personas que entrevisté tienen e-reader además de computadora, pero no lo consideran un reemplazante de los libros sino un dispositivo útil para lecturas de baja intensidad. Lo más interesante es que esta distinción no proviene de los fabricantes de e-readers sino que es un descubrimiento serio y consciente de los propios lectores.

Esta sensibilidad a las *affordances* también explica por qué muchos escritores utilizan simultáneamente versiones impresas y digitales de los documentos que están trabajando. Las computadoras son imbatibles a la hora de escribir rápido, pero los documentos impresos son ideales para ver la estructura, evaluar cómo fluye el argumento y tener una sensación del equilibrio y el tono general del escrito. Para algunos escritores, el acto de marcar un documento conlleva satisfacciones más sutiles: un manuscrito lleno de notas, anotaciones, correcciones y Post-its vuelve visible el trabajo realizado. Los documentos físicamente marcados pueden ser más fáciles de seguir para los editores y coautores que los documentos editados en pantalla. Podemos tener un rápido pantallazo de hasta dónde han modificado nuestro trabajo nuestros colaboradores y saber cuánto énfasis ponen en editar o rechazar nuestras sugerencias.

Esta *affordance* también explica por qué algunos de mis amigos duchos en tecnologías tienden a usar herramientas grupales solo cuando están en un mismo lugar físico con sus colaboradores. Por lo general, los programadores que diseñan sistemas de colaboración autoral imaginan que los colaboradores en cuestión están separados por varios océanos y husos horarios, o que trabajan a horas diferentes sobre documentos compartidos. Eso también ocurre, por supuesto, pero así como los lectores han descubierto que los soportes impreso y digital propician diferentes clases de lectura, los grupos han encontrado que las herramientas colaborativas son más poderosas y eficaces cuando los integrantes del grupo están juntos en un mismo espacio físico, no dispersos.

Una vez más, todo converge en las *affordances*. Escribir juntos fortalece la atención, dado que la presencia física de las personas con quienes trabajamos y ante quienes somos responsables puede contribuir a evitar las distracciones. Muchas de las idas y vueltas que caracterizan todo trabajo en coautoría se resuelven más rápido. Si estoy sentado al lado de mi coautor y estamos trabajando sobre el mismo archivo, podemos proponernos una transición o decidir cómo reestructurar un párrafo e intentarlo de inmediato.

Las *affordances* también reducen radicalmente el costo de experimentar cambios y modificaciones, que de este modo son mucho más fáciles de revertir. La historiadora de la tecnología Ruth Schwartz Cowan recuerda que cuando escribió un libro en coautoría con su esposo a fines de la década de 1980 empezaron usando máquinas de escribir pero enseguida aparecieron los problemas. "Yo redactaba un borrador del capítulo, le pasaba el texto a mi esposo, y él cortaba, pegaba y organizaba a su criterio. Cuando me lo devolvía, yo me ponía lívida", rememora. "No podía recuperar cosas que consideraba muy buenas." Sin embargo, cuando cambiaron la máquina de escribir por un procesador de palabras, "descubrimos al instante que el nuevo soporte impedía que nos enfureciéramos uno con el otro, porque siempre había una copia intacta de lo que habíamos hecho". Podían entonces considerar la edición, conversar al respecto e intentar alguna otra cosa. "Cortar y pegar sobre el papel era un desastre emocional." En la computadora, en cambio, "era por completo diferente". Trabajar en el procesador de palabras transformó las correcciones en sugerencias a negociar.

La experiencia de Cowan apunta a otra *affordance* crucial de la colaboración digital. Estar presente permite ver el lenguaje corporal, escuchar las inflexiones de la voz, medir el entusiasmo del coautor por una nueva idea o reconocer su resistencia a una corrección. Los humanos comunicamos muchas cosas físicamente, cosas que son fáciles de detectar en persona, pero que es necesario decir cuando utilizamos el Imingle o editamos y/o comentamos un documento a la distancia. Colaborar en algo tan cerebral y personal como una obra escrita se vuelve más fácil cuando podemos ver cómo reacciona nuestro coautor ante nuestras sugerencias. Y si las sugerencias se hacen en tiempo real, es más fácil evitar situaciones que podrían socavar la relación. Podemos aprender mucho más de nuestros colaboradores si están sentados a nuestro lado. Después de todo, en una buena relación laboral no solo se coproduce un escrito: también se construye una relación, se intercambian ideas y se aprenden los oficios de escribir y editar. Esto ocurre mucho más rápidamente cuando todos están en un mismo lugar físico. Los sistemas de colaboración online facilitan la coautoría a distancia, pero también sobrealimentan la coautoría en persona.

* * * * *

También es conveniente adoptar una visión más ecológica de nuestra relación con las tecnologías e identificar aquellas situaciones donde los aparatos o los soportes facilitan o agilizan tareas *específicas* pero al mismo tiempo dificultan nuestro trabajo y nuestra vida.

Un gran ejemplo de las "ironías de la automatización" proviene de la historia de los electrodomésticos. Más o menos un siglo después de la Guerra de Secesión, período que se caracterizó por la industrialización, la invención de la luz y la energía eléctrica, la llegada del automóvil y el avión, el crecimiento de las ciudades y los suburbios, los hogares norteamericanos ya se habían mecanizado y automatizado. Las máquinas con las que hoy convivimos pueden ser más pequeñas que las que vemos en las fábricas, pero los lavarropas, los lavaplatos, las aspiradoras y los automóviles modificaron las tareas domésticas tan profundamente como la línea de montaje y los motores eléctricos modificaron la actividad fabril. No obstante, estudios de tiempo realizados con décadas de diferencia no muestran casi ningún cambio en la cantidad de horas que las mujeres dedican a las tareas hogareñas: en la década de 1970 las mujeres pasaban tanto tiempo lavando platos, lavando ropa y limpiando la casa como sus abuelas cincuenta años atrás. La tecnología facilitó las tareas domésticas, pero no ha hecho que la vida sea más fácil.

Ruth Schwartz Cowan develó esta paradoja en su libro *More Work for Mother*, publicado en 1983. Cowan es parte de una generación de historiadores de la tecnología que amplió el campo prestando atención a los usuarios, y no solo a los inventores y emprendedores independientes, y tomando en serio las tecnologías que participan en nuestra vida cotidiana. Al principio, este enfoque no fue bienvenido. "Ninguno de mis colegas" en SUNY Stony Brook "quería hablar conmigo", recuerda desde su casa en

Glenn Cove, un suburbio de la ciudad de Nueva York. Pero fue recompensada con creces cuando publicó *More Work for Mother (Más trabajo para mamá)*, un libro que, a juzgar por la reacción de la gente (particularmente la de las madres trabajadoras), bien podría haberse titulado *Usted no está loca: las tareas domésticas SIGUEN DANDO mucho trabajo.*

Al principio, Cowan no creía en los resultados de sus estudios de tiempo. Después de todo, poner la ropa sucia en el lavarropas es más fácil que llenar de agua un piletón y utilizar una tabla de lavar. "A decir verdad, no esperaba encontrar lo que encontré", dice. Pero lo que comenzó como una narrativa de la innovación devino un relato admonitorio sobre cómo la tecnología facilita el trabajo pero también crea nuevos trabajos al modificar quién debe hacerlo y los estándares a satisfacer.

Cowan descubrió que, antes de automatizarse, el trabajo doméstico era una actividad más neutra en cuanto al género. Las esposas eran gerentes que también trabajaban. Los esposos y los hijos varones sacudían las alfombras y movían los muebles y objetos pesados durante la limpieza de primavera, además de ocuparse de los caballos y del carro y de ayudar con las compras. Las hijas mujeres trabajaban a la par de sus madres para aprender a manejar la casa. Todos los hogares, excepto los más pobres, mandaban lavar la ropa afuera (por aquel entonces existían las lavanderas) y tenían ayuda doméstica por lo menos un par de veces al mes.

Con la automatización, el trabajo doméstico fue redefinido como trabajo de mujeres y específicamente como trabajo de la madre. Más aún, la madre empezó a trabajar sola: la tendencia imperante era comprar electrodomésticos caros para poder despedir a la mucama y lavar la ropa en casa. Los estándares también se elevaron. La gran limpieza de primavera en la que participaba toda la familia fue reemplazada por la tarea de pasar diariamente la aspiradora y el plumero. La ropa dejó de usarse varios días seguidos, o hasta estar transpirada y sucia, antes de ser enviada a lavar; ahora todo iba a parar al canasto al final del día, para luego ser lavado y doblado y planchado por Mamá. En otras palabras, "es incuestionable que los aparatos diseñados para ahorrar trabajo efectivamente ahorran trabajo", dice Cowan. "Pero también fabrican trabajo. El lavarropas y el secarropas no ahorran tiempo si la mujer termina lavando más ropa."

Cowan acababa de descubrir el equivalente doméstico de la paradoja de Jevons[3]. En 1865 el economista inglés William Stanley Jevons observó que la demanda de carbón no disminuía con la innovación tecnológica y el aumento de la eficiencia energética. En vez de ahorrar carbón, los dueños de las fábricas y los explotadores de minas con acceso a motores nuevos y más eficientes alimentados a carbón aumentaban su producción o instalaban motores en sectores de las fábricas donde el costo de hacerlo había sido hasta entonces prohibitivo. "Es una confusión total de ideas suponer que el uso acotado del combustible es equivalente a la disminución del consumo", afirmó Jevons. "Ocurre exactamente lo contrario." El aumento en la eficiencia suscitó más uso de tecnología, que a su vez condujo a un aumento generalizado del consumo de energía.

Los economistas debaten la aplicabilidad de la paradoja de Jevons, pero, como advierte Cowan, las tecnologías diseñadas para ahorrar trabajo a menudo inducen a la gente a "hacer cosas que consumen más trabajo, más tiempo y más energía". Y las nuevas tecnologías nunca se despliegan en el vacío: los mundos donde se las introduce están cambiando constantemente. El trabajo de las mujeres empezó a consumir más tiempo cuando las familias se mudaron de las ciudades a los suburbios y las mujeres adquirieron nuevos deberes como choferes y mandaderas, llevando a los niños a la escuela y a sus esposos a trabajar y yendo al supermercado para hacer las compras (que en el suburbio quedaba demasiado lejos y era demasiado grande como para delegar esa tarea en los niños).

Las tecnologías operan en contextos y casi siempre son parte de un sistema productivo o técnico más grande; por lo tanto, las mejoras en una parte del sistema afectan a las otras, a veces de manera negativa. Los frenos antibloqueo, útiles en situaciones de peligro, no hacen que conducir un automóvil sea más seguro: el sistema antibloqueo, por el contrario, inspira a los conductores a pisar más a fondo el acelerador porque confían en que los frenos impedirán cualquier accidente. Una dinámica similar opera en el fútbol americano. Si bien los rellenos y los cascos se han vuelto más sofisticados con el correr del tiempo, el promedio de lesiones no ha bajado debido a que los jugadores son cada vez más corpulentos y fuertes, y el juego, más exigente en el aspecto físico.

El caso de las tareas domésticas ilustra cómo la palabra "trabajo" significa cosas en cierto modo diferentes al describir por un lado la actividad tecnológica y, por otro, la actividad humana. El trabajo de las máquinas está claramente definido. Las máquinas han sido diseñadas para lavar ropa, limpiar la tierra del suelo, lavar los platos o hacer alguna otra tarea específica y "trabajan" cuando lo hacen. En el caso de las personas, sin embargo, el trabajo casi nunca es tan simple, sobre todo si las nuevas tecnologías ofrecen la posibilidad de trabajar de maneras nuevas y modifican los estándares de funcionamiento. Con la aparición de los lavarropas, el lavado semanal pasó a ser un evento cotidiano. Gracias a los teléfonos celulares y el correo electrónico se espera que los abogados atiendan a sus clientes de noche y de día, y los jefes dan por garantizada la disponibilidad de sus empleados durante los fines de semana: el hecho de que *podamos* ser accesibles significa que *debemos* serlo. Nos dicen que los nuevos aparatos nos permitirán ahorrar tiempo y después se asombran de que no tengamos tiempo.

* * * * *

Nuestra interacción con los aparatos y soportes digitales brinda oportunidades de automejoramiento y autoexperimentación. Me enteré de eso gracias a un algoritmo desarrollado por el emprendedor independiente finlandés Jarno Koponen.

Hombre inteligente y sagaz graduado en historia y diseño, Jarno podría ser el tecladista de una banda post-punk escandinava; en cambio, fundó un grupo llamado Futureful. Nos encontramos en el Peets Coffee, en una calle céntrica de Palo Alto; Steve Jobs acababa de morir y la sede de Apple, en la vereda de enfrente, estaba cubierta de Post-its, flores y fotos de dolientes y fans. Es un gran recordatorio de que la tecnología puede tocar nuestros corazones y de que estamos inmersos en un mundo de ceros y unos.

Una de las críticas que más se les hacen a la Web y a las redes sociales es que fomentan la lectura acotada, no expansiva. Numerosos estudios han llegado a la conclusión de que nuestros gráficos sociales y nuestros hábitos de lectura reproducen nuestros prejuicios y visiones políticas en el mundo real: hay notablemente poca superposición entre los lectores de blogs políticos de izquierda y de derecha, por ejemplo. Ya es bastante problemático mantenernos al día con nuestros amigos y nuestros sitios Web favoritos como para además consagrarnos a explorar a fondo el mundo de la información; confrontados con un volumen abrumador, retornamos a lo que nos resulta familiar. Futureful está tratando de reintroducir el azar favorable en la lectura online para ayudar a los usuarios a descubrir artículos, escritores y sitios Web con los que aún no están familiarizados pero que seguramente les gustarán. Para poder hacerlo, tiene que saber quién es el usuario. Basándose en sus actividades online, Futureful construye un modelo de lo que puede interesarle. En efecto, le muestra cómo lo ve el resto de la comunidad WWW.

Ingreso mis datos de login en el demo de Jarno; Futureful bucea en mis cuentas y el algoritmo comienza a analizar mis posteos en blogs, tuits y otras cosas similares. Mientras esperamos, alguien pregunta en la mesa de al lado: "¿Dijo que estaba con Futureful?". Jarno y su empresa tienen base en Helsinki y es la primera vez que está en California; pero una persona cualquiera ha escuchado hablar de ese pequeño emprendimiento de cinco personas al otro lado del océano. Típico de Silicon Valley.

Los resultados aparecen en una interfaz finlandesa típicamente sobria. Siempre supuse que mis páginas de Facebook y Twitter reflejaban mi yo normal. Pero cuando miro el perfil de mis intereses según el algoritmo de Futureful –su impresión de quién soy yo, su instantánea de cómo me ven online– al principio me siento confundido y después verdaderamente alarmado.

La persona que Futureful piensa que soy está muy interesada en política: la mayoría de sus enlaces y recomendaciones provienen de sitios web norteamericanos o agencias de noticias europeas. (Nobleza obliga: la mayoría de esas noticias son novedades para mí, lo cual indica que el sistema ESTÁ HACIENDO lo que se espera que haga.) También puedo ser muy cínico. Los artículos tienden a hablar sobre corrupción, escándalos y desastres causados por la miopía y la codicia. No hay nada de historia, diseño, ciencia de la computación o futuros. Nada sobre budismo o religión. Nada de ciencia. Este hombre es un observador de las locuras y la estupidez de la humanidad, un H.L. Mencken cibernético. Si tuviera que hablar con él en una fiesta, inventaría una excusa para hacerme humo.

Pero ese hombre soy YO, por supuesto; nadie ha hackeado mis cuentas. Mi sombra digital aparece vista desde un ángulo muy raro y el resultado está –espero– totalmente distorsionado. ¿Que ésta pasando?

Jarno explica con detalle cómo funciona Futureful. El algoritmo accede a las cuentas de Twitter, Facebook y Linkedin del usuario. Estos servicios han utilizado programadores tercerizados para construir la lealtad de los usuarios y han creado aplicaciones para programar interfaces muy fáciles de usar para las manos expertas. Tiene mucho más sentido que los iniciados se focalicen en esos tres grandes –que juntos administran más de un billón de cuentas– que en servidores más pequeños como Zotero o Delicious.

Sin embargo, esto quiere decir que hay grandes franjas de mi vida online a las que Futureful aún no tiene acceso. Por ejemplo, si pudiera analizar mi cuenta Delicious y ver los miles de artículos académicos y libros que etiqueté allí tendría una imagen muy diferente de mi persona.

Mientras Jarno habla caigo en la cuenta de que, para bien o para mal, es mucho más probable que la gente use Facebook y Twitter para hacerse una imagen de mi persona a que lea mis posteos en el Delicious. Si el sistema tiene límites, esos límites reproducen las propias preferencias en la Web.

¿Entonces por qué insisto en usarlo? Es mucho más fácil compartir algo en Facebook o en Twitter que hacerlo en el Delicious: es algo que puede hacerse casi sin pensar.

Y ahí radica el meollo del asunto: casi sin pensar.

Tiendo a conectarme con Facebook y Twitter cuando me tomo un descanso del trabajo serio, cuando no pienso lo que estoy haciendo y cuando mi atención no es plena.

¿Es posible interactuar con Twitter y las redes sociales de manera tal de no acentuar los rasgos más oscuros y mordaces de nuestra personalidad, de parecerse a la persona que cada uno quiere ser, tanto online como en la vida real? ¿Se puede ser contemplativo usando Twitter y Facebook?

Marguerite Manteau-Rao usa otras palabras para decir lo mismo: "Si Buda estuviera vivo", pregunta, "¿usted cree que abriría una cuenta en Facebook y tendría un blog?", pregunta. "Yo creo que sí." He mencionado a Marguerite porque gestiona una presencia sustancial online (tiene cinco mil seguidores en el Twitter) y porque escribe mucho sobre el uso consciente de las redes sociales. Admito que al principio me sentía un poco incómodo en su compañía. Tiendo a no gustar de la gente cuando me parece que sus posturas me harán parecer troglodita o inculto, pero es imposible ofenderse ante la elegancia de Marguerite, afinada por la meditación. Ella cultiva su práctica contemplativa con la seriedad de un atleta. También fomenta el uso de la atención plena para mejorar los cuidados a la demencia y ayudar a quienes prodigan esos cuidados a ser más perspicaces y compasivos con los pacientes, los cónyuges o los padres que han perdido la razón. Intente resentirse con alguien que se dedica a una tarea tan noble como esa, si puede.

El Buda tendría un blog, prosigue diciendo Marguerite, porque es "una gran manera de llegar a la sangha". Su acento francés otorga a la palabra "sangha" –que en pāli significa "comunidad de los fieles"– una inesperada suavidad europea. Pero, continúa, utilizadas correctamente las redes sociales ofrecen valiosas y múltiples oportunidades de practicar la atención plena.

En primerísimo lugar, los miembros de la sangha digital cuidan su manera de expresarse. "El Twitter es una inmejorable oportunidad de practicar un discurso correcto", afirma Marguerite. En última instancia, al ser tan escueto, nos impide ser crueles o charlatanes. La burla y la trivialidad están prohibidas. Menos casi siempre es más.

Otros practican el discurso correcto tuiteando versículos del canon pāli o capítulos de la Biblia: de a 140 caracteres por vez. Elizabeth Drescher, quien se desempeña como profesora de teología en la Universidad de Santa Clara, explica que esa manera de compartir –copiando y leyendo pasajes breves y reflexionando sobre ellos– es una versión actualizada de prácticas muy antiguas. "Gran parte de la Biblia es peculiarmente tuiteable", me dice, porque "las Escrituras son cuerdas de memes[4] memorables" que fueron pensados para ser fáciles de recitar y propicios para la reflexión y el debate.

Tuitear con atención plena significa conocer nuestras propias intenciones: saber por qué estamos online en ese preciso momento y preguntarnos si estamos online por las razones correctas. (En el transcurso de la conversación noto que Marguerite a veces habla de "usar" el Twitter y otras veces habla de "estar en" el Twitter. Una diferencia interesante.) Desde un punto de vista práctico esto significa que, si cuando usted lee o se entera de algo en lo primero que piensa es en postear un comentario sarcástico o en iniciar un parloteo interminable al respecto, deténgase y considere por qué. Marguerite admite que en ocasiones utiliza el Twitter para divertirse, sobre todo después de una jornada que le significó un reto intelectual. Eso no es inherentemente negativo, agrega, pero siempre es importante tener conciencia del estado en que nos encontramos y adaptar de manera acorde nuestra conducta. Como lectores, eso significa que no debemos tener miedo de dejar de seguir a determinadas personas cuando nuestros intereses o nuestras vidas divergen, ni tampoco de permanecer offline cuando es importante que estemos presentes en otro lugar.

También debemos estar siempre atentos al hecho de que estamos interactuando con personas, no solo procesando texto. La tecnología y las palabras son medios. Nosotros leemos o seguimos o retuiteamos cosas escritas por personas reales, y el hecho de que interactuemos a través de intermediarios técnicos no debería distraernos de su humanidad. Esto contribuye a que focalicemos nuestra atención en la calidad de nuestras conexiones, no en la cantidad. "Si entro en el Twitter como cristiana", dice Elizabeth Drescher, "aspiro a ver a Cristo en todo y quiero estimular a otros a que lo vean". Drescher es la autora de *Tweet if You Love Jesus*, donde se ha dedicado a explicarles cómo funciona la Web a pastores protestantes de primera línea renuentes a colocar sus iglesias online. "El ministerio digital no tiene interés en evangelizar", me dice. "Yo no estoy interesada en hacer marketing con la iglesia. Zip cero." En cambio, pastores y fieles deberían pensar que las redes sociales son un medio para "tener presencia espiritual en los lugares donde está la gente, para profundizar las relaciones de modo tal de poder transformar vidas de manera concreta".

La sangha digital vive primero y tuitea después. Esto quiere decir que no deberíamos sentir la necesidad de ofrecer una descripción "paso a paso" de todo lo que hacemos, aun cuando nuestra vida sea novedosa o interesante. La narración de una historia más breve basada en episodios de nuestra propia vida puede producir placer y nuevas percepciones, y la distancia puede dar claridad y sentido a los acontecimientos: algo que en un momento dado parece catastrófico puede tener grandes consecuencias, mientras que una victoria puede sentar las bases de un estrepitoso fracaso futuro. Corremos el riesgo de dar menos sentido a nuestra vida si la reducimos a una serie continua de descripciones. Es más importante tener momentos sobre los que valga la pena escribir, y reflexionar sobre ellos lo suficiente como para que eso que escribimos también valga la pena, que decir muchas cosas insignificantes a gran velocidad. Experimente ahora, comparta después y bríndese tiempo para comprender lo que ha experimentado. Los miembros de la sangha digital son deliberados, no reactivos: tuitean o postean cuando tienen algo que decir, no cuando hablan otros. Los que cultivan la atención plena proponen restringir el tuiteo a momentos específicos (dos veces por día, por ejemplo, a última hora de la mañana y a última hora de la tarde), estados de ánimo determinados (cuando necesitamos hacer una pausa en la diaria tarea) o mojones personales (después de haber tildado la última tarea a realizar de la lista). Eso mantiene las cosas en su lugar e impide que pasemos online más tiempo del necesario.

Estas reglas demuestran que el tono desagradable, combativo y cruel de muchos intercambios online no es, bajo ningún concepto, inevitable. Muchas personas se sienten autorizadas a ser groseras desde el anonimato, o creen que la computadora facilita el deshumanizar a otros, o que es divertido formar parte de una turba desaforada. Incluso podríamos pensar que hay algo en la naturaleza de la Web que nos lleva a actuar de maneras antisociales o amorales. Pero los esfuerzos por participar con atención plena en las redes sociales muestran que, tal como ocurre en la vida real, aunque algunos actúen como trogloditas online, nosotros podemos elegir comportarnos de una manera muy diferente.

Provisto de estas reglas –participar con cuidado; ser plenamente consciente de mis intenciones; recordar que del otro lado de la pantalla hay personas; focalizarme en la calidad y no en la cantidad; vivir primero, tuitear después, y ser deliberado–, me embarco en la tarea de ver si puedo tuitear mejor.

Lo primero que advierto después de unas pocas semanas de seguir estas reglas –o, al menos, de intentar seguirlas– es que paso mucho menos tiempo en las redes sociales. Pero el tiempo que les dedico está mucho más lleno de propósito. Ya no me dedico tanto a repostear ni a retuitear. No elimino esas acciones por completo, pero si 17.000 personas ya han indicado que les "gustaba" un video, realmente no veo la necesidad de ser el fan número 17.001. Empiezo a considerar las redes sociales como una oportunidad para focalizar mi atención en lo que estoy haciendo, determinar si tiene importancia y decidir si vale la pena compartirlo. Casi siempre llego a la conclusión de que mis amigos no necesitan saber en qué ando.

Esto también tiene un efecto sobre la calidad y el tono de mis posteos. Si no presto atención, mi cuenta de Twitter y mi página de Facebook pueden ser muy caóticas. Pero cuando realmente presto atención a lo que hago, mi cuenta de Twitter se parece más a un *commonplace book* o cuaderno de notas renacentista (eran los diarios que humanistas y científicos utilizaban para anotar citas de sabios antiguos o de libros que les habían prestado sus amigos) lleno de citas y referencias a artículos interesantes o trabajos de otros. En Facebook pueden pasar días sin que yo haga otra cosa que desearle feliz cumpleaños a un amigo. (A propósito, adoro la función recordatorio de cumpleaños.)

Tampoco le presto demasiada atención a la multitud. En mis épocas más distraídas, chequeaba mi cuenta varias veces para ver si alguien había retuiteado algo mío o había indicado que le gustaba. Desde que empecé a usar las redes sociales con mayor conciencia y atención plena no siento la misma presión por postear constantemente o ser entretenido. Pasadas unas semanas, me doy cuenta de que *ya no tengo la menor idea de cuántos seguidores o amigos tengo*. Las redes sociales pueden aportar mucho estímulo positivo y una de sus recompensas más seguras es tener un siempre creciente número de seguidores. Pero la cantidad ya no parece tan importante. Lo importante es conectarse con la gente.

Las redes sociales son como el río donde no podemos entrar dos veces: por mucho que nos preocupen las fotos viejas o nos atormenten algunos comentarios, puede resultar sorprendentemente difícil revisitar un momento específico de nuestro pasado social. Para poder dejar de seguir a todos nuestros amigos durante todo el tiempo, debemos aceptar primero que vamos a perdernos algunas cosas fascinantes.

Cuando acepto estas verdades sobre las redes sociales, también acepto su carácter efímero. Las redes sociales cambian constantemente y al aceptarlo comprendo que jamás podré seguirles el ritmo. En el mejor de los casos, estar al tanto de las últimas noticias de Twitter y Facebook es como querer participar simultáneamente en una docena de conversaciones fascinantes en una misma fiesta. Por muy estimulante que eso pueda ser, es imposible estar al tanto de todo si queremos tener un pensamiento propio. Aceptar lo efímero de las redes sociales hace que sea más fácil dejar de seguirlas. También significa llegar a un acuerdo con el hecho de que lo que yo mismo escribo y posteo tarde o temprano será inaccesible y de que mi propio pensamiento también cambiará. Pero esa puede ser una característica, no un obstáculo. "No se apegue a las opiniones", aconseja Marguerite. "Después de todo, las opiniones no son tan interesantes y apegarse a ellas y defenderlas... eso *sí que no tiene el menor interés.*" La desaparición de las viejas ideas abre paso a ideas nuevas y mejores.

* * * * *

Estar alerta al uso de las tecnologías le permitirá compenetrarse con las habilidades inesperadas que usted puede cultivar cuando las utiliza y también con las maneras en que las tecnologías de la información pueden extender su mente. Es más probable que, estando alerta, usted sea consciente de cómo las *affordances* sutiles de los distintos medios pueden respaldar o trastornar su trabajo. También será más consciente de cómo pueden ayudarlo a desarrollar nuevas habilidades.

Por ejemplo, descubrí que geoetiquetar fotos hace que sea más fácil recordar mis viajes y me proporciona un panorama más claro y definido de mi mundo.

Les mostraré cómo.

Durante años utilicé el Flickr para compartir fotos. Entre sus características, una de las que más utilizo y prefiero es el *mapper* (mapeador). Para asociar una foto con un lugar, coloco una chincheta digital en un mapa online, tal como lo haría en un mapa real. Flickr y Yahoo! Maps se unieron en 2006 para brindar este servicio y desde entonces me he convertido en un geoetiquetador ligeramente fanático. Todo empezó como cosa de *geeks*. Yo había escrito algo acerca del futuro de los servicios de geolocalización y me pareció una buena oportunidad para jugar con un futuro que ya había descripto. (Por regla general, no etiqueto las fotos de mi familia o de mis amigos por cuestiones de privacidad y porque no representa ningún beneficio cognitivo etiquetar lugares o rostros familiares. Cuanto más nuevo y más exótico es el lugar, cuando más lejos está de mi casa, más predispuesto estoy a geoetiquetarlo.)

Me gusta caminar cuando viajo. Me informo lo necesario para no meterme por error en un barrio peligroso, encontrar lugares interesantes y estar al tanto de los hitos significativos. No quiero perderme las grandes atracciones, pero también atesoro la experiencia de doblar una esquina y encontrar un cafecito perfecto o una confitería tentadora o esa librería absolutamente extraordinaria que no figura en ninguna guía turística. (¿Cuántos viajeros se definen a sí mismos como personas que anhelan romper los límites de las guías turísticas?) Por lo tanto, amo ilimitadamente las ciudades que recompensan el espíritu andariego. En Londres es imposible caminar tres cuadras sin toparse con algo magnífico e histórico, una esquina encantadora o una interesante escena de la vida callejera. Parafraseando a Samuel Johnson podríamos decir que si nos cansamos de caminar por Londres es porque ya nos hemos cansado de la vida. Singapur tiene esa mezcla de gran arquitectura, jardines y estanques exuberantes, espléndidas construcciones que datan de tres siglos y comida deliciosa que caracteriza a las ciudades tropicales. Budapest es una maravillosa urbe de la vieja Europa Oriental que conjuga callejuelas sinuosas con anchos bulevares, el magnífico Danubio con edificios semiderruidos (pero en vías de restauración) y un café delicioso en cada cuadra.

De modo que me gusta vagabundear. Y cuando regreso al hotel me gusta reconstruir mis vagabundeos y averiguar exactamente dónde estuve. Antes acostumbraba hacerlo en mapas de papel, trazando mi derrotero con un resaltador. Eso requería recordar los nombres de las calles, saber cuántas cuadras había caminado desde mi último giro a la izquierda, calcular cuánto había andado por el bulevar o el muelle antes de pararme a tomar esas fotos. Dado que casi siempre camino de noche –los clientes son, literalmente, los dueños de mis días–, era bastante difícil. Distribuir esa información en un mapa muchas veces escrito en un idioma que no me resultaba familiar tampoco aligeraba la tarea. Y además, casi siempre dejaba olvidado el mapa sobre la mesa de luz cuando me iba.

El programa de mapeo de Flickr facilitó enormemente las cosas. Utilizándolo, puedo reconstruir más rápido mi derrotero para mirarlo más tarde. Pero debo confesar que me convertí en un fanático del mapeo digital por otro par de cosas.

Como muchos otros mapas digitales, el de Flickr ofrece dos vistas. El mapa callejero ordinario es una grilla con los nombres de las calles, los ríos, las líneas de ferrocarril, etc. Y también se pueden ver fotos aéreas. O combinar ambos y ver las fotos aéreas superpuestas sobre el mapa callejero. El modo satelital me permite establecer con mucha mayor precisión dónde estuve, qué es lo que se ve en la foto que tomé y dónde debería ubicarla en el mapa. Sin el modo satelital, lo máximo que podría hacer sería colocar la foto de una casa en la cuadra correcta; con el modo satelital, puedo colocarla casi exactamente donde está en realidad. Para poder hacerlo tuve que aprender a decodificar fotos aéreas y a relacionar esa información con mi propia experiencia.

A menos que usted haya trabajado para la CIA o haya sido víctima de un profesor de geografía particularmente sádico, es casi seguro que nunca habrá tenido la oportunidad de hacer esto antes. Conectar la visión terrestre del propio ojo con un mojón geográfico o una grilla urbana con vista aérea no es difícil ni tampoco requiere aprendizaje alguno. Cuando sale bien, se reduce al divertido juego de imaginar cómo se vería desde el espacio lo que estoy viendo. Trafalgar Square, en Londres, se convierte así en un conjunto de sombras largas (la columna del almirante Nelson) con algunas formas nítidas (los leones que la rodean, las fuentes cercanas) en las proximidades de Leicester Square, con sus árboles y senderos parquizados flanqueados por las rotundas fachadas de los teatros. A veces me doy cuenta de lo grande que es algo en realidad ("Viejo, Suntec City es verdaderamente ENORME"); y cuando trato de encontrar algún lugar al que he llegado en subterráneo o en taxi, si conozco la forma del edificio y tengo un recuerdo bastante fidedigno de los edificios que lo rodean, puedo identificarlo en un mapa satelital.

La acción de clavar fotos con chinchetas digitales en un mapa de Flickr combina tres clases diferentes de conocimiento. Se basa en nuestra memoria física del viaje: la sensación que tenemos de dónde fuimos o cuánto caminamos. Utiliza nuestra memoria visual al trasladar al dominio de la silicona los recuerdos almacenados biológicamente en nuestra mente extendida. Luego encapsula nuestro conocimiento y nuestra memoria físicos y visuales en un sistema formal: la lógica del mapa. Al vincular entre sí todos estos aspectos, conectamos nuestra visión normal de un lugar determinado, al nivel de la calle, con una visión formal de nivel más alto. Son mis recuerdos, pero organizados. Y en el curso de organizarlos, construyo mi conocimiento del lugar y de cómo se ofrece al ojo.

Podrían decirme que todo lo que sé sobre mirar imágenes satelitales no es útil cuando debo enfrentarme a un mapa callejero a la vieja usanza. Puede ser. Una de las cosas que debemos tener presentes es que muchas veces adquirimos una nueva habilidad a costa de otra vieja, y que por lo tanto debemos tomar la decisión consciente de abandonarla o no.

La enseñanza y la práctica de la arquitectura son un gran ejemplo de las elecciones complejas que las tecnologías de la información muchas veces nos obligan a hacer en el trabajo creativo. Las tecnologías posibilitan la exploración de nuevas formas geométricas, permiten simular el consumo de recursos de un edificio y hacer pasear a los clientes por modelos virtuales de planos recién diseñados. Pero han matado el dibujo. Y casi todos los profesionales de la arquitectura aprueban eso.

El dibujo fue fundamental para la arquitectura durante siglos. La habilidad artística diferenciaba al arquitecto del albañil, el carpintero o los simples obreros. Los arquitectos se comunicaban con los constructores y con los clientes a través de dibujos y anteproyectos. Y, más importante aún, el dibujo era el medio a través del cual los arquitectos pensaban. Aprender a dibujar era aprender a observar el mundo y a expresarse. Los diseños y los planos requerían trabajo intensivo: los estudios de arquitectura contrataban ejércitos de dibujantes para crear planos y alzados frontales, y modificar los planos era oneroso y consumía mucho tiempo. Todos sabemos que el diseño asistido por computadora (más conocido por sus siglas inglesas, CAD, *Computer-Aided Design*) redujo enormemente el costo de producir anteproyectos y dibujos arquitectónicos, pero cabe señalar que tuvo otras conquistas en los últimos veinte años.

Algunos arquitectos han explotado el CAD para crear formas que no hubieran podido obtener usando pluma, papel, regla T y compás. Más específicamente, los edificios de Frank Gehry con sus superficies curvas, sinuosas, serían imposibles de diseñar y construir sin el CATIA, un programa de diseño originado en la industria aeroespacial. Las simulaciones también permiten a los arquitectos pronosticar el uso de energía de los edificios (un tema candente en el mundo actual), modelar flujos de tráfico en proyectos grandes como aeropuertos y shoppings, y ver cómo fortalecer las construcciones contra atentados terroristas o eventuales terremotos. Permiten que los arquitectos (y, de manera igualmente crucial, los clientes) vean qué aspecto tendría el edificio si se utilizaran otros materiales. Los archivos y documentos CAD son fáciles de compartir con subcontratistas, ingenieros y empresas de construcción, lo cual agiliza el cronograma de trabajo y la confección de presupuestos, además de facilitar la implementación de cambios de diseño de último momento y la solución de imprevistas mermas en el presupuesto o demoras. (Compartir ofrece beneficios inesperados: el planificador urbano Anthony Townsend afirma que, después del atentado contra el World Trade Center en 2001, "los estudios de arquitectura con sede en el edificio pudieron recuperar la información perdida solicitándoles sus archivos CAD a los clientes". El CAD convierte a los clientes en involuntarios depósitos de archivos.)

En otras palabras, los arquitectos ya no se limitan a "usar" las computadoras. En cambio, piensan con ellas. Las redes de computadoras son el sistema nervioso de las empresas. Son medios a través de los cuales se comunican con los clientes, los constructores y los gobiernos, pero también son extensiones de la mente del arquitecto.

Desde que la práctica arquitectónica se ha vuelto virtual, el dibujo prácticamente desapareció de la enseñanza arquitectónica, y eso ha causado efecto sobre la manera de pensar de los arquitectos. En la década de 1990, las facultades de arquitectura comenzaron a eliminar el dibujo del currículo. Los decanos llegaron a la conclusión de que los estudiantes que no dominaran el CAD no encontrarían trabajo en el siempre competitivo mercado arquitectónico, y era innegable que los estudiantes trabajaban más rápido con ayuda de las computadoras.

Pero la digitalización y la conveniencia tienen un precio, argumenta Witold Rybczynski, quien se desempeña como profesor de arquitectura en la Universidad de Pensilvania. Rybczynski sostiene que, desde la aparición del CAD, la enseñanza de la arquitectura se ha vuelto menos rigurosa. El dibujo arquitectónico solía ser una habilidad clave que los arquitectos debían aprender siendo estudiantes y desarrollar en el transcurso de su vida profesional. El acto de dibujar otorgaba a los mejores alumnos una sensación más intuitiva y mejor desarrollada de las proporciones, dotándolos de un ojo más agudo y una imaginación más avezada y permitiéndoles pensar más eficazmente sobre cuestiones técnicas. La característica física del dibujo, la interacción constante entre el lápiz, el papel y la imaginación, y la lentitud del acto de dibujar daban oportunidad a los arquitectos de ser más contemplativos y comprometidos e incluso de cometer errores que inspiraban nuevas soluciones.

En cambio, con las computadoras es casi trivialmente fácil generar un gran número de diseños potenciales, hacer cambios constantes, y crear dibujos prolijos y nítidos. Esto puede impedir que los estudiantes piensen seriamente en cuestiones arquitectónicas básicas. "La productividad feroz de las computadoras tiene un precio", escribe Rbyczynski. "Cuanto más tiempo pasamos en el teclado, menos tiempo dedicamos a pensar". El historiador de la arquitectura David Brownlee, colega de Rybczynski en la Universidad de Pensilvania, se queja de que el CAD "hace que todos los alumnos parezcan iguales". Por supuesto que la arquitectura tiene sus modas y tendencias como cualquier arte, pero el dibujo era una manera de distinguir a los estudiantes. Hoy en día, "la tecnología fomenta la mismidad". El aspecto exacto y definido de los dibujos hechos con el CAD también deja menos lugar para la experimentación o el juego: dado que nunca tienen ese aspecto inacabado de los bocetos, las ideas parecen terminadas antes de haber sido plenamente pensadas.

El problema continúa después de la graduación. Como bien explica el arquitecto Renzo Piano, cuando los arquitectos trabajan en edificios extremadamente complejos –en particular aeropuertos, municipalidades y otras construcciones de perfil alto y de firma que los empresarios o dueños o gobernantes pretenden usar para "Hacer una Declaración Pública" además de usarlos– "necesitan una computadora para optimizar todo... la estructura, la forma". Los sistemas CAD son imbatibles en lo atinente a ayudar a los arquitectos a no perder detalles, anticipar cómo los cambios en un elemento afectarán a otros (cómo aumentar el tamaño de las ventanas afectará el uso del acondicionador de aire, por ejemplo), y modelar qué aspecto tendrá un edificio en distintas condiciones (un rasgo especialmente valioso para los clientes que carecen de la poderosa imaginación visual del dibujante).

Pero trabajar con estas herramientas complejas y veloces achica la ventana de oportunidades de los arquitectos para pensar profundamente, considerar la localización y el programa, discernir qué aceptarán realmente los clientes, y considerar las ideas como algo inconcluso y tentativo. Como dice Piano, con los sistemas actuales "uno puede encontrarse en la posición de sentir que, apretando botones, puede construir lo que se le ocurra. Pero", prosigue, "la arquitectura requiere pensar. Y en cierto modo exige lentitud. El arquitecto necesita tiempo. Lo malo de las computadoras es que hacen que todo vaya muy rápido, tan rápido que uno [piensa que] puede tener un bebé en nueve semanas en vez de en nueve meses. Pero todavía se necesitan nueve meses, no nueve semanas, para hacer un bebé". Como me dijo William Huchting, un arquitecto de Chicago, "la arquitectura es, antes que nada, pensar ... y dibujar es una manera [más] productiva de pensar que el CAD".

La profesión todavía está buscando "el equilibrio correcto entre las herramientas digitales y el mundo físico", me dice Chris Luebkeman. Chris es un arquitecto futurista de Ove Arup & Partners, una firma de ingeniería global pionera en el uso de computadoras en la arquitectura. (A comienzos de los años '60 utilizaron un ordenador central IBM para diseñar los armazones de la fantástica Sydney Opera House de Jørn Utzon.) Hoy, afirma Luebkeman, las herramientas de diseño son "asombrosamente maravillosas y absolutamente horrendas". En el aspecto creativo, el CAD permite que los arquitectos "vean el flujo de aire, los flujos de calor, y verdaderamente comprendan el funcionamiento del espacio y del lugar". No obstante, también les enseña a algunos estudiantes que "si pueden dibujarlo en la computadora, es real. Uno puede hacer que un espacio bien representado, aunque en realidad espantoso, luzca bien, y de ese modo crear una arquitectura que luce bien en la pantalla pero es inhumana, tiene terribles detalles de construcción, etc., etc., etc.".

El CAD también tuvo cierto impacto sobre la cultura de la práctica arquitectónica y de ingeniería, sobre la manera en que los ingenieros más jóvenes aprenden de sus jefes y mentores. Y cabe señalar que ese impacto no ha sido precisamente positivo. "Hace doce años todavía teníamos grandes tableros y grandes rollos de papel", dice, "y los planos se chequeaban, y los tipos más experimentados literalmente miraban por encima del hombro de los más jóvenes. Ahora no es culturalmente correcto mirar la pantalla de otro, porque es su ámbito privado. Hemos perdido algo de la transferencia tácita de conocimiento que ocurría en los viejos tableros. Nosotros observamos ese efecto e intentamos contrarrestarlo haciendo revisiones de proyectos en espacios semipúblicos. Estamos tratando de contrarrestar la pérdida del efecto 'balde de agua fría' –el proceso de compartir informalmente conocimientos y enseñanzas que se da en los lugares donde se trabaja bien–, pero continúa siendo un desafío para nosotros y es también un desafío para la profesión en su conjunto".

Sin embargo, nadie puede imaginarse abandonando las computadoras por el papel de plano y la tinta. Y nadie lo propone tampoco. La arquitectura contemporánea sería imposible sin computadoras y sin Internet. Las herramientas digitales están demasiado integradas en la vida cotidiana de la arquitectura. La práctica de Piano está organizada en torno de esa clase de proyectos vastos cuyas formas construidas son como puntas de témpanos sostenidas por vastas infraestructuras digitales. Lo que piden, en cambio, es que hagamos el esfuerzo de recuperar habilidades que muchos no advirtieron que perderíamos en el pasaje del dibujo a la digitalización.

* * * * *

Cuando seguí de cerca el uso que daba a mi correo electrónico, los resultados me dejaron estupefacto. Cuando conté las veces que lo chequeaba desde mi computadora y las veces que lo hacía estando en el banco o mientras esperaba a mis hijos (o esperando que cambiara el semáforo, aunque detesto tener que admitirlo), vi que destinaba una hora diaria a esperar que bajara mi correo o a administrar mi cuenta, además de dedicar otras dos horas a responder mensajes. En el momento de hacerlo se *sentía* como un trabajo, pero en realidad no tenía ningún valor duradero. Sin contar los de mi feliz familia electrónica, la mayor parte de los días mi bandeja de entrada contiene un puñado de mensajes que requieren atención inmediata. Los cincuenta restantes se dividen entre recordatorios, actualizaciones, publicidades, respuestas generalizadas y basura lisa y llana.

De modo que comencé a experimentar con mis hábitos de correo electrónico y probé distintas cosas para ver cuál funcionaba mejor.

Cancelé mi suscripción al 99% de las listas y newsletters y desactivé todos los alertas en mi iPhone durante ese período de prueba. No quería otorgarle a ningún mensaje el poder de enfatizar su urgencia o de captar mi atención antes de lo previsto. Mi vida laboral no tiene emergencias que justifiquen actualizaciones instantáneas. El gran científico de la computación Donald Knuth abandonó el correo electrónico en 1990 diciendo que, si bien es "maravilloso para aquellas personas cuya función en la vida es estar en la cima de las cosas... mi función en la vida es estar en la base de las cosas", realizar investigación fundamental que requiere "largas horas de estudio y concentración ininterrumpida". Cuando chequeo mi correo electrónico, no miro la pantalla: doy vuelta mi iPhone o desvío la mirada de mi laptop y me concentro en otra cosa mientras bajan los mensajes. Ignorar deliberadamente el programa en vez de observar cómo se conecta a Internet no hace que vaya más rápido, y quizás no me haga más productivo, pero cada vez que lo hago estoy afirmando que mi atención irá allí donde yo la dirija y no se dejará atrapar por ninguna red. Es una manera de afirmar que yo soy el que manda.

También he intentado aplicar al correo electrónico los principios establecidos por Marguerite Manteau-Rao. Piense en esas reglas de tanto en tanto, cuando esté redactando un mensaje. Yo me pregunto: ¿este mensaje realmente es necesario? Esta persona recibe toneladas de correo electrónico... ¿este mensaje será bien recibido por ella? ¿No sería mejor que la llamara por teléfono? ¿Podría evitar seis horas de idas y vueltas y una serie de por lo menos diez mensajes levantando el tubo del teléfono? Si soy parte de una ronda de mensajes que abarca a varias personas, ¿será mejor responder cada nuevo mensaje o dejarlo para el final del día y dar una respuesta no tan inmediata? La cuestión no es volverme inaccesible sino emplear la tecnología de maneras que resulten mejores para todos, reduzcan las distracciones internas y externas, y me permitan dar a cada uno la atención que merece.

Establecí momentos específicos para ocuparme del correo electrónico y, gracias a ese método, pude ignorarlo durante el resto del día. Dado que me siento bien respondiendo los mensajes que me importan y me molesta no tener novedades, chequear menos el correo electrónico elimina una experiencia emocionalmente negativa. He intentado ocuparme del correo electrónico exclusivamente en mi laptop o en mi iPad. (Con esto voy y vengo. Si estoy trabajando en un libro, segregar el correo electrónico puede ayudar, pero no es para tanto.)

Continúo experimentando con el correo electrónico y no tengo dudas de que, en la medida en que mi espectro de atención cambie, en la medida en que tenga acceso a nuevos programas, y en la medida en que cambien los estándares y las normas y los amigos, tendré que continuar experimentando. Pero equipado con unas pocas herramientas básicas y el hábito de preguntar si lo que estoy haciendo mejora y expande mi mente extendida, creo que encontraré maneras de hallar nuevos equilibrios, de hallar ese estado de compromiso sereno y distanciado que es esencial para ser un corresponsal atento y para tener una mente extendida en la plenitud de sus capacidades.

"Tenemos que ser conscientes de lo que estamos haciendo con la tecnología", concuerda Ruth Schwartz Cowan. Según dice, conocer la historia de la tecnología la llevó a cultivar la atención plena y le dio una conciencia más profunda de la complejidad y la elasticidad de nuestra relación con las distintas herramientas tecnológicas que manejamos. Ese estado de conciencia modificó radicalmente su manera de vivir. Haber escrito *More Work for Mother* y haber pensado en "la historia de las tecnologías mundanas, las tecnologías de la vida cotidiana", afirma Ruth, "me ayudó a comprender que mi meta final como ama de casa era lograr que todos se fueran de la casa para poder hacer otra cosa, lograr que mis hijos fueran sanos y asistieran a la escuela para que crecieran pronto y adquirieran una formación que les permitiera irse de casa". Ruth y su marido hablaban mucho sobre esas cosas y si descubrían que algún hábito "no nos ayudaba, lo abandonábamos. Eso cambió toda mi rutina. Sí, había que darles de comer a todos... ¿pero necesariamente tenía que ser comida gourmet? ¡NO! ¿Todos tenían que sentarse a la mesa a la misma hora y hacer las cosas que hace una familia? Sí, absolutamente".

Recientemente, Cowan reaccionó contra la manía del correo electrónico. "Antes yo acostumbraba chequear mi correo electrónico una o dos veces por día", dice. Pero cuando dejó SUNY Stony Brook por la Universidad de Pensilvania y empezó a viajar de Long Island a Filadelfia, "como todo el mundo, empecé a chequear mi correo cada hora más o menos mientras estaba en el tren. Hasta que paré de hacerlo y comprendí que era mejor leer, o incluso dormitar un poco, que chequear constantemente mi correo electrónico". Cowan no propone destruir las máquinas ni sueña con crear un mundo perfecto; más bien propone aprender a vivir conscientemente en el mundo tal como es. Debemos estar plenamente atentos "a lo que hacemos con la tecnología que tenemos a mano", dice. "Necesitamos concentrarnos en nuestras metas y hacer que la tecnología trabaje para ayudarnos a alcanzarlas, en vez de permitir que sea la tecnología la que imponga las metas. Eso es atención plena. Debemos adquirir el hábito de pensar en la herramienta que estamos usando y discernir si nos está llevando a la meta. Si el pincel no hace lo que esperamos sobre la tela, cambiamos de pincel. Nosotros somos los artesanos, nosotros somos los artistas, nosotros tenemos visión... y si la herramienta no funciona, tendremos que conseguir otra."

Aprender a enfocarse en sus metas últimas, ser consciente de la tecnología que está utilizando y cambiar de herramienta cuando algo no funciona: estas son las claves para ampliar su mente extendida, llegar a ser una mejor presencia y una mejor persona, y convertirse en el artífice de su mente extendida. Una tecnología correcta usada de la manera correcta puede ayudar, pero no puede reemplazar a la atención plena. Los monjes blogueros nos enseñan que la contemplación es una habilidad que todos podemos aprender, refinar y practicar incluso en un mundo permanentemente online. También nos enseñan que focalizarse no es lo que queda una vez eliminados los alertas de correo electrónico, los pop-ups, los videos de LOLcat, los telemarketers y los links al último video de perros vestidos como la reina Isabel de Inglaterra. La concentración no está allí agazapada, esperando para saltar como un payasito con resorte encerrado en una caja cuando se retira el peso de Todo lo Demás. La concentración es un compromiso activo y certero con una parte del mundo reducida a propósito. El diseño puede propiciar o desalentar la atención plena, pero usted debe tomar la decisión de desarrollar y utilizar esas capacidades. Es usted quien decide usar las tecnologías con plena atención y conciencia, y tiene toda la capacidad para hacerlo.

Una vez que sepa cómo usar las tecnologías a conciencia, y cómo controlar su mente extendida, prepárese para el fracaso. Porque fracasará. Pero no se desanime. En cambio, aprenda a descansar productivamente.

Notas

¹ Draw Something es un juego social que puede jugarse en cualquier dispositivo iOS o Android. Sería el equivalente del Pictionary para el teléfono celular. [N. de la T.]

² *Affordance* es aquella cualidad de un objeto o de un medioambiente que permite que un individuo realice una acción. Por ejemplo, un picaporte permite (*affords*) que lo giremos, y quizá que lo empujemos, mientras que una soga permite (*affords*) que la estiremos. Podría traducirse, de manera perentoria y probablemente fallida, como "caractarísticas manipulables". [N. de la T.]

³ El efecto rebote, o más comúnmente la paradoja de Jevons, denominada así por su descubridor William Stanley Jevons, afirma que a medida que el perfeccionamiento tecnológico aumenta la eficiencia con la que se usa un recurso, es más probable un aumento del consumo de dicho recurso que una disminución. Concretamente, la paradoja de Jevons implica que la introducción de tecnologías con mayor eficiencia energética puede, a la postre, aumentar el consumo total de energía. [N. de la T.]

⁴ Un meme es un ítem cultural que se transmite por repetición, de manera análoga a la transmisión biológica de los genes. [N. de la T.]

Capítulo 6

Refocalizar

La próxima vez que esté online y advierta que está perdiendo focalización, vaya de inmediato a un sitio Web llamado *Do Nothing For Two Minutes* (http://www.donothingfor2minutes.com/). El sitio ofrece la imagen de una playa al atardecer, el sonido tranquilizador de las olas y un timer que inicia una cuenta regresiva. "Relájese y escuche las olas", se lee en un cartel en el centro de la pantalla. "No toque el mouse ni el teclado." Si usted comete la torpeza de tocar el teclado, de inmediato aparecerá la palabra "FRACASO" dentro de un recuadro abrumadoramente rojo, lo cual no es para nada relajante. Pero hay algunos elementos un poco irregulares en los bordes. Una amiga me dijo que "pasar dos minutos sentada sin moverme escuchando las olas fue muy relajador", pero agregó que el efecto se había arruinado cuando advirtió que el horizonte no era del todo horizontal. (Uno puede dejar de hacer diseño gráfico, pero no puede dejar de ser diseñador gráfico.) No obstante, es un concepto brillante y simple, un intento sumamente interesante de crear una tecnología que nos ayude a refocalizar y concentrar nuestra atención.

Y puede ser sorprendentemente eficaz. Rebecca Krinke, quien se desempeña como profesora de paisajismo en la Universidad de Minnesota, usa ese sitio en sus clases para realizar experimentos con procesos de diseño. Cuando quiere que sus alumnos abandonen algún hábito de pensamiento o quiere alentarlos a reflexionar sobre sus procesos de aprendizaje, miran juntos el sitio. "Casi siempre notamos un cambio" en el estado de ánimo de la clase, dice.

La mayor parte de las tecnologías intentan capturar y mantener nuestra atención para orientarla en alguna dirección. *Do Nothing For Two Mi-*

nutes nos induce a hacer una pausa, nos insta a sentarnos y autocentrarnos. No pretende impedir que nuestra mente vague. Trabaja con la necesidad de nuestra mente de tomarse un descanso. Pero tampoco es demasiado exigente: no hay cachorros de perro o de gato resbalando en el piso de una cocina, ni ventanas de pop-ups. Sugiere que usemos las tecnologías que normalmente cumplen brillantemente su misión de distraernos para refocalizarnos.

* * * * *

Según el mapa que aparece en la pantalla que tengo frente a mí, estamos al sur de la punta de Groenlandia. Ya han pasado seis de las diez horas de vuelo entre San Francisco y Londres. El resto de la cabina es un espacio oscuro, vagamente perceptible, que rodea esta fuente de luz. Mi iPod está enchufado a un par de auriculares que me aíslan del ruido, reforzando mi sensación de aislamiento y sofocando el sonido de los motores y del viento que aúlla a quinientas millas por hora. La mayoría de los pasajeros están dormidos; unos pocos están leyendo (en esta temporada los viajeros internacionales portan inevitablemente algún ejemplar de Stieg Larsson) o mirando una película. Yo estuve trabajando y pienso seguir haciéndolo hasta que el sueño finalmente logre vencerme. Cuando llegue al control de aduana seré un perfecto zombi y me quedaré dormido en el ómnibus que me llevará a Cambridge antes de que salgamos del aeropuerto de Heathrow. Pero habrá valido la pena. Siempre pienso mejor en los aviones.

En los últimos años he pasado mucho tiempo arriba de los aviones, volando para prestar un servicio de consultoría, para encontrarme con algún cliente, para dar pronósticos o dictar talleres de estrategia. El viaje se transformó así en un asunto mucho más focalizado y laboral. En los viajes de trabajo casi siempre aterrizo, tomo un taxi que me llevará al centro de conferencias o a la oficina del cliente, y pongo manos a la obra. Normalmente, cuando vuelo a Europa sólo necesito un par de días para ayudar a una agencia de gobierno o a una corporación a ver los cisnes negros a punto de romper el cascarón. Y antes de que haya pasado el jet lag ya estoy volando de regreso a casa.

Cualquiera diría que un futurólogo es un maestro en el manejo del tiempo, pero yo siempre estoy un paso atrás. De modo que el trabajo siempre aborda conmigo el avión y durante algún tiempo hizo que fuera una de esas personas de aspecto agobiado que viajan encorvadas sobre sus Power-Points para poder cumplir con sus compromisos.

Sin embargo, poco a poco comprendí que realmente pienso bien en los aviones. Sin contacto con la oficina, casi a siete millas de altura en el aire, libre de distracciones y enfrentado a un plazo de entrega de doce horas, tenía la mezcla correcta de presión y libertad para trabajar duro y rápido. Hasta la duración de un vuelo desde San Francisco a Londres o Frankfurt es cuasi perfecta: diez horas es tiempo suficiente para reescribir una charla, pero no para pensarla en exceso. Siento que las partes de mi mente que son más proclives a la distracción y al parloteo se aquietan mientras las partes más propensas a la concentración toman el control. Cuando trabajo me sumerjo en un estado que me hace sentir que no soy yo el que piensa las ideas: paso de tener que focalizarme a observar cómo las ideas se piensan solas. A veces miro un párrafo que acabo de escribir y me pregunto con asombro: ¿de dónde salió *esto*?

En parte se debe a que mi mundo está temporalmente reducido a unos pocos objetos, todos al alcance de mi mano. Aprendí a transformar la mesa-bandeja desmontable del avión en una oficina móvil. El espacio escaso (*business class* es solo un sector del avión que debo atravesar para llegar a mi asiento, ay) exige cuidado y deliberación: todo tiene que ser accesible, pero nada debe entorpecer el camino hacia otra cosa. Esta noche está atiborrada con un jarro de viaje, una notebook, una pluma de fuente, un libro y el último borrador de un artículo en el que estoy trabajando, todo iluminado por la luz de techo que corresponde a mi asiento. En este vuelo no debo cumplir un plazo mortífero, pero estoy demasiado excitado para hacer otra cosa que no sea trabajar. Estoy comenzando mi beca en Microsoft Research Cambridge y me he planteado un gran desafío para los próximos meses: descubrir cómo diseñar computadoras que ayuden a la gente a concentrarse y pensar, en vez de distraerla. Hace unos meses, discutiendo proyectos de investigación potenciales con la gente del laboratorio, me vino a la cabeza la frase "computación contemplativa". Y ahora debo averiguar qué significa.

Yo estudié para ser historiador de la ciencia y la última vez que estuve en Cambridge fue hace veinte años, para trabajar sobre mi disertación. En aquella oportunidad, casi no salí de la biblioteca; esta vez planeo aprovechar mejor el lugar. Traje conmigo dos libros que oficiarán como mis guías: *La doble hélice*, de James Watson –su relato autobiográfico acerca de cómo descubrió la estructura del ADN junto con Francis Crick–, y una biografía de Charles Darwin, el padre de la teoría de la evolución por selección natural. Watson es probablemente el visitante norteamericano más encumbrado que haya pisado Cambridge. En poco más de un año, entre noviembre de 1951 y febrero de 1953, Crick y Watson vencieron a varios grupos más famosos y mejor patrocinados en la carrera por resolver uno de los grandes enigmas científicos del siglo XX. Yo no puedo igualar la importancia de aquel trabajo, pero supongo que Watson será un buen guía para un norteamericano que viaja a Cambridge con ambiciosos planes intelectuales.

Leí varias veces los dos libros, pero nunca como guías de viaje intelectual o manuales prácticos: no obstante, ambos podrían titularse *Cómo ser un genio en este lugar*. Ahora, mientras hojeo *La doble hélice*, experimento un fuerte impacto. Watson y Crick aparecen como dos figuras extremadamente ambiciosas y focalizadas en su investigación, pero hay muchas caminatas en el libro. La tarde de su llegada, su consejero John Kendrew les organiza un recorrido por el establecimiento. Y siempre salen a caminar con Crick después de haber almorzado en The Eagle, un pub famoso fundado en el siglo XVI y situado a una cuadra del Cavendish Laboratory, donde trabajaban (llevé mi ejemplar de *La doble hélice* allí varias veces, cuando fui a cenar). Watson sale a dar largas caminatas cuando viaja al continente europeo. Y después de haber descubierto la estructura del ADN describe una caminata "hasta el puente Clare, contemplando los pináculos góticos de la capilla del King's College, que se recortaban nítidos contra el cielo primaveral" mientras reflexiona sobre el logro que han alcanzado con Crick y llega a la conclusión de que "nuestro éxito se debe, en gran parte, a los largos períodos de calma que disfrutamos recorriendo el establecimiento o leyendo sin interrupciones los nuevos libros que llegaban a la biblioteca Heffer".

Charles Darwin es uno de los científicos más importantes de los últimos quinientos años; no obstante, cuando llegó a Cambridge en 1829 su grandeza potencial era un secreto bien guardado. Su padre lo había enviado a la Universidad de Edimburgo a estudiar medicina, pero el joven detestaba ver sangre y se distraía leyendo libros de historia natural. Todo indicaba que era un estudiante de buena cuna pero mediocre, destinado a la tranquila vida de un clérigo. En cambio, descubrió su pasión y su talento para la ciencia. Su energía impresionó enormemente al profesor de botánica John Henslow. Los otros profesores lo llamaban "el hombre que sale a caminar con Henslow", pero probablemente se alegraban de verlo partir. Darwin se marchitaba en el salón de clase. Era en el campo, recolectando muestras y explorando, donde florecía. En 1831 la Royal Navy le pidió a Henslow que recomendara a alguien para prestar servicio como naturalista asistente a bordo del *HMS Beagle*, un barco de investigación que bordearía la línea de la costa de América del Sur. Mencionó a Darwin.

Los cinco años y medio que pasó a bordo del *HMS Beagle* observando la historia natural de Sudamérica y el Pacífico, recolectando especímenes raros y enviando relatos de sus viajes lo transformaron en uno de los principales naturalistas de su época. A su regreso, en 1836, pasa seis años en el centro del vibrante mundo científico de Londres. Después se muda a una tranquila casa en el campo, donde construye un sendero dentro de los límites de su propiedad. Y allí se lo puede ver cada día, recorriendo las inmediaciones y pensando. Darwin pasó sus años más fructíferos en movimiento.

Hoy pensamos que la productividad o la innovación provienen de los *lifehacks*[1], de la cafeína e incluso de la automedicación: en una encuesta realizada en 2008 por *Nature*, la quinta parte de los encuestados confesó usar Adderall o Provigil para estimular la concentración y poder trabajar más tiempo. No obstante, dos de los científicos más importantes de la historia acostumbraban resolver problemas caminando. ¿Qué era lo que encontraban al caminar?

* * * * *

Durante casi cuarenta años, Charles Darwin realizó largas caminatas por el Sandwalk, un sendero de un cuarto de milla que comenzaba en el patio trasero de Down House, la casona donde vivía con su familia. Después de residir un tiempo en Londres, Charles y su esposa Emma se mudaron allí en el verano de 1842 para fundar una familia y escapar de las distracciones de la gran urbe. Down House era una antigua casa parroquial rodeada de jardines, con un campo adyacente de quince acres dividido en cuatro praderas. Muchas veces se describe la mudanza de Darwin a Down House como el acto de un ermitaño. Algunos escritores han contrastado sus años extenuantes a bordo del *Beagle* y el ajetreado torbellino del ambiente científico de Londres con la tranquila campiña de Kent, llegando a la conclusión de que Darwin decidió retirarse de la sociedad e incluso huir de su propia teoría de la evolución. La realidad es mucho más interesante, como me explica el profesor James Moore, de Open University.

Moore ha visitado reiteradamente Down House y el Sandwalk durante los últimos treinta años y es el mayor experto mundial en Darwin de nuestra época, desde la magnitud grandiosa de sus ideas hasta la pequeña escala de su vida doméstica. Considera que Down House fue para Darwin, por partes iguales, hogar, laboratorio y fortaleza. En última instancia, aduce, fue un espacio tan importante como el *Beagle* para la vida y el pensamiento darwinianos.

Charles y Emma, señala Moore, se habían criado en el campo y el carácter "extraordinariamente rural y tranquilo" del área les resultaba sumamente agradable. Darwin calculaba que estaba a "6 millas de St. Paul's, a 8 millas y media de la estación de Victoria y a dos horas del puente de Londres". Para llegar allí hay que tomar un tren desde Victoria Station hacia la vecina ciudad de Bromley, un ómnibus desde Bromley hasta Downe (para frente a la puerta de la iglesia donde Emma rezaba) y caminar por Luxted Road hasta la casa. Pero en opinión de Darwin estaba lo suficientemente lejos de Londres como para disuadir a los visitantes casuales, y también lo bastante cerca como para alentar al viaje a los amigos londinenses a quienes realmente deseaba ver.

Esa cercanía le permitía continuar en contacto con el ambiente científico de Londres y enterarse de las últimas novedades en investigación más o menos en tiempo real. Han sobrevivido unas 14.500 cartas enviadas por Darwin desde Down House, un testimonio del esfuerzo que dedicó a cultivar su red de contactos científicos. En esta era de correo electrónico y SMS tendemos a imaginar que las cartas viajaban con exasperante lentitud en el siglo XIX, pero lo cierto es que, en la década de 1840, Darwin podía enviar una carta a Kew Garden o la Royal Society por la mañana, carta que sería entregada a su destinatario unas horas más tarde, y recibir una respuesta —o un libro o un vástago o una muestra geológica— al día siguiente. Las novedades científicas viajaban rápido, pero los chismes y las distracciones se quedaban en la gran ciudad.

Darwin no pasó recluido sus años en Down House. Eligió ese lugar para estar cerca de sus amigos pero lejos de las distracciones y poder vivir en "un lugar donde pudiera controlar el acceso a su persona", dice James Moore. Darwin incluso modificó la propiedad para poder, literalmente, "ver el mundo en sus propios términos". Hizo levantar un muro de 12 pies sobre el lado norte, elevó el nivel del suelo y plantó árboles por todas partes, niveló el camino que pasaba delante de la casa y, para dar el toque final, construyó otra pared con las piedras desenterradas durante la excavación del camino. "Todo se reduce a no tener que soportar interrupciones impredecibles y verse obligado a ver a quien no se desea ver", explica Moore.

Darwin transformó Down House en una especie de puesto de campo científico destinado a recolectar y generar hechos. Acondicionó una de las habitaciones como estudio y laboratorio, agregó un invernadero y destinó buena parte del jardín a la investigación, maniobra que le permitió estudiar las más diversas formas de vida, desde las orquídeas hasta los percebes y los gusanos. Era un sagaz observador de la ecología local y sus conversaciones con los criadores de palomas mensajeras, los entrenadores de perros y los granjeros de la zona le dieron tantas ideas brillantes como sus viajes por el mundo. Por cierto, su biógrafa Janet Browne dice que Darwin extrajo buena parte del "notable corpus de material fáctico en el que se basa *El origen de las especies* de algunos rasgos comunes y silvestres de la vida victoriana: cartas y experimentos a pequeña escala realizados con animales y plantas de tamaño accesible".

Darwin dijo que, si tenía alguna capacidad especial, era la habilidad de ver cosas interesantes que otras personas pasaban por alto y tratar de discernir qué significaban. Down House le daba espacio para observar de cerca, para tener la atención necesaria para evaluar las mismas cosas que otros científicos pasaban por alto, para pensar en serio y contemplar. Darwin modificó Down House para ampliar su capacidad de concentrarse. De ese modo, hizo que la casa formara parte de su mente extendida.

Una de sus actividades más simples y al mismo tiempo más importantes era recorrer el sendero. A Darwin le gustaban "los carriles angostos y los altos ligustros" que rodeaban Downe y menciona sus caminatas en muchas cartas donde describe la casa y la campiña que la rodea. "El mayor encanto del lugar radica para mí en que casi todos los campos están intersectados (como el nuestro) por uno o más senderos pedestres... nunca vi a la gente caminar tanto en ningún otro país", le comentó a su hermano después de su primera visita a Downe. Poco después de haberse mudado a Down House construyó un camino a su antojo. Al igual que los jardines y senderos de los parques, se extendía sobre una zanja poco profunda cubierta con grava amalgamada con arena. El primer sector se terminó de construir en 1843; tres años más tarde, Darwin le arrendó un terreno de un acre y medio a su vecino y colega científico, el barón John Lubbock, y prolongó el Sandwalk hasta alcanzar aproximadamente un cuarto de milla. Fueron los hijos de Darwin quienes lo llamaron "Sandwalk", Darwin prefería llamarlo su "camino para pensar".

Durante casi cuarenta años, Darwin caminó por el Sandwalk casi todos los días. Ocasionalmente lo acompañaban sus hijos o la terrier blanca Polly; los científicos que iban a visitarlo hablaban con él de su trabajo mientras paseaban por el Sandwalk. El área estaba dedicada principalmente a las tierras de labranza –la propia Down House desarrollaba actividad agrícola comercial que contribuía a sustentar a la numerosa familia Darwin– y el propio Darwin era notablemente cauto con el dinero y evitaba realizar mejoras en la propiedad a menos que fueran absolutamente necesarias. Por eso mismo, su constante inversión de tiempo y energía en el Sandwalk expresan a las claras que Darwin creía que era importante tener un espacio donde poder caminar y pensar.

¿Por qué era tan especial? La explicación más simple es que, para muchos pensadores, caminar estimula la creatividad. La idea de que caminar ayuda a pensar y puede ser una forma de contemplación existe casi desde que el mundo es mundo. La expresión latina *soltivur ambulando* –se resuelve caminando– ha sido atribuida alternativamente a antiguos filósofos tan diversos como Diógenes, Ambrosio, Jeremías y Agustín. Budistas y cristianos comparten la tradición de la meditación ambulante, en la cual las caminatas por senderos cortos o laberintos estimulan la reflexión y la renovación espirituales. Caminar era una herramienta esencial para los filósofos de los siglos XVIII y XIX. Jean-Jacques Rousseau en París, Immanuel Kant en Königsberg y Søren Kierkegaard en Copenhague eran conocidos por su afición a las caminatas regulares. Kierkegaard declaró: "Caminando he llegado a mis mejores pensamientos" y acostumbraba salir a caminar para obtener estimulación física y mental (beneficios posteriormente documentados por los científicos modernos).

Tan popular era la imagen del filósofo andariego que Friedrich Nietzsche se vio obligado a afirmar hacia el fin del siglo XIX: "Todas las ideas verdaderamente grandes –incluyendo las mías– se conciben caminando". El Sandwalk es uno de los muchos ejemplos de caminos que filósofos, científicos y escritores han transitado para encontrar una manera de revertir sus problemas.

Caminar estimula el pensamiento porque, si bien ofrece un descanso de la focalizada tarea de escribir, componer o calcular, no distrae por completo a la mente. En palabras de Rebecca Solnit, caminar "es un estado en el que la mente, el cuerpo y el mundo están alineados". Mientras el cuerpo se mueve y el ojo capta imágenes novedosas o familiares, parte de la mente continúa focalizada en un problema engañoso o absorta en el terco giro de una frase. Para quienes trabajan sobre problemas complejos, los senderos familiares pueden ocupar parte de la mente pero no toda, proveyendo el estímulo necesario para ayudar al subconsciente a resolver el problema, testear soluciones o superar el estancamiento creativo. Por supuesto que una caminata solitaria y una salida con amigos y familiares operan de forma diferente sobre la mente; como ocurre con cualquier estímulo creativo, hay que atraparlo a medio camino, diseñarlo para cumplir un propósito e infundirle el espíritu correcto.

En el transcurso de su vida, Darwin pensó sus mejores ideas y observó con mayor precisión estando en movimiento. Durante su niñez dio largas caminatas por la campiña tras la muerte de su madre. Nunca mencionó lo que había pensado durante esas caminatas –más adelante en la vida proclamó que no lo recordaba–, pero estudios recientes han mostrado que el estado emocional y mental de las personas que están de duelo o intentan recuperarse de una complicación de salud mejora con la exposición regular a la naturaleza. Si bien no se vuelven necesariamente más felices, resultan ser más resilientes y capaces de afrontar cambios. No es descabellado imaginar que Darwin aprendió a encontrar fuerza y solaz en esas caminatas, ni tampoco que constituyen la base de una conexión perdurable entre la caminata y la contemplación.

Caminar era tan importante para su sistema de pensamiento que Darwin muchas veces describía un problema en el que estaba trabajando en términos de la cantidad de recorridos por el sendero que necesitaría realizar para resolverlo. Sospecho que describir de esta manera los problemas lo ayudaba a resolverlos, y que mientras iba de una punta a otra del Sandwalk sentía que caminaba hacia una posible respuesta.

El Sandwalk resultaba un lugar tranquilo y perdía todo protagonismo cuando Darwin estaba profundamente inmerso en un problema. Por el contrario, cuando su mente estaba estancada o la inspiración se mostraba tercamente evasiva, le ofrecía liberación física y detalles impactantes. Bajo la escultural similitud de una hilera de árboles hay una tremenda variedad. En su ensayo *Caminar*, Henry David Thoreau observó lo siguiente: "Hay, de hecho, una suerte de armonía a descubrir entre las posibilidades del paisaje dentro de un radio de diez millas a la redonda, o entre los límites de una caminata vespertina y la totalidad de la vida humana". Siempre había algo más para observar entre la progresión de las estaciones, los ciclos de crecimiento y decadencia, el apareamiento y las migraciones de los animales, y la propia capacidad de trasladar la atención de los inmensos cambios del paisaje a las novedades al alcance de la mano. Darwin, con su extraordinaria capacidad para notar los pequeños detalles y cavilar sobre ellos hasta obtener una respuesta, habrá encontrado infinitos estímulos imperceptibles a otros ojos en el Sandwalk.

* * * * *

Si ponemos en práctica el hábito darwiniano de buscar hechos interesantes en "los rasgos comunes y corrientes" del ámbito cotidiano y miramos más de cerca su Sandwalk, descubriremos que es un modesto pero casi perfecto ejemplo de diseño contemplativo.

En los últimos milenios, un lenguaje común compartido por arquitectos, jardineros y usuarios por igual ha contribuido a configurar los espacios contemplativos. Los constructores jamás los catalogaron como sí catalogaron los estilos arquitectónicos o los diseños de jardines. Pero, una vez más, aparentemente nadie necesitaba un equivalente contemplativo de los libros tutelares a los que recurrían los arquitectos cuando debían diseñar fachadas o casas. Uno se enteraba de su existencia por rumores. Pero últimamente tanto los arquitectos como los psicólogos han comenzado a descifrar ese vocabulario y esa gramática. Y han descubierto que, ya se trate de parques o bosques, iglesias o laboratorios, monasterios católicos medievales o modernos jardines zen, arboledas sagradas o bibliotecas académicas, los espacios que ayudan a aquietar la mente e invitan a la reflexión siguen unas pocas y simples reglas.

Cuando un cliente le pidió hace unos años que diseñara un paisaje contemplativo, Rebecca Krinke hizo lo que hubiera hecho cualquier profesional: buscó libros sobre principios de diseño de espacios contemplativos. Existen numerosos estudios sobre jardines zen, iglesias medievales, monumentos en memoria de los caídos en guerras y otros lugares específicos, pero "realmente no pude encontrar nada que hablara del tema en general", recuerda con sorpresa. Finalmente encontró una clave para comprender los espacios contemplativos: la obra del psicólogo Stephen Kaplan, que pasó décadas estudiando experiencias restauradoras.

El interés dominante de Kaplan radica en lo que él denomina "atención dirigida": la clase de atención que debemos mantener cuando trabajamos sobre problemas complejos o afrontamos situaciones difíciles. La habilidad de focalizar nuestra atención concentrándonos en cosas particulares y evitando las distracciones –Kaplan la llama "inhibición", aclarando que actúa para proteger la atención dirigida– siempre ha sido importante, pero ahora necesitamos utilizarla mucho más que nunca antes. El problema es que las cosas a las que nuestra evolución como especie nos condujo a prestar atención naturalmente y sin esfuerzo alguno –cosas como animales amenazadores o sabrosos– son meras distracciones en un mundo de automóviles, planillas de cálculo y reuniones de negocios. En realidad, nosotros no tenemos problema para concentrarnos: es el mundo moderno el que ha creado una "brecha entre lo importante y lo interesante". Combine la exigencia de prestar atención durante horas interminables a cosas fundamentalmente aburridas con la creciente complejidad de los sistemas tecnológicos, y obtendrá la receta del desastre. Muchas fallas en los sistemas, accidentes automovilísticos y otras catástrofes tecnológicas comienzan como fallas en la atención o la capacidad de redirigir rápidamente la atención a situaciones nuevas.

Estudios anteriores ya habían documentado el valor restaurador de los ambientes y las vistas naturales, pero Kaplan fue el primero en identificar cuatro rasgos cruciales de las experiencias restauradoras. Primero, son *fascinantes*: "capturan nuestra atención sin plantear exigencias a nuestra mente consciente", dice Krinke. Segundo, brindan la sensación de *estar lejos*, particularmente para los residentes en grandes ciudades y las personas que pasan la mayor parte de sus vidas mirando la naturaleza por la ventana de la oficina o la ventanilla del auto. Kaplan denomina *extensión* o *alcance* al tercer rasgo: las experiencias restauradoras deben ser "lo suficientemente ricas y lo suficientemente coherentes [para dar la sensación] de todo un mundo completamente nuevo". Por último, poseen *compatibilidad*. Son fáciles de transitar y de comprender porque no nos plantean un cúmulo de cosas diferentes a la vez.

Todos sabemos cómo son estas experiencias. Perdernos en la lectura de un buen libro puede ser una experiencia restauradora si captura nuestra atención y nos transporta a otro mundo. Asistir a una ópera o a un ballet puede darnos la sensación de haber viajado a otro mundo (por algo muchas personas dicen que la música o los grandes bailarines las "transportan"). Todas estas experiencias tienen una fuerte semejanza con las experiencias de flujo.

Kaplan tenía interés en comprender por qué ciertas experiencias, como leer o caminar por el parque, son restauradoras. Krinke tenía la impresión de que estos principios pueden ser aplicados a comprender los medioambientes construidos por el hombre y la arquitectura.

Los espacios contemplativos son simples adrede. Los espacios cerrados tienden a usar un vocabulario y una paleta de color simples o a emplear la repetición, mientras que los jardines y parques dirigen la atención a una cantidad limitada de plantas o árboles. El aislamiento acústico, las cortinas y la sombra amortiguan el impacto visual y auditivo, incitando a los visitantes a relajarse y concentrarse. Simple no significa necesariamente austero o vacío: hasta la celda de una ermita tendrá su ventana y su pergamino o su cruz. Casi siempre, la simplicidad contemplativa es semejante a la del museo: el espacio está diseñado para que la atención se focalice en pocos objetos.

Esta simplicidad puede ser una estrategia para hacer que un medioambiente sea más tranquilo, o puede utilizarse para atraer más intensamente la atención hacia un lugar, un objeto o un ritual específicos. Nuestra conciencia del decorado de un gran teatro disminuye cuando se apagan las luces y empieza la obra; la simplicidad de un museo de arte dirige la atención de los visitantes hacia las obras que contiene. Hasta las catedrales se vuelven cálidas e íntimas cuando son iluminadas por velas durante la misa vespertina: los inmensos cielorrasos se esfuman en la sombra, permitiendo que el ojo humano vea a los fieles en un espacio más pequeño y por lo tanto más íntimo.

Los contrastes son otro rasgo estándar de los espacios contemplativos. El pequeño jardín enclaustrado oscurecido por la sombra de una montaña, el sendero de piedra que conduce a la orilla del agua, el pasaje umbrío y angosto que termina en una plaza iluminada por el sol, el templo que parece tocar el cielo... todos hacen confluir un micro y un macrocosmos, contrastan elementos, conjugan la oscuridad con la luz expansiva, o lo humano con la naturaleza. Disponer los espacios de modo tal de contrastar lo natural con lo construido, hacer pasar al visitante de lo pequeño a lo grande, o llevarlo desde la oscuridad hacia la luz... todas estas estrategias transforman un tránsito en un pequeño peregrinaje.

Los mejores espacios contemplativos deben brindarnos "la sensación de estar lejos" combinada con "la sensación de estar conectados con sistemas o partes más vastos de nuestras vidas", afirma Krinke. Visitar una cueva que fue sagrada hace miles de años para una civilización sin nombre y ya olvidada puede ofrecer innúmeros misterios, pero no esa sensación de conexión. Los parques urbanos, en cambio, son restauradores precisamente porque están físicamente cerca de la vida cotidiana de quienes los visitan y no obstante ello ofrecen algo muy diferente.

Los creadores de espacios contemplativos han intuido desde hace tiempo que los espacios indómitos, absolutamente salvajes, nos resultan amenazadores y por lo tanto para nada restauradores, y que nos tranquiliza ver huellas de la presencia humana en el paisaje. Una montaña con un sendero, o un desierto con un oasis y una tienda nómade a lo lejos, producen una sensación diferente de la que producen el mar abierto o la jungla cerrada. Los senderos y los objetos construidos contribuyen a volver comprensible el espacio: el sendero propone el rumbo, el gazebo o el altar encarnan el destino, el acto de caminar deviene peregrinación. Fácilmente pasamos por alto el rol crucial que la sensación de ubicación geográfica –la certeza de saber dónde estamos y hacia dónde nos dirigimos– desempeña en nuestra percepción de un lugar. Celebramos la libertad del vagabundeo errante, pero no tener un destino preestablecido no es bajo ningún concepto lo mismo que estar perdido: la habilidad de andar a la deriva y sin rumbo implica saber dónde estamos. (Imagine que camina por una ciudad que conoce bien, que pasa la tarde sin saber a dónde lo llevan sus pasos pero con conciencia constante de dónde se encuentra; ahora imagine cómo sería estar perdido en esa misma ciudad. Su recorrido puede ser exactamente el mismo en el mapa, pero la sensación será muy diferente en la realidad.)

El Sandwalk contiene todos los rasgos de los espacios contemplativos. Fue diseñado simple adrede, un ancho sendero oval en el terreno arrendado al vecino y colega científico John Lubbock, uno de cuyos lados miraba a la pradera mientras el otro se internaba en los bosques. Darwin no agregó locuras arquitectónicas u otras diversiones. Lo mantuvo simple, desmalezando aquí, plantando árboles y arbustos allí, pero sin tratar de competir jamás con el gran olmo viejo del seto (notó su imponente presencia la primera vez que visitó la propiedad) y preservando la armonía del sendero con la campiña que atravesaba.

Dentro de ese plan tan simple, sin embargo, Darwin diseñó con amplios contrastes. Tenía la costumbre de caminar por el límite sur de la propiedad, donde los setos y los cercos son bajos y se puede contemplar el campo abierto por encima de ellos y más bosque y más colinas en la distancia. Este sector desembocaba en un pequeño gazebo, al que la familia había bautizado como Casa de Verano. Cuando llegaba al gazebo, Darwin daba media vuelta y se dirigía al norte por otro sendero, más sombrío y más angosto, bordeado de árboles frondosos, hasta encontrar nuevamente un claro de luz.

La caminata también era una peregrinación. Para llegar al sendero, Darwin salía por la puerta trasera de la casa y caminaba por una senda recta y ancha flanqueada por invernaderos y jardines hasta una puerta de madera empotrada en un seto alto. La puerta daba a una pradera y al comienzo del Sandwalk. Aunque estaba a pocos metros de la vivienda familiar "parecía estar muy lejos de la casa", recordaba la nieta de Darwin, porque cruzar el seto equivalía a "apartarse por completo de la sociedad humana". Darwin describió Down House como una propiedad situada "en el confín del mundo". Y construyó el Sandwalk en el confín de ese confín: un refugio del bullicio doméstico de la respetable casa de campo.

La belleza del Sandwalk es natural, pero no salvaje. Darwin plantó cerezos silvestres, carpes y varias otras especies de árboles a lo largo del camino dentro de los límites de su propiedad y también embelleció el terreno arrendado a Lubbock distribuyendo árboles y arbustos sobre un lado e instalando una cerca sobre el otro. "Fue la mayor obra de ingeniería hortícola de Charles Darwin", me dice Jim Moore. Pero más allá de eso, la simplicidad del camino, las combinaciones y los contrastes de espacios cerrados y oscuros y espacios brillantemente iluminados, los cambios de perspectiva entre lo que estaba al alcance de la mano y lo que estaba muy lejos, la mezcla de lo humano y lo natural conjugan todos los elementos clásicos de los medioambientes restauradores y los espacios contemplativos.

¿Es una locura comparar el Sandwalk con una tecnología de la información, definirlo como una herramienta que Charles Darwin utilizaba para focalizar su mente?

Darwin delegó la tarea de registrar sus progresos en una pila de piedras, que movía de a una cada vez que pasaba. (Muchas veces sus hijos le escondían las piedras para ver qué tan absorto estaba en sus pensamientos.) Escribió dieciocho libros y monografías en Down House, entre ellos *El origen de las especies* (1859), *El origen del hombre* (1871) y *La expresión de las emociones en el hombre y en los animales* (1872). Pasó treinta y seis años de su vida recorriendo el Sandwalk. Suponiendo que haya salido a caminar trescientos días por año y caminado un promedio de dos millas diarias, habrá sumado más de veinte mil millas en su sendero pensante: suficientes como para dar la vuelta al mundo por segunda vez y para cambiar nuestra manera de verlo.

Mientras Moore habla de Down House, me impresiona imaginar lo paciente y decidido que debió ser Darwin cuando tendió el Sandwalk. Yo vivo en un mundo laboral donde los proyectos duran semanas o meses a lo sumo: los plazos de entrega son cortos, el mercado es competitivo y despiadado, y si uno no llega primero algún otro lo hará. El mundo en el que vivió Darwin parece completamente ajeno al nuestro pero el mundo natural que describió, esa vida de competencias y luchas interminables, nos resulta instantáneamente familiar. Mis amigos hiperinteligentes trabajan duro, pero prácticamente nada de lo que crean perdura: consagran sus vidas a construir cosas que sus competidores rápidamente destruirán y reemplazarán. Hasta las mejores ideas y los conocimientos más valiosos tienen una vida evanescentemente breve: dentro de cinco años, su propuesta técnica de última generación y sus patentes impresionantemente caras ya no serán hierba gatera para los inversores capitalistas sino materia prima para algún dispositivo tecnológico de mala muerte manufacturado por una fábrica en las afueras de Shanghai. Del mismo modo, nuestras propias vidas están signadas por la transitoriedad. Podemos estar aquí dentro de dos años, pero también podríamos estar en Seúl o en Dubai o en Boulder a la caza de la próxima oportunidad. Aunque no nos movamos de nuestra silla, sentimos que por lo menos la mitad de nuestra existencia transcurre en la Nube. Y cuando por fin regresemos a casa, el lugar habrá cambiado tanto que será imposible de reconocer.

Darwin, por el contrario, plantó todos esos árboles convencido de que el mundo los contemplaría durante décadas y de que su crecimiento acompañaría el proceso de escritura de su teoría de la evolución. Cuando arrendó las tierras de Lubbock, abrigaba la esperanza de tener "un sendero protegido" donde poder cultivar "el entretenimiento de cuidar y podar los árboles". La "orilla enmarañada" que describe hacia el final de *El origen de las especies* creció en miniatura a lo largo del sendero que diariamente transitaba. Down House fue un mundo que alternativamente lo estimuló, protegió y sustentó durante décadas.

Pero, de pronto, la realidad que vivimos parece ser muy diferente. ¿Cómo podríamos esperar reproducir algo como aquello?

La respuesta es que muy pocos de nosotros podemos hacerlo. Pero muchos podemos usar los principios de diseño que sustentan los medioambientes contemplativos y restauradores para generar experiencias e interacciones incluso en lugares pequeños, provisorios e inesperados. Y podemos aprender a usar herramientas para crear fascinación, retiro, extensión y compatibilidad.

* * * * *

Las obras de Krinke y de Kaplan explican por qué aprendí a utilizar los aviones como espacios contemplativos. Estando en esos ámbitos acalambrantes me focalizo en aquellos elementos que hacen de ellos medioambientes restauradores. Expulso de mi mente la comida plástica, los pasajeros estresados y los pequeños dramas por la posesión del compartimento de equipaje. Dejo que el vuelo se transforme en mi Sandwalk.

Esa conversión se fundamenta en mis propias asociaciones profundas entre el vuelo, la aventura y el descubrimiento. Cuando yo era un niño, mi familia migró entre los Estados Unidos y Brasil mientras mi padre trabajaba en su disertación. Mis recuerdos de infancia en Brasil son borrosos, pero mis recuerdos de *viajar* son vívidos. Las noches que pasamos viajando en ómnibus rumbo al Mato Grosso y a Ouro Preto, alejándonos de la costa tropical hacia las planicies del interior; los vuelos desde Río a Buenos Aires y Bogotá, la visión del Amazonas y de la cordillera de los Andes bajo las alas del avión... todas estas cosas son mucho más fáciles de recordar que los departamentos donde vivimos o las plazas donde jugué. Volar tiene para mí una suerte de glamour y excitación –en términos de Kaplan, una fascinación– que la aburrida realidad de los aviones demorados y los sobreprecios en la comida no pueden sofocar del todo.

Me enamoré de los vuelos en la década de 1960, cuando la idea de un viaje internacional económicamente accesible todavía era una novedad y el mundo aún no había sido conquistado por las marcas y cadenas globales. Los primeros aviones de pasajeros transatlánticos comenzaron a operar diez años antes de que yo subiera por primera vez a un avión, y los viajes sin escalas entre América del Norte y América del Sur eran todavía una rareza. Podríamos trazar un paralelo con la cultura de caminar en la época de Darwin. Cuando el joven Darwin hacía sus caminatas solitarias tras la muerte de su madre, la idea romántica de caminar como una forma de autodescubrimiento todavía estaba fresca y la *Historia Natural* de Gilbert White –que ayudó a despertar el entusiasmo del público por la botánica y la recolección de muestras– tenía unos treinta años de vida. Son estas asociaciones culturales las que me incitan a ver los aviones y los senderos como espacios contemplativos.

El medioambiente físico del avión, observo ahora, tiene todos los rasgos de un espacio contemplativo. Mi escaso espacio personal está atestado pero en orden y todo lo que necesito está a mi alcance: es una versión del jardín seco del zen, comprensible y comprensivo, físicamente pequeño pero infinito en su dimensión intelectual.

Mi atención permanece dentro de este pequeño mundo la mayor parte del tiempo. En los vuelos nocturnos –de lejos, mis favoritos– la cabina está a oscuras, iluminada por fuentes de luz que envuelven a los pasajeros laboriosos o insomnes y el titilar ocasional de las películas. No es un bosque, pero la mezcla de luz y oscuridad, la armonía entre la quietud y los estímulos ocasionales ayuda a que mi mente se aquiete y se focalice.

Hasta los elementos sonoros me ayudan a focalizarme. Yo suelo trabajar con música, pero no obstante ello todavía estoy ligeramente atento a los motores del avión: puedo sentirlos, además de oírlos. Los ingenieros de sonido utilizan sonidos de baja frecuencia, sonidos que la humanidad asocia con espacios grandes, para hacer que una habitación nos parezca más amplia de lo que es en realidad. (Los cineastas agregan ruidos sordos y bajos a la banda de sonido cuando la escena que están filmando pasa de un espacio pequeño a otro más grande.) Sospecho que, si bien mi espacio físico es claramente escaso y constreñido, en cierto nivel el zumbido del avión, esa compleja sinfonía que es producto del impacto del aire a temperaturas bajo cero contra el fuselaje de aluminio, hace que me sienta contenido dentro de un espacio más expansivo.

Y estar offline marca una diferencia. Es la expresión digital de estar lejos de las cosas: otra de las maneras, quizá pequeñas, en que el tránsito deviene peregrinaje. Sabiendo que no tengo acceso a mi correo electrónico ni a la Web, ni siquiera lo intento. Me veo liberado de cualquier asomo de deseo que pudiera sentir por conocer las noticias. La deliciosa comida chatarra de la distracción digital está fuera de mi alcance. Y más delicioso todavía es sentir que YO estoy fuera del alcance de los demás.

Por supuesto que no pasará mucho tiempo antes de que vuelva a estar online. Sin embargo, por ahora ese momento parece estar bastante lejos. El tiempo se suspende y se prolonga durante un vuelo largo. En algún momento tendremos que aterrizar, sí, pero durante esas horas comprimidas de la noche y la madrugada disfruto de esa sensación de ingravidez que experimenta una pelota arrojada al aire cuando se acerca al punto más alto y su aceleración se vuelve más lenta.

Soy consciente de mis fechas límite y, simultáneamente, no estoy constreñido por mis deberes habituales. Estoy profundamente inmerso en mi vida laboral, y al mismo tiempo apartado de mi vida cotidiana.

Otro dato igualmente importante: después de varios días seguidos de ajetreo frenético mi cuerpo tiene que parar, aun cuando mi mente continúe su carrera desenfrenada y yo esté cruzando varios husos horarios. Mi psiquis todavía está excitada por los preparativos del viaje aun cuando tengo la oportunidad (y la forzosa necesidad) de quedarme quieto durante diez horas, de sentir cómo el tiempo pasa lentamente. Esta alternancia entre rápido y lento, entre movimiento y quietud, entre inmovilidad física y carrera mental, crea un estado mental en el que acción y contemplación no se suceden como el día y la noche, sino que son simultáneas.

Pensamos en los recreos o descansos como sinónimos de desconexión, como cuando apagamos un aparato apretando el interruptor: estamos trabajando... o no estamos trabajando. Para las motivadas y arrasadoras personalidades alfa, la sola existencia de un botón interruptor es una falla lamentable en el sistema operativo humano. Pero las mejores experiencias restauradoras no son aquellas que proponen desconectarse. En esas experiencias los recreos no constituyen una interrupción para la mente laboriosa y creativa. Por el contrario: crean otra clase de estado —más sereno pero igualmente valioso— en el que la mente creativa continúa trabajando, solo que de una manera diferente, menos dirigida.

La inmersión en un estado más reflexivo y consciente lleva tiempo. No es algo que podamos hacer instantáneamente. Cuando medito, mi cuerpo demora unos minutos en calmarse y quedarse quieto; solo entonces puedo comenzar a despejar mi mente. Aprender a crear estados y espacios contemplativos, o aprender a convertir el mundo ordinario en un mundo capaz de sostenerlos, también lleva tiempo. Viajé en avión durante muchos años antes de empezar a trabajar creativamente en los aviones. Pero vale la pena darse tiempo para sumergirse en ámbitos restauradores durante unos minutos, aprender a convertir las pausas y los descansos en oportunidades de recargar la mente, aprender a disminuir la velocidad en vez de apagar el motor.

Es más fácil advertir estos cambios de clave en el transcurso de la jornada laboral, pero también podemos verlos concretarse con el correr de los años. Darwin pasó décadas en el Sandwalk: observó la diferencia entre la luz matinal y la vespertina, notó los cambios de las estaciones y durante cuarenta años vio crecer los árboles que él mismo había plantado. Su trayectoria intelectual y su combinación de viajes y contemplación demuestran cómo una vida creativa puede conjugar armoniosamente los momentos activos con los reflexivos, el viaje con el descanso, lo nuevo con lo familiar, el deseo atávico de soledad con la muy moderna sociabilidad. Darwin circuló por múltiples espacios en su época y fue cuidadoso respecto de los lugares que ocupó y de las cosas que permitió que lo ocuparan. Los resultados hablan por sí solos.

204 ————————————————— Enamorados de la distracción

Contamos con un vocabulario empobrecido para describir la restauración. Muchas veces se emplea forzada y equivocadamente el término "distracción" como sinónimo, pero cabe recordar que existe una enorme diferencia entre lo que ocurre cuando miramos un video de perros jugando al póker en YouTube mientras nos enviamos mensajes instantáneos (IM)[2] con varios amigos y entra un llamado urgente de la oficina, y lo que ocurre cuando emprendemos una caminata. Las actividades y los medioambientes restauradores ocupan la mente consciente, dejando libre al inconsciente para trabajar sin esfuerzo deliberado y sabiendo que la presión no es sinónimo de pulsar el botón de encendido.

Y si los descansos breves no bastan, pruebe apagar todos los aparatos que utiliza normalmente –todo lo que tenga wifi o pantalla, toda fuente de distracción– durante un día entero. Hágalo. Usted puede.

Notas

[1] *Life hacking* refiere a cualquier truco de productividad, atajo, habilidad o método novedoso que aumente la productividad y la eficiencia en todos los aspectos de la vida; en otras palabras, alude a cualquier cosa que resuelva un problema cotidiano de una manera inteligente y no obvia. [N. de la T.]

[2] Mensaje Instantáneo (IM) es un tipo de chat online que posibilita la transmisión de textos en tiempo real por Internet. [N. de la T.]

Capítulo 7

Descansar

Una noche de estas, desconéctese de los aparatos con cables y de los inalámbricos. Cierre la manguera de incendio de las alertas y las actualizaciones. Aíslese del tironeo de los miles de conexiones periféricas menores que lo acicatean durante una jornada normal. No asome por su cuenta de Facebook. Apague su conexión wifi. Ponga el teléfono celular en modo vibrador y no lo guarde en el bolsillo; en cambio, déjelo sobre la mesa. Ponga a cargar la tablet y los juegos. Guarde su laptop en el portafolios. Y guarde el portafolios en el placard.

Durante las próximas veinticuatro horas no esté online, no chequee su correo electrónico, no use nada que tenga pantalla. Vaya a buscar ese libro que empezó a leer el mes pasado (o el año pasado) y termínelo de una buena vez. Hojee alguna revista. Averigüe qué anduvieron haciendo sus amigos, no qué postearon. Invítelos a comer y cocine para ellos. Busque las velas y el sacacorchos, quíteles el polvo y utilícelos. Lave el auto o limpie su bicicleta. Haga lo que haga, trate de que sea algo interesante, algo que lo comprometa y entusiasme y lo haga sentir parte del mundo real.

Al principio será difícil. Si usted es como yo, estará acostumbrado a tener acceso a Internet las veinticuatro horas del día. Y estar sin Internet le parecerá inútil y contraproducente, incluso peligroso. ¿Y si alguno de sus conocidos se atascó en la banquina y está pidiendo ayuda por Twitter? (No se ría. Más de uno, en caso de emergencia o accidente, tuitea primero y después llama a la policía.) ¿Y si ocurre algo importante en algún lugar del mundo y usted no se entera? Racionalmente usted sabe que esta clase de ansiedad limita con lo absurdo. Pero el hecho de que sienta lo que siente es un claro indicio de que realmente necesita esto.

La noche siguiente, si corre a su computadora y siente que la luz de la pantalla es tan acogedora como una casa iluminada en vísperas de Navidad, no se preocupe. A usted le pasa lo mismo que nos pasa a todos.

No obstante, vuelva a hacerlo la semana próxima. Continuará siendo un desafío, aunque un poco más fácil.

Después de haberlo hecho dos o tres veces, comenzará a notar algunos cambios. A menos que sea corresponsal de guerra, reportero, agente de Bolsa o médico de sala de emergencias, descubrirá que su mundo no es presa del caos cuando usted está offline. Una importante cantidad del correo electrónico que recibimos a diario es descartable o puede esperar, pero nosotros aprendimos a pensar que todos los mensajes son urgentes. Si alguien realmente lo necesita, podrá contactarlo; en el mundo en que vivimos, los aviones son casi los únicos lugares donde tenemos la posibilidad de ser realmente inaccesibles.

Tal vez usted sienta que su mente está un poco más lenta, pero en el buen sentido. Parte del sedimento cognitivo suscitado por los malabares que debe realizar entre el trabajo, su vida personal y las distracciones virtuales empieza a asentarse. Y esa quietud que sigue a la tormenta, que casi siempre nos parece un vacío aburrido y aterrador que debemos llenar inmediatamente con algo, en realidad no es mala. Es la sensación de que la mente extendida despierta, la atención se reconstruye, y se recupera el equilibrio entre el componente humano y el componente hi-tech.

Bienvenido al Sabbat digital.

Como muchas innovaciones tecnológicas, el movimiento del Sabbat digital comenzó en Silicon Valley. El término se utilizó por primera vez en un curso sobre "el arte de alinear su vida interior y su vida exterior y vivir la vida de acuerdo con sus valores", dictado por Anne Dilenschneider –una psicóloga y consejera espiritual que trabaja con ONGs e iglesias de distintas confesiones– y Andrea Bauer, una coach de alto perfil que trabaja con CEOs y ejecutivos de Silicon Valley.

Ambas sabían por experiencia propia lo que era trabajar diez horas por día, vivir bajo el constante bombardeo del correo electrónico y las reuniones laborales, y haber perdido la capacidad de dar un paso al costado para reflexionar. Hasta los curas tratan a las iglesias como si fuesen emprendimientos noveles y, presionados para recaudar fondos, crean nuevos programas, ponen sus sermones en PowerPoint y aumentan su cantidad de feligreses. "Queríamos dar un curso que ayudara a las personas a volver a conectarse consigo mismas", recuerda Anne Dilenschneider desde Fargo, en Dakota del Norte, donde está terminando su residencia como psicóloga clínica y trabajando como pastora protestante. Inspiradas por la idea de Julia Cameron sobre la Artist Date[1], Anne y Bauer les propusieron a sus alumnos que pasaran un día entero desenchufados, que se tomaran un descanso del mundo laboral y de la interminable seguidilla de correos electrónicos, apagaran sus pagers y sus Palm Pilots (esa era la tecnología de punta cuando dictaron sus clases en el año 2001) y dedicaran el día a hacer cosas conscientemente low-tech.

Los primeros Sabbats fueron "todo un reto", recuerda Dilenschneider, pero "propiciaron algunas conversaciones fabulosas sobre por qué no podemos desenchufarnos, si realmente somos tan indispensables como para no poder hacerlo, y que el mundo no se va a acabar porque nosotros no estemos conectados". Los Sabbats digitales y otros eventos similares –que responden a los sugerentes nombres de Screen Free Week, Offlining y Disconnect Revolution– son mucho más populares de lo que eran cuando Dilenschneider y Bauer dictaron su primer seminario y atraen a un interesante grupo de personas online pero decididas a tomar conciencia.

Entrevisté a varios miembros del Sabbat digital para saber por qué decidieron desenchufarse, cómo lo hacen y qué beneficios les reporta. Son escritores, consultores, abogados, emprendedores independientes, diseñadores gráficos, ingenieros, educadores y hasta ejecutivos publicitarios. Su trabajo implica barajar múltiples proyectos y clientes múltiples y requiere creatividad y capacidad de autodeterminación y automotivación... En otras palabras, deben tener capacidad multitareas y ser capaces de autofocalizarse. Son expertos digitales, pero con frecuencia tienen también fuertes intereses analógicos. Uno de los primeros en proponer hacer pausas regulares en la conectividad, el profesor David Levy, de la Universidad de Washington, tiene un doctorado en inteligencia artificial (por la Universidad de Stanford) y capacitación avanzada en caligrafía y encuadernación de libros (estudió en el Roehampton Institute de Londres). Otros son fabricantes de cerveza, cocineros o practican deportes extremos. Los entusiasma compartir sus historias y tienen un costado anti-tecnológico o anti-moderno: casi todos dijeron "Yo no soy ningún ludita, pero..." al referirse a sus Sabbats digitales.

Algunas personas descubren los Sabbats digitales por accidente. Por ejemplo, Martina Stone descubrió los beneficios de estar completamente offline cuando su familia contrató un pésimo servidor de Internet. Martina acababa de dejar su empleo como consultora interna en una compañía tecnológica de Silicon Valley para desempeñarse como maestra de preescolar, pero todavía se sentía "abrumada por el volumen de material electrónico". Su familia estaba inquietantemente hiperconectada. Veía a su hijo adolescente estudiar con "un libro en la mano mientras miraba videos en YouTube, escuchaba música y enviaba mensajes de texto", y a su marido chequear su Blackberry con insistencia cada vez que salían juntos. Vérselas con el PSI fue una experiencia devastadora, según recuerda. "Me hicieron llorar", dice con tristeza fingida. Martina no tenía la intención de empezar a tomar Sabbats digitales, pero una mala conexión con Internet le proporcionó un bienvenido descanso de los padres entusiastas que buscaban voluntarios para los eventos escolares y del director de la escuela que esperaba que siempre estuviera accesible online.

David Wuertele se topó con los Sabbats digitales gracias a su hijo que recién empezaba a caminar. David se desempeña como ingeniero en la fábrica de automóviles eléctricos Tesla Motors –el biplaza eléctrico descapotable de alta gama de esa firma es un accesorio imprescindible para los capitalistas del mundo verde y los CEOs con conciencia social– y pensaba que estar online era "como respirar" desde sus días de estudiante en Berkeley. Empezó a estar offline para pasar los sábados con su hijo de un año. Al principio llevaba una tablet a la plaza, hasta que advirtió que, si su hijo quería hacer algo, él "le decía que esperara hasta que terminara de redactar un correo electrónico o un párrafo". Le preocupaba que su hijo sintiera que no le prestaba atención y que el correo electrónico lo distrajera de esos pequeños momentos que hacen única a la paternidad. Empezó a dejar la tablet en su casa, apagó el celular y adquirió la sana costumbre de llevar un libro para leer mientras su hijo dormitaba.

Shay Colson estuvo offline por primera vez cuando llevó a su esposa a Bali para su luna de miel, que duró nada menos que un mes. Shay es un fanático de la tecnología que puede decir, por los sonidos de las notificaciones del teléfono, si alguien es usuario de Android, Windows o iPhone. Pero, después de pasar varios años estudiando ciencias de la información en la Universidad de Siracusa, estaba dispuesto a "resetear" su comunicación con el humano prójimo y renovar su relación con la tecnología. Cuando comenzaron su viaje de bodas en el aeropuerto de Seattle, Shay y su esposa llevaban guías turísticas de verdad, boletos aéreos de papel e información de reservas impresa. Los únicos aparatos electrónicos eran una cámara digital y sus respectivos Kindles. Y así descubrió que, al eliminar la posibilidad de postear en Facebook una foto de sí mismo escribiendo "Esto es increíble, estoy haciendo esnórquel y tuiteando al mismo tiempo", le resultaba más fácil estar presente en el momento: "estar con mi esposa, ser plenamente consciente de lo que estábamos experimentando".

El Sabbat digital de Tammy Strobel es parte de un gran esfuerzo por llevar una vida más simple y más cargada de sentido. Tammy es escritora y diseñadora de páginas Web y hace ya dos años que viene experimentando la simplicidad voluntaria: dejó de usar automóvil y teléfono celular y se mudó con su esposo a una casa de 150 pies cuadrados especialmente construida para ellos en Oregon. Tammy comenzó con los Sabbats digitales cuando comprendió que utilizaba el correo electrónico y la Web para "evitar trabajar en serio o no tener que decirse 'Caramba, cada vez escribo peor, soy un fracaso'". Cuando empezó a sentir que funcionaban cada vez menos como herramientas y cada vez más como autodistracciones, decidió "apagar todos mis aparatos electrónicos" durante los fines de semana. Nada de correo electrónico, Internet o wifi; todo eso fue reemplazado por los libros y el tiempo compartido con su esposo.

Christine Rosen, editora en jefe de *The New Atlantis*, comenzó a tomarse Sabbats digitales después de escribir sobre un tema impactante: cómo algunas tecnologías, como la identificación por el ADN y el GPS, configuran sutilmente nuestra manera de experimentar el tiempo, el trabajo y la vida familiar. Sus escritos la volvieron especialmente consciente de hasta dónde las tecnologías pueden ser necesidades y perturbaciones. Un día notó que, cuando su esposo llevaba su laptop al living, "los chicos se sentían literalmente imantados por la computadora". Y a raíz de eso las computadoras fueron exiliadas de los espacios comunes familiares. Christine también notó que el tiempo que pasaba online estaba modificando su forma de leer. "Siempre fui una gran lectora", afirma. No obstante, se dio cuenta de que "leer online, de una manera fragmentada y dispersa, no me estaba dando ningún placer". Instaló en su computadora el bloqueador de Internet Freedom, un programa diseñado por Fred Stutzman, y comenzó a dedicar tiempo cada noche a la lectura de un libro. Con esos antecedentes, el Sabbat digital fue el próximo paso.

En su proyecto original, Dilenschneider y Bauer sugerían planear por anticipado las actividades del Sabbat digital, descartar las tareas domésticas y otras complicaciones que pudieran significar una distracción, e inventar un breve ritual que marcara el final del día y el retorno a la vida normal. Diez años más tarde, en plena efervescencia de las redes sociales, los iPhones, el Xbox y la Nube, ¿qué hace la gente que decide tomarse Sabbats digitales? ¿Qué aparatos desconectan, cómo pasan el día y qué obtienen estando offline?

Casi siempre, el tiempo es lo más fácil de definir: desde la salida del sol hasta el ocaso, o un día entero del fin de semana, son las opciones más populares. Es más fácil iniciar y mantener un Sabbat digital cuando tiene la predictibilidad de un ritual.

Decidir cuáles aparatos desconectar requiere un poco más de discernimiento. Ninguna de las personas que entrevisté desconecta absolutamente todo: "Nunca podré ser un perfecto amish", dijo un amigo, con encantadora pero imprecisa concisión. Algunas personas se guían por estándares técnicos: evitan todo lo que tiene pantalla, o desconectan todo lo que tiene wifi, o apagan todo lo que tiene botón de apagado. Esta clase de reglas son fáciles de recordar y hacer cumplir (lo cual resulta especialmente valioso cuando se tienen hijos) y pueden esclarecer los límites entre la vida normal y el Sabbat digital. En otros casos, usted podría querer alejarse de aparatos y servicios peculiarmente distractivos: algunas personas apagan sus teléfonos celulares y sus computadoras y les piden a sus hijos que entreguen su arsenal de videojuegos, pero no obstante permiten que toda la familia se solace con el Guitar Hero en la Xbox[2].

Muchos cultores del Sabbat digital deciden cuáles aparatos desenchufar basándose en los efectos psicológicos de las tecnologías, no en sus propiedades técnicas. La autora y consultora Gwen Bell, por ejemplo, desconecta "todo lo que, en mi experiencia, presenta algún rasgo adictivo". Shay Colson piensa que "estar online" se parece mucho a una "experiencia pavloviana" que hace que "seamos accesibles a inputs que no controlamos directamente". De acuerdo con esta definición, mirar noticieros por TV mientras esperamos que baje una película en Netflix o nos sumergimos en el DVR no sería una experiencia de ese tenor. Si la campanilla y las notificaciones de correo electrónico del teléfono celular están activas, usted está online; si el teléfono está en modo silencioso, usted está offline. "Es una cuestión de control, energías mentales, inputs y outputs", concluye. Para poder hacer estas elecciones debemos observar el uso que normalmente damos a la tecnología, pensar cuáles aparatos son más distractivos y más exigentes a nivel psicológico, cuáles interacciones pueden ser potencialmente adictivas. La introspección es el primer paso hacia una desconexión exitosa.

Lamentablemente, el segundo paso es la desorientación. Estamos tan acostumbrados a la idea de que estar offline es sinónimo de desaparecer, y de que la vida social es una red plana antes que una jerarquía, que desconectarse adrede del mundo online puede interpretarse como una actitud hostil y antisocial. Martina Stone quedó perpleja ante la cuasi unánime respuesta que obtuvo cuando les dijo a sus amigos y conocidos que estaba pasando menos tiempo online. "Yo pensaba que estaba siendo auténtica, compartiendo mi vulnerabilidad", dice. "Fui una ingenua. Todos me miraban espantados. No querían ni enterarse. Les parecía una actitud hostil. O rebuscada, preciosista. Era como si dijesen: *Mírenla a ELLA, tan delicadita, queriendo preservar su salud mental.* Realmente fue un antes y un después para mí." "No conviene decirles a los otros que vamos a estar offline, porque eso les brinda una oportunidad de plantear objeciones", dice Shay Colson. Pero admite que "si alguien me dice algo, yo le digo que no tenía Internet".

Al mismo tiempo, no tenemos por qué volvernos inaccesibles a las personas que REALMENTE dependen de nosotros. En tanto miembros de lo que los sociólogos han dado en llamar "la generación sándwich", responsable por igual del cuidado de los hijos y de los padres ancianos (en otros tiempos los científicos sociales llamaban "mujeres" a las personas que se ocupaban de esas tareas), a muchos adultos les disgusta la idea de estar completamente desconectados. El objetivo del Sabbat digital no es volvernos irresponsablemente inaccesibles, sino filtrar las distracciones innecesarias o la falsa urgencia de la última ocurrencia de un cliente o una oleada de tuits, sin dejar de ser accesibles al llamado telefónico del geriátrico o del jardín de infantes. Dejar que nos distraiga la ansiedad de pensarnos inaccesibles no es mejor que distraernos viendo la última foto del LOLcat.

Piense qué clase de actividades le interesan. Leer libros es el acto de protesta más popular contra las incursiones de la distracción digital. Escribir diarios personales, volver a conectarse con el placer físico de hacer trazos con tinta sobre una página en blanco, considerar que el ritmo más lento y la mayor permanencia de la tinta nos invitan a cavilar sobre las palabras, ocupa el segundo puesto. Cocinar es una actividad que requiere concentración, recompensa la creatividad, es intensamente táctil y puede ser solitaria o social. Lo mismo puede decirse de tejer y coser, por las mismas razones. David Wuertele, quien se define como "un ingeniero de ingeniero", dedica su tiempo offline a construir una fábrica de cerveza casera a escala industrial, con piezas de acero inoxidable hechas a máquina y a medida que él mismo está diseñando. (La pasión de Wuertele tiene un antecedente religioso; el monje Thomas Merton dijo alguna vez: "Amo la cerveza, y por eso mismo amo el mundo".)

Todas estas actividades son complicadas pero factibles: mentalmente absorbentes, comprometen los sentidos y proporcionan recompensas inmediatas. Casi todas pueden realizarse a solas o con amigos, dependiendo del estado de ánimo y de las circunstancias. Brindan algo similar al estímulo de estar online o embarcados en alguna aventura digital, pero evitan la distracción y no provocan esa sensación de tener que dividir nuestro yo y nuestra atención entre dos mundos. Son experiencias restauradoras, experiencias de flujo. Tenga paciencia. Al principio es normal sentirse incómodo estando offline durante un período prolongado, y solo con el correr del tiempo su mente aprenderá a aquietarse y sacar provecho de esa libertad desacostumbrada. Muchísimas personas dicen que las pone nerviosas no conectarse a Internet ni revisar sus correos electrónicos durante todo un día, que se sienten aisladas o que tienen dificultades para abandonar sus hábitos online. Para satisfacer su anhelo de postear actualizaciones, Gwen Bell "tuiteó sobre papel" (en otros tiempos, llamaban a eso "escribir") durante su primer Sabbat digital. A todos nos preocupa tener un correo electrónico urgente esperando en la bandeja de entrada, perder un llamado telefónico importante o no enterarnos de una noticia crucial. Pero después de varios años de Sabbats digitales colectivos, mis entrevistados dicen que nunca se les pasó por alto una comunicación importante y que cuando alguien realmente quiere encontrarlos, los encuentra.

No cometa la imprudencia de pensar que el Sabbat digital es una vacación de un día. Como bien me recordara en su momento Dilenschneider, el Sabbat judío original ofrece a los creyentes la oportunidad de "recordar que estamos hechos a imagen y semejanza de Dios, y de que no somos valiosos por lo que *hacemos* sino por lo que *somos*". Pero para eso tenemos que hacer el esfuerzo de descubrir qué somos. Así se "crea la obligación de conocerse a sí mismo, de despertar y ser consciente". Eso significa salir de la turbulenta corriente del mundo y la conectividad para entrar en otra clase de espacio, muy diferente, que sustituye velocidad por quietud, reacción por reflexión. Es una invitación a considerar el Sabbat digital como una posibilidad de renovación espiritual.

Tal vez esta idea le resulte ajena. Si es así, no está solo: el movimiento del Sabbat digital es, en sí mismo, un tanto ambivalente en cuanto a sus raíces religiosas. Dilenschneider y Bauer dictaron su ya legendaria clase del año 2001 en una iglesia luterana. El Manifiesto del Sabbat, un conjunto de diez principios para ayudar a "desacelerar la vida humana en un mundo cada vez más frenético" publicado en 2009, fue lanzado por el grupo reformista judío Reboot. Y si bien la sugerencia de apagar los aparatos electrónicos y conectarse con los seres queridos, encender velas, beber vino y comer pan evoca manifiestamente la tradición judía, el Manifiesto rehúye la religiosidad en favor de la inclusión.

La mayoría de los sabáticos digitales que entrevisté no son religiosos, o bien se definen como "observantes moderados" o "personas espirituales" antes que religiosas. Me recuerda la advertencia "Yo no soy ningún ludita" que escucho tan a menudo: la gente traza fronteras en torno de su propia conducta. Intrigado, le pregunté a Morley Feinstein, gran rabino de la University Synagogue de Los Ángeles, qué significaba eso. Feinstein ha liderado congregaciones en el Oeste Medio y en California y tiene tal aspecto inconfundible de rabino que podría encarnar a uno en la televisión. De hecho, una vez hizo un cameo en la serie televisiva *Curb Your Enthusiasm*.

Feinstein me explicó que muchas personas "terminan haciendo cosas que manda la tradición, pero Dios prohíbe que se llamen a sí mismas religiosas". Es una cuestión de autopercepción y de cómo creemos que nos perciben los otros, como bien dice Daryl Bem. "Religiosos" eran nuestros abuelos. "Ser 'espiritual' está bien", prosigue, "pero si uno dice que es 'religioso' los otros enseguida piensan que nació en Borough Park" (un barrio jasídico de Brooklyn).

Feinstein suena un tanto exasperado, pero en realidad simpatiza con las personas que necesitan un descanso de sus aparatos electrónicos pero no poseen un lenguaje que les permita explicarse. "Cuando la gente dice 'voy a apagar mi iPhone durante el Sabbat' no está diciendo 'necesito recuperar mis neuronas'", señala el gran rabino. "Haciéndolo obtienen beneficios espirituales, emocionales y de salud. Es una práctica tradicional. Pero eso es difícil de admitir si uno es ultra-hip."

Este movimiento es parte de una historia más larga de recreación del Sabbat. Otros eventos del calendario religioso pueden ser descartados como resabios de una era agraria o por ser prácticas demasiado exigentes para la época moderna, pero el Sabbat es "el único feriado que está escrito en los Diez Mandamientos, por lo que jamás ha perdido su significado ni su poder". Es inevitable. Por lo tanto, prosigue, "cada quince años hay un intento de volverlo más significativo aún, más accesible". El Sabbat digital no es sino el esfuerzo más reciente para actualizarlo.

Simpatizo con la idea de que el Sabbat digital debe acogernos a todos, sin distinción de credos, y me parece sensato que no se ponga énfasis en la doctrina ni en las minucias de la observancia. Un aspecto esencial de la computación contemplativa es, precisamente, averiguar qué estrategia funciona para cada quien sin establecer jerarquías ni distinciones.

Los escritos más antiguos sobre el Sabbat tradicional contienen algunas ideas valiosas, independientemente de la fe que profesemos. Pero tal vez no sea obvio para todos que los textos religiosos pueden ayudarnos a pensar la tecnología, y quizá la idea de profundizar en las escrituras judías sobre el Sabbat resulte un tanto perturbadora.

Comprendo perfectamente. Yo no soy religioso y la mayoría de mis amigos son cosmopolitas escépticos o están demasiado ocupados los domingos con el trabajo, los paseos o los campeonatos deportivos de sus hijos como para ir a la iglesia. Mi acercamiento a la religión es analítico y antropológico: soy capaz de observar lo que hacen los creyentes y apreciar cómo eso enriquece sus vidas, pero no puedo experimentarlo en carne propia. De modo que podrán imaginar mi sorpresa cuando abrí *The Sabbath: Its Meaning for Modern Man*, un libro escrito por el rabino Abraham Heschel en 1951, y descubrí que me hablaba con mayor profundidad que ningún otro libro que hubiera leído hasta entonces.

No es una guía para la observancia del Sabbat, sino un análisis de su significado más profundo. Más de sesenta años después de su publicación, *The Sabbath...* continúa siendo una pequeña, multifacética y brillante joya. Consagró la reputación de Heschel como uno de los teólogos judíos más eminentes del siglo XX. Daniel Nevins, decano del Seminario Teológico Judío de Nueva York, explica que Heschel sigue siendo "reverenciado por su escritura poética". "Es rotundamente admirado", concuerda Morley Feinstein. Y luego agrega el máximo cumplido: "Heschel es el Einstein de la teología moderna".

La comparación es válida en dos niveles: su obra refleja una genialidad singular y, al igual que la teoría de la relatividad de Einstein, *The Sabbath...* trata sobre la naturaleza del tiempo y del espacio y cómo nos relacionamos con ellos.

Más allá de que nos resulte aburridamente familiar, arguye Heschel, el Sabbat está organizado en torno de algunas ideas radicales. Es profundamente igualitario: todos, incluidos los sirvientes y los pobres, tienen derecho a disfrutarlo. (Hasta las bestias de carga tienen el día libre.) Es innovador en tanto asigna sacralidad al tiempo antes que al espacio. Las antiguas religiones veneraban a deidades locales que vivían en montañas, selvas o bosques sagrados. El libro del Génesis, en cambio, describe el mundo como "bueno", pero establece que solo el día del Sabbat es "sagrado". El judaísmo, concluye Heschel, "es una religión del tiempo que aspira a la santificación del tiempo" y la Biblia estimula a sus lectores a reconocer que "cada hora es [...] única e infinitamente preciosa".

En "la arquitectura del tiempo" del judaísmo, el pináculo de los rituales y conmemoraciones es el Sabbat. "El sentido del Sabbat es celebrar el tiempo", dice Heschel. E incluso, entre los rituales judíos, es el único que aspira a dar a los observantes una sensación de lo sagrado y lo eterno. La mayoría de los eventos del calendario judío dependen de la naturaleza o de la historia, pero el ritmo del Sabbat no está sujeto al ciclo lunar ni a las estaciones: imita el ciclo de la Creación misma. Insta a los creyentes a ver el tiempo y el espacio tal como Dios los hizo. Por cierto, aduce Heschel, "la esencia del Sabbat es por completo ajena al mundo del espacio". El Sabbat brinda la oportunidad de "estar en armonía con la sacralidad del tiempo" construyendo "un palacio en el tiempo... un palacio hecho de alma, de alegría y de rectitud... un recordatorio de nuestra adyacencia a la eternidad".

Para este descendiente de una muy respetada familia de rabinos de Europa del Este, este filósofo educado en Berlín que logró escapar de la Alemania nazi en vísperas de la Segunda Guerra Mundial, la idea de una religión que vivía "en el reino del tiempo" y podía sobrevivir a la pérdida de los lugares habrá sido poderosa y reconfortante. Pero las ideas de Heschel sobre el tiempo, la renovación y la relación del Sabbat con la vida ordinaria pueden ayudarnos a aprovechar mejor nuestros Sabbats digitales.

El tiempo del Sabbat, con su "adyacencia a la eternidad" y su desdén por los avatares de la política y el comercio, no podría ser más diferente del tiempo en el que fluyen las noticias y la información, se realizan las transacciones financieras y ocurren otras actividades online... es decir, "el tiempo real". La expresión "tiempo real" surgió por primera vez a fines de los años '50 entre los científicos de la computación que diseñaban sistemas que pudieran analizar y responder a la información a medida que la iban recibiendo. Todo comenzó con el intento de crear computadoras capaces de *reflejar* la realidad, pero desde entonces han adquirido el poder de *cambiar* la realidad. Hoy pueden forjarse rápidamente grandes fortunas en tiempo real, se pueden realizar transacciones financieras unos microsegundos antes que la competencia, lanzar más velozmente productos al mercado, dar a los usuarios de redes sociales la seductora sensación de que pueden saber lo que otras personas están pensando o haciendo *en este preciso instante*. En este mundo, si usted no está online, aunque sea por un rato, estará perdido y perderá dinero.

La característica más consistente del tiempo real es su inestabilidad inherente. En la medida en que los sistemas de computación se vuelven más rápidos, el tiempo real se acelera; puesto que cada vez están más finamente entretejidas en el mundo, las exigencias del tiempo real intrusan partes cada vez más grandes de nuestra vida cotidiana. El tiempo real es imperativo e insistente. Siempre quiere ir –quiere que *nosotros* vayamos– un poco más rápido. No es como el tiempo estandarizado de las fábricas y los ferrocarriles decimonónicos, que atesoraba la predictibilidad y estaba calibrado por los relojes exactos de los acontecimientos astronómicos. Es muy diferente de los ritmos de la naturaleza y de nuestro reloj biológico. Y no podría ser más diferente de las largas, majestuosas, eternas escalas de tiempo de la creación y la eternidad.

Tratar de seguirle el ritmo al tiempo real puede costar muy caro. El tiempo real crea servicios para que la vida y la comunicación online sean más veloces y tengan menos fricciones: compras con un clic, mensajes de texto en vez de correos electrónicos. Interrumpe la vida para sustraerla de toda interrupción. Intentar vivir a la velocidad de las finanzas y el comercio y la comunicación nos obliga a focalizarnos en el momento presente –el instante presente– y socava nuestra capacidad de detenernos a pensar. "Las mentes, las empresas, las ciudades, las sociedades: todas necesitan tiempo para integrar y procesar las nuevas ideas", dice Anthony Townsend. "Si usted piensa que debe reaccionar constantemente e instantáneamente, el descanso, la contemplación y la deliberación –la capacidad de pensar en lo que está haciendo– se esfuman." La exposición implacable y constante al tiempo real, argumenta, "destruye tanto la capacidad de tomar decisiones como la capacidad contemplativa".

Por lo tanto, la idea que Heschel tiene del Sabbat como invitación a entrar en el "palacio del tiempo" desde donde se avista la eternidad, de experimentar el tiempo como algo que responde al reloj de la Creación antes que a la velocidad de la luz, es hoy más valiosa que nunca. Los espacios virtuales y dispositivos digitales generan una "tiranía de las cosas" terriblemente íntima, en maneras que Heschel no predijo pero seguramente habría apreciado. Trabajamos, como siempre se ha hecho, "para obtener cosas". Pero, siguiendo a Heschel, "las posesiones devienen símbolos de nuestras represiones, en aniversarios de nuestras frustraciones [...] Las cosas, cuando se las magnifica, son simulacros de felicidad y constituyen una amenaza para nuestras vidas". Si inconscientemente tratamos a las computadoras como si fueran personas, nuestros aparatos móviles actuarán como niños pequeños: serán ultra receptivos y ultra reactivos, se mostrarán ansiosos por complacernos y al mismo tiempo opresivamente demandantes, estarán siempre en vilo (encendidos) e insistirán en que les prestemos atención. Hoy en día, convivimos con y vivimos nuestras vidas a través de objetos que comprimen nuestra experiencia del tiempo, que reemplazan el ritmo de los días y de los metabolismos corporales por el "tiempo real" 24/7 de las redes y los mercados. La advertencia de Heschel "somos acosados antes que respaldados por los Frankenstein de las cosas espaciales" parece más verdadera que nunca ahora que esos Frankenstein han comenzado a exigir atención y amor a sus creadores.

Lo que ofrece *The Sabbath...* es un día en el que está permitido alejarse de todo eso. Una vez por semana está bien "acumular antes que disipar el tiempo" y "enmendar nuestras vidas desperdigadas". Hacia allí se dirigen los sabáticos digitales. Ellos intuyen que al lenguaje de la desconexión subyace la oportunidad de hacer algo profundo: enmendar nuestra relación con el tiempo, tener la posibilidad de aprender a acumular en vez de disipar el tiempo, una invitación a experimentar un tiempo más majestuoso y místico que aumente nuestra capacidad de atención, de presencia, y nuestra habilidad para dar sentido a la vida.

Algunos ven el Sabbat digital como una moda pasajera, e incluso como el equivalente de una dieta de choque. *The Digital Diet*, de Daniel Sieberg, e *Information Diet*, de Clay Johnson, argumentan que el Sabbat digital es inherentemente insostenible. Morirse de hambre, advierten, no puede ser la base de patrones de consumo más saludables. No podemos cambiar nuestros hábitos de consumo digital desconectando todos nuestros aparatos durante unos días, así como no podemos resetear el metabolismo de nuestro cuerpo pasando un par de días sin comer. Para ellos, el Sabbat digital es como esas medidas extremas que proponen las dietas milagrosas y los gurúes de la pérdida de peso: el equivalente electrónico de un lavaje de colon.

Si pensamos la información como comida, la crítica que le hacen al Sabbat digital es perfectamente razonable. Pero es una manera equivocada de pensarlo. Los días sagrados de las religiones —como lo son el Ramadán para el Islam, el Miércoles de Ceniza para el catolicismo y el Yom Kipur para el judaísmo— no son planes de dieta; su intención es completamente otra. Tampoco son ejercicios de ascesis. La abstención ritual del alimento pretende edificar la piedad, reorientar la atención alejándola de las preocupaciones mundanas, fomentar la autodisciplina y la restricción, limpiar el cuerpo y purificar el alma... no eliminar kilitos pecadores.

Del mismo modo, el objetivo de observar el Sabbat digital no es simplemente rebajar nuestro "índice de peso virtual" —así llama Sieberg a nuestros aparatos digitales y nuestras identidades online—. El Sabbat digital nos brinda la oportunidad de cambiar los desafíos y estímulos de la Web por los de los libros y los paisajes, la gratificación de los Me Gusta y los seguidores por los placeres de cocinar o realizar alguna artesanía, las recompensas de trabar amistad con personas que viven en el extremo opuesto del mundo por conectarse con las personas que tenemos cerca.

En las entrevistas, los sabáticos digitales explican cómo esas brechas en la conectividad mejoran su vida cotidiana y renuevan sus relaciones online. Descubrir cuán pocos correos electrónicos importantes se pierden de leer mientras están offline es toda una revelación para ellos. El correo electrónico sabe hacernos sentir su supuesta urgencia. Pero cuando no nos dejamos cautivar por su canto de sirena, descubrimos que la presión es casi por completo artificial. "Jamás me perdí nada importante por tomarme un día libre", dice Christine Rosen. Y Shay Colson no pudo menos que maravillarse al comprobar cuán pocos mensajes sustanciales habían llegado en el transcurso del mes de su luna de miel. "Solo había unos pocos que valía la pena leer", recuerda. "La relación señal/ruido[3] está tan fuera de proporción que es casi abrumadora."

El Sabbat remueve nuestras conexiones periféricas. Ninguno de sus cultores se desconecta por completo, pero muchos hablan de comunicación selectiva. Martina Stone dice que, cuando empezó con los Sabbats digitales, su "comunicación se volvió personal por omisión". "Al principio la gente se enojaba", recuerda. "Me provocaban diciendo: *¿Y ahora con qué vas a salir? ¿Vas a andar en un carro tirado por caballos?* Pero los pocos con quienes realmente importa comunicarse siempre saben cómo encontrarme." Tammy Strobel descubrió que "reducir" el tiempo que dedicaba al correo electrónico le "permitió escribir cosas más significativas". El correo electrónico es útil, "pero deja de serlo si me pongo a chequearlo cada quince minutos o si me siento distraída o apremiada".

El Sabbat digital también aumenta la capacidad de concentrarse en tareas complejas e intrincadas, de experimentar y apreciar el carácter único de algunos momentos, de focalizarse más en las personas que nos rodean. Esa capacidad de prestar atención es crucial para las relaciones. "Desarrollar una relación exige estar presente en el momento, ser conscientes de cómo nos conducimos", afirma Tammy Strobel. Y esa sensación de presencia es difícil de mantener cuando uno vive preguntándose qué habrá en su bandeja de entrada. Puesto que somos más libres para pasar el tiempo absortos en cosas que nos gusta hacer y que son interesantes y divertidas, desarrollar actividades offline es restaurador y no distractivo.

Reducir el spam y las conexiones periféricas también genera bloques de tiempo ininterrumpidos y libres de distracciones. Como bien dice Gwen Bell, la mayoría de nosotros estamos acostumbrados a "subdividir" el tiempo "en incrementos cada vez más pequeños", y lo dividimos todavía más cuando hablamos por teléfono con alguien mientras trabajamos en la computadora. Nosotros abrigamos la no tan secreta esperanza de que esta actitud nos vuelva más productivos, pero en realidad surte el efecto contrario. Pasar largas franjas de tiempo haciendo una misma cosa ilustra a las claras que cambiar de tarea constantemente nos vuelve ineficaces. Shay Colson concuerda conmigo. Es "asombrosa la cantidad de tiempo que tiene el día cuando uno no lo gasta en estupideces", dice. "Los días son largos y se pueden hacer montones de cosas. Todos sabemos que es así, pero lo olvidamos, sobre todo cuando estamos distraídos haciendo lo que sea que hagamos online."

Establecer distinciones entre tiempo online y tiempo offline facilita la finalización de tareas y permite mantener la diferencia, no siempre tan nítida, entre el trabajo y la vida cotidiana. "Me siento más libre" con las fronteras claras que establece el Sabbat digital, afirma Tammy Strobel. "No tengo que estar atada a mi correo electrónico." En vez de estar online hasta la hora de acostarse, "desenchufo todo y me concentro en la lectura o converso con mi esposo". Gracias al Sabbat digital, Christine Rosen presta "mucha más atención al paso del tiempo durante el día. Soy mucho más consciente de lo que hago. No es un sacrificio. Es una pausa antes de comenzar, una vez más, una semana atareada".

* * * * *

Abraham Heschel veía el Sabbat como una compensación de la "civilización" moderna, una manera de "trabajar con las cosas del espacio pero estar enamorados de la eternidad". En su lectura del Génesis, el séptimo día –día en que Dios creó la felicidad y la tranquilidad y perfeccionó el universo– no era el final de la creación, sino su culminación. Heschel argüía que nosotros, en tanto seres humanos, estamos obligados a recrear esa felicidad y esa tranquilidad. "El descanso sin espíritu", advierte severo, "es la fuente de toda depravación".

El Sabbat no es un día para dedicar al ocio o a la diversión sin conciencia plena. Para Heschel el descanso del Sabbat no es *pasivo*; es *activo*. En

The Sabbath... Heschel guarda un impresionante silencio en cuanto a si debe realizarse o no alguna actividad en particular durante el Sabbat. Es casi imposible imaginar, leyéndolo, que sus colegas aún debatan si a los judíos residentes en los suburbios puede permitírseles conducir sus automóviles hasta la sinagoga, o si apretar el botón de un ascensor puede considerarse "trabajo", o si la electricidad es una forma de "fuego" que no debe encenderse. Para Heschel, evitar el trabajo no era sinónimo de ser inactivo. Significaba evitar las ocupaciones de tipo económico, "productivo", que nos mantienen atareados seis días por semana, para crear un espacio donde poder hacer otras cosas, más importantes, y además hacerlas bien. "El trabajo es una artesanía", dice Heschel, "pero el perfecto descanso es un arte. Para alcanzar un grado de excelencia en el arte, debemos aceptar su disciplina, debemos abjurar de la pereza". En otras palabras, Heschel no abogaba por el descanso pasivo, sino por la restauración.

Aquellos que aprovechan mejor el Sabbat digital lo usan como un tiempo de autorreconstrucción, de reencuentro con amigos, de reaprendizaje y práctica de sus atesoradas habilidades predigitales, de reconexión con el mundo real. Desconectarse del millón de requerimientos e interacciones menores que nos inducen a la distracción y el agotamiento es bueno, pero intentar recuperar la quietud mental por el solo hecho de "desenchufarnos" es como intentar reparar un edificio abandonándolo. El Sabbat digital no solo se define por aquello que desconectamos e ignoramos –por las notas que no tocamos–, sino también por lo que hacemos con las pausas. Heschel lo llama "el silencio de abstenerse de actos ruidosos", y sería algo así como una Habitación de Requisitos Operativos a la que podemos amoblar con todo aquello que necesitamos. Desenchufarse es el medio; redescubrir una sensación más humana del tiempo y reconstruir nuestro espíritu son los fines.

Notas

[1] La Artist Date es una expedición solitaria, festiva y semanal para explorar algo que nos interesa. [N. de la T.]

[2] Consola de videojuegos fabricada por Microsoft. [N. de la T.]

[3] La relación señal/ruido (en inglés *Signal to noise ratio,* SNR o S/N) se define como la proporción existente entre la potencia de la señal que se transmite y la potencia del ruido que la corrompe. [N. de la T.]

Capítulo 8

Los ocho pasos que conducen
a la computación contemplativa

La computación contemplativa se rige por ocho principios. Ya los estamos utilizando cuando aprendemos a ser conscientes de cómo los aparatos electrónicos y las redes sociales afectan nuestra respiración y nuestro estado de ánimo; cuando reemplazamos el pasar de una cosa a otra por la capacidad multitareas; cuando adoptamos herramientas y prácticas especialmente diseñadas para proteger nuestra atención; cuando tuiteamos con atención plena; cuando empleamos los espacios restauradores y el Sabbat digital para recargar la mente. Estar familiarizado con los ocho principios y ver cómo conjugan el entrelazamiento, el Zenware, la atención plena, la autoexperimentación y la restauración puede ayudarnos a crear relaciones con las tecnologías de la información que mejoren nuestra mente extendida. La presencia de estos ocho principios indica que estamos usando las tecnologías en maneras que nos permitirán mejorar nuestra mente y restaurar nuestras capacidades de focalización y concentración; su ausencia es una señal de que nuestra relación con las tecnologías nos está perjudicando.

El primer principio es SER HUMANO. En el mundo *high-tech* de hoy, eso significa dos cosas.

Primero, significa apreciar que el entrelazamiento es una gran parte de lo que somos, de quiénes somos. Los humanos tenemos una increíble capacidad para usar las tecnologías con tanta destreza y pericia que se nos vuelven invisibles, sabemos incorporarlas a nuestro esquema corporal y emplearlas de modo tal de extender nuestras habilidades mentales y físicas. Hemos cultivado esta capacidad durante más de un millón de años: la evolución de las manos y la invención de herramientas, la conquista del fuego, la domesticación de los animales y el cultivo de plantas para obtener comida y ropa, la invención del lenguaje y de la escritura, todo esto nos ha vuelto más humanos y también nos ha entrelazado profunda y decisivamente con las tecnologías. No deberíamos, por lo tanto, resistirnos al entrelazamiento con la tecnología de la información. Deberíamos reconocer lo que está en juego, exigir la oportunidad de hacerlo bien, e insistir en el uso de aparatos electrónicos que nos sirvan y nos merezcan. (Si alguna vez se redacta una Declaración de Derechos Cyborg, este será su primer artículo.)

Segundo, significa reconocer cómo afectan las computadoras nuestra manera de vernos a nosotros mismos. Las tecnologías de la información evolucionan permanentemente ante nuestros ojos, aumentan de manera inaudita su poder y su sofisticación, invaden cada rincón de nuestras vidas y parecen decididas a igualar y superar nuestra inteligencia. Con cada año que pasa, nuestro cerebro de la época de las cavernas se siente menos apto para este mundo *high-tech*. Y hasta las interacciones ordinarias con las computadoras pueden hacernos sentir estúpidos. Así es fácil pensar que nuestros cerebros son lentos y enclenques en comparación y sentir una especie de resignación ante nuestra obsolescencia cognitiva en ciernes cuando nuestra suprema nueva computadora supera con creces nuestra inteligencia y nuestra memoria. Pero debemos recordar que la inteligencia y la memoria humanas son diferentes de sus equivalentes digitales. Usamos las mismas palabras para definirlas, pero eso solo contribuye a oscurecer sus enormes diferencias. Necesitamos recordar que el "tiempo real" no es el tiempo humano, sino la expresión de la creencia en que la velocidad de las transacciones comerciales y financieras puede acelerarse siempre un poco más, en que la brecha entre los hechos y el reporte de los mismos puede reducirse a cero, y en que las personas deben dedicar menos tiempo a leer, decidir y responder a los cambios que ocurren en el mundo y en sus lugares de trabajo. Y nada de todo esto tiene por qué ser cierto.

El segundo principio es SER CALMO. La decisión del Calming Technologies Laboratory de crear herramientas que propicien un estado de "alerta descansado" combina perfectamente bien con las antiguas ideas que consideraban la calma como un fundamento de la contemplación.

Casi siempre pensamos en la calma como un estado puramente físico, o como la ausencia de perturbaciones en la mente o en lo que nos rodea. Estamos calmos cuando permanecemos acostados en la playa durante las vacaciones, lejos de la oficina y de las preocupaciones cotidianas. Sin embargo, la contemplación aspira a una clase diferente de calma: es una calma activa antes que pasiva, disciplinada y autoconsciente. Es la placidez mortífera del samurai, la serena frialdad bajo presión del piloto experimentado, el producto de un compromiso experto que captura nuestra atención y no deja lugar para las distracciones.

Este tipo de calma requiere entrenamiento y disciplina y una profunda comprensión de los artefactos y del propio yo. Pero no es una calma que exija alejarse del mundo: por el contrario, posibilita la acción fluida y rápida en el mundo. El objetivo no es la huida, sino el compromiso: en nuestro caso, preparar un medioambiente donde nuestro entrelazamiento con los aparatos electrónicos y las redes sociales quede bajo nuestro control.

El tercer principio es ESTAR ALERTA. Debemos conocer qué se siente estando alertas y aprender a detectar las oportunidades de ejercer una atención plena estando online o usando aparatos electrónicos.

Una de las razones por las que la meditación es una herramienta tan valiosa para la computación contemplativa es que brinda una experiencia de atención plena, simple y sin adornos. Podemos tener atención plena haciendo cualquier cosa, desde arquería hasta arreglar la motocicleta, pero dado que esas actividades ofrecen una amplia variedad de desafíos y satisfacciones puede ser difícil identificar aquellas partes que comprometen la concentración y facilitan la autoobservación despejada. Al reducir la experiencia al mínimo y no alimentar la mente –de modo que esta solo se focalice en sí misma–, la meditación aumenta nuestra capacidad de reconocer la atención plena cuando la experimentamos en estado salvaje.

Los monjes y monjas budistas consideran que estar online les brinda una oportunidad de practicar la atención plena, así como nosotros notamos que la mente comienza sus errabundeos durante la meditación. Sería difícil encontrar dos lugares más diferentes que la sala de meditación y la Internet, pero la técnica es valiosa. La hermana Gryphon la explica muy bien. A pesar de llevar ya siete años como monja, confiesa que a veces todavía se distrae. "Estoy mirando una enseñanza de Chogyam Trungpa Rinpoche en YouTube y, no sé cómo, de repente aparezco mirando el video de un gato que ladra como un perro", se ríe. "¿Pero quién dice que eso es malo? Después de todo, somos seres curiosos." La afable monja traza un paralelo con sus años de estudio del zen, cuando sus maestros la urgían a no desalentarse al notar que su mente se distraía durante la meditación. Es como levantar una mancuerna, le decían: cada vez que usted refocaliza su mente, su meditación se fortalece. Al igual que sus compañeros monjes, Gryphon considera que la Web es un mar de distracciones que los desafía a cultivar la atención plena y a hablar y actuar compasivamente.

Los monjes budistas ven la Web como un lugar donde poner a prueba su atención plena y su capacidad de sentir compasión y de actuar rectamente. Las distracciones y el anonimato del mundo digital hacen que sea fácil olvidar que, en última instancia, estamos interactuando con personas de carne y hueso, no con páginas Web. Damchoe Wangmo nos recomienda "investigar las propias motivaciones antes de cada acción online, observar lo que ocurre en la propia mente" y detenernos si lo que nos impulsa a actuar son "emociones aflictivas" como los celos, el enojo, el odio o el miedo. Choekyi Libby se vigila de cerca cuando está online para asegurarse "de estar haciendo lo que sea que esté haciendo motivada por intenciones benéficas". Como bien dicen Marguerite Manteau-Rao y Elizabeth Dreschler, la tarea de la computación contemplativa no es que la tecnología aumente nuestra empatía –ningún diseño, por grandioso que sea, puede eliminar la mala conducta– sino llevar empatía a la tecnología: hacer que nuestras interacciones estén fundamentadas en nuestros propios lineamientos éticos y en nuestra sensibilidad moral. Para ellas la austeridad del medio no es un problema incapacitante: es un vacío a ser llenado. Si aprendemos a ser presencias positivas online, podremos llegar a ser presencias todavía más positivas en el mundo real.

Enfocar nuestras interacciones con las tecnologías de la información como oportunidades de poner a prueba y fortalecer nuestra capacidad de cultivar una atención plena; considerar las fallas de atención como eventos normales y predecibles de los cuales podemos aprender mucho; observar cuáles cosas nos ayudan a tener atención plena online y cuáles no –en otras palabras, embarcarnos en la autoobservación y la autoexperimentación– puede mejorar nuestras interacciones con las tecnologías y edificar nuestra mente extendida.

Cultivar la atención plena fortalece nuestra capacidad de ser conscientes de que somos libres de ELEGIR cómo utilizar las tecnologías. Tal vez con mayor eficacia que ninguna otra tecnología en la historia, las computadoras han sabido mostrarse invencibles e inevitables: son demasiado poderosas, demasiado pregnantes, demasiado intrusivas, demasiado divertidas, demasiado útiles como para que queramos o podamos evitarlas. Pero eso no quiere decir que debamos rendirnos incondicionalmente a ellas. En cambio, podemos convivir con las tecnologías de la información y no obstante proteger celosamente nuestra atención y nuestra libertad: conservarlas como baluartes incólumes allí donde sea posible y solo negociarlas a cambio de cosas de mayor valor.

Solo podremos tomar decisiones más deliberadas y conscientes sobre cuáles tecnologías utilizar y cómo utilizarlas si conocemos nuestros objetivos, nuestras herramientas y nuestra mente. La capacidad de autoobservación permite que, llegado el momento de elegir entre un libro impreso o un e-reader, los lectores conozcan sus aspiraciones y vean cuál es el soporte más adecuado según el texto que necesiten leer.

Muchas veces las elecciones conscientes implican cambiar viejas habilidades por otras nuevas. En el campo de la arquitectura, la adopción del CAD proporcionó nuevas habilidades a los dibujantes –por ejemplo, la posibilidad de simular el uso de energía y el flujo del aire, de colaborar más eficazmente con los ingenieros y capataces de obras, y de experimentar nuevos estilos de construcción– pero al precio de abandonar una larga tradición de dibujo y, junto con ella, el rigor y la reflexión que imponen sus restricciones, y la sensación corpórea de la proporción visual que era producto de su práctica constante.

Las tecnologías que fomentan la atención plena tampoco nos inducen a pensar, equivocadamente, que los aparatos limitan nuestra capacidad de tomar decisiones ni nos excusan de ser responsables por nuestras decisiones. Por el contrario, nos recuerdan que tenemos libre albedrío. Zenware nos ayuda a focalizar la atención y nos recuerda que somos nosotros quienes decidimos hacia dónde dirigirla. Desactivar un programa como el Freedom nos pone en la incómoda posición de tener que "reflexionar por qué fallaron las cosas" mientras se reinicia la computadora: resalta el hecho de que tomamos la decisión de no utilizarlo.

El quinto principio de la computación contemplativa es utilizar los aparatos de maneras que EXTIENDAN NUESTRAS HABILIDADES. Las tecnologías pueden ampliar nuestras facultades naturales y nuestros sentidos, proporcionarnos facultades y sentidos nuevos, y expandir nuestra mente extendida... o pueden ser usadas como muletas, erosionando nuestras capacidades cognitivas y debilitando nuestra mente.

Usar los aparatos electrónicos de manera tal que extiendan nuestras habilidades significa usarlos como herramientas para entrenar y enriquecer nuestras mentes. Ver el mundo a través de la lente de una cámara mejoró mi atención visual: ahora noto los colores, las texturas, el juego de la luz sobre los objetos duros y lisos, la tridimensionalidad de las vetas de la madera y la niebla marina como nunca antes. Ahora me doy cuenta de que la cámara puede ayudarme a ver más y mejor. Geoetiquetar fotografías enriquece mi sensación de un lugar nuevo, pero confiar en un sistema de navegación GPS para orientarme no me enriquece (y hasta me pondría en una situación vulnerable si sus directivas fueran equivocadas). Muchos usuarios del programa Freedom de Fred Stutzman han descubierto que, al hacer que la Internet resulte inaccesible, los ayuda a ver que es posible superar la autodistracción. Zenware bloquea las distracciones y externaliza el compromiso de ser más concentrado y creativo. No es un sustituto de la autodisciplina. Fomenta la autodisciplina.

Los monjes hablan de la tecnología como una herramienta necesaria para ayudarnos a resolver problemas, no como la solución propiamente dicha. La hermana Gryphon advierte que, si bien Zenware es útil, "en última instancia nosotros debemos construir nuestra propia fuerza de voluntad. Solo nosotros podemos ser responsables de nosotros mismos y de lo que hacemos". YouTube seguirá allí cuando volvamos a estar online, y luchar contra el impulso de autodistraerse solo genera mayor distracción. "La verdadera respuesta" al problema de la distracción digital "proviene de ver claramente y comprendernos a nosotros mismos y nuestra realidad. Solo entonces no habrá más lucha. Lo que deseamos, cómo queremos vivir y cómo estamos viviendo serán una y la misma cosa."

Estos ejemplos también muestran que no siempre debemos elegir entre tener herramientas más inteligentes o un yo más inteligente, memorias transaccionales más ricas o recuerdos más profundos y confiables, registros fotográficos o memoria fotográfica. La computación contemplativa con frecuencia nos permite desarrollar ambos aspectos sin conflictividad.

El sexto principio de la computación contemplativa es BUSCAR EL FLUJO. No olvidemos que el flujo es ese estado al que llegamos cuando una actividad nos absorbe por completo. Nuestras capacidades y el desafío que afrontamos están perfectamente equilibrados: la tarea es lo suficientemente difícil como para comprometernos, pero no tanto como para desalentarnos. El mundo se achica: nuestra atención filtra todo excepto las claves del misterio, las vueltas del camino, el tablero del juego, la partitura musical, la línea codificada o el patrón de información. Nuestra sensación del tiempo se distorsiona: al levantar la vista nos asombraremos al comprobar que pasaron varias horas sin que nos diéramos cuenta.

Es una sensación inmensamente satisfactoria y puede ser una gran fuente de fortaleza mental y resiliencia psicológica. Pero esos beneficios no están garantizados. Los videojuegos y la deriva en Internet proporcionan experiencias similares al flujo, pero casi siempre lo que hacemos en la pantalla no nos sirve en el mundo real. Los diseñadores de juegos y de páginas Web son ávidos lectores del Flow de Csíkszentmihályi y están sumamente interesados en las propiedades técnicas del flujo –quieren conocer los detalles específicos de las experiencias de flujo para poder estimularlas en sus usuarios–, pero no en sus usos más abarcadores.

Usted puede ir un paso más allá de la visión limitada de los diseñadores de videojuegos y páginas Web si es plenamente consciente de los beneficios del flujo y del potencial de convertir en flujo toda clase de experiencias online y en el mundo real. Los monjes budistas que consideran que la Web es un terreno de prueba para la atención plena están creando una experiencia de flujo, así como el cortador de salmón ahumado de Mihaly Csíkszentmihályi transformó en un juego el acto de cortar el mayor número de lonjas finísimas de cada salmón. Los monjes aspiran a estar online sin distraerse. Las dos cosas suenan absurdamente simples y lo son; pero se parecen más al juego de Go japonés que al ta-te-tí, porque comparten una simplicidad que genera desafíos con final abierto y no aburrimiento.

Le pregunto a Csíkszentmihályi si fue una sorpresa para él que el flujo fomentara la resiliencia psicológica y pareciera ofrecer una clave para vivir una buena vida. ¿Le resultó extraño comenzar haciendo investigación científica y terminar dedicado a la filosofía moral? "No", responde. Para él nunca fue "un apéndice de la investigación, ni una manera de entender cómo se mueven las ratas en los laberintos". Su interés en la psicología, explica Csíkszentmihályi, data de la infancia. Descubrió esa ciencia siendo adolescente, cuando escuchó una conferencia de Carl Jung en Suiza (había ido allí de vacaciones, pero no encontró suficiente nieve para esquiar). Incluso antes de eso, siempre hacía preguntas sobre cómo vivir una buena vida. Su padre era un diplomático húngaro y Mihaly nació en Italia en

1934, cuando Albert era cónsul en Fiume. Luego se mudaron a Roma, donde fue nombrado embajador. Durante la mayor parte de la Segunda Guerra Mundial, recuerda Csíkszentmihályi, no tuvieron mayores problemas. Pero cuando la guerra llegaba a su caótico fin, "en el otoño de 1944, todo empezó a andar muy mal". Su hermano mayor fue muerto y otro de sus hermanos desapareció en los gulags soviéticos, donde pasaría seis años. El propio Csíkszentmihályi pasó un tiempo en un campo de prisioneros italiano. "Llegado a ese punto, comprendí de golpe que todos los adultos que yo respetaba, pensando que conocían las claves para comprender la vida, no tenían la menor idea de nada", recuerda. "La experiencia de esos últimos meses de guerra, cuando todas las certezas se derrumbaron, me enseñó que debía encontrar una manera mejor de vivir."

Las cosas se desbarrancaron todavía más después de la guerra. Cuando los comunistas tomaron el poder en Hungría atacaron a los aristócratas, les quitaron sus propiedades, los excluyeron de la educación superior y obligaron a exiliarse a la mayoría de ellos. Muchos amigos de su familia, académicos y profesionales de alto nivel, perdieron todo lo que tenían y "se transformaron en zombis". Sencillamente, no pudieron afrontarlo. Los Csíkszentmihályi no la tuvieron más fácil. El padre diplomático despreciaba a los comunistas y prefirió renunciar a su puesto de embajador antes que colaborar con el régimen. De la noche a la mañana, pasaron de ser miembros de la elite diplomática de Roma a la dolorosa categoría de refugiados.

Pero, en vez de rendirse, su padre "vendió algunas pinturas e hizo lo que siempre había querido hacer: abrir un restaurante". Pero, señala Csíkszentmihályi con un dejo de ironía en la voz, "la mayoría de la gente no tuvo tanta resiliencia". Su padre descubrió muy pronto que, por increíble que pareciera, "le gustaba más servir comida que ser embajador". Durante años el establecimiento familiar fue "el restaurante más chic de Roma, a dos minutos de la Fontana di Trevi". Bogart y Bacall siempre comían allí cuando estaban en la ciudad. Y el propio Mihaly atendía las mesas.

La mayoría de los ex embajadores consideraría humillante ingresar en el negocio gastronómico, pero los hijos de Albert pueden brindarnos algunas pistas sobre cómo lo hizo. Durante la guerra, el joven Csíkszentmihályi descubrió su habilidad para abstraerse durante horas jugando al ajedrez o pintando. Su hermano mayor, experto en geología, podía pasar un día entero absorto en el desafío de reconstruir la historia de una muestra de roca.

La compartida capacidad de concentración mental profunda les daba placer en el momento y los ayudaba a ser resilientes y adaptables ante los eventos que estremecían sus vidas hasta los cimientos. Es probable que el negocio del restaurante haya sido igualmente absorbente para su padre. Para una persona con su capacidad mental, el desafío inicial de conseguir el dinero necesario, convencer a la burocracia italiana y encontrar el lugar exacto –y luego el infinito trabajo diario de decidir el menú, tratar con los clientes y hacer que cada plato fuera lo más perfecto posible– habrá sido sinónimo de buena vida.

En otras palabras, durante la guerra y sus secuelas, por experiencia propia y experiencia familiar, Csíkszentmihályi encontró una manera mejor de vivir y también eso que puede dar sentido a la vida incluso en los momentos más difíciles. Descubrió el flujo.

Por eso no nos sorprende que Flow se ocupe de cuestiones tales como la felicidad, la resiliencia y las bases fundamentales para una buena vida. Estas cuestiones no son incidentales al proyecto. Entender el flujo siempre fue un medio para alcanzar un fin. Para Csíkszentmihályi todo se reducía a cómo ser felices, cómo preservar entero nuestro mundo cuando todo está amenazado, cómo manejar los recursos y la resiliencia para rehacernos cuando nuestra vida se vuelve insostenible.

El séptimo principio de la computación contemplativa es utilizar las tecnologías de maneras que nos VINCULEN Y COMPROMETAN CON EL MUNDO.

Eso ocurre naturalmente cuando usamos las tecnologías de la información de una manera tan fluida que ya no tenemos conciencia de estar usándolas y se vuelven invisibles para nosotros. Cuando dejamos de necesitar nuestra atención consciente, cuando las tecnologías se vuelven parte integral de nuestro yo extendido, pueden hacernos ser más conscientes del mundo: del mundo físico, del mundo de los otros, del mundo de las ideas.

El compromiso con el mundo también se fortalece cuando abandonamos aquellas actividades que dividen nuestra atención. Si tuitear requiere que dejemos de prestar atención a eventos interesantes para ocuparnos de las actualizaciones, o si tomar fotos o filmar videos significa fusionarnos con los aparatos en lugar de estar presentes en el momento, tendríamos que evitarlo. Por otra parte, si podemos usarlo para estar más presentes en el momento, para ver con mayor claridad o escuchar más intensamente, entonces debemos hacerlo. El acercamiento contemplativo de Thomas Merton a la fotografía le permitió utilizar la cámara como herramienta para agudizar la visión y aumentó su capacidad de observar el mundo. Hay quienes dicen que tuitear en vivo los ayuda a prestar más atención a las clases y conferencias. Personalmente prefiero tomar notas durante los eventos –escribo para mantenerme atento, igual que mis colegas tuiteros– y publicar solo después de haber tenido tiempo de reflexionar. Tenemos que experimentar e imaginar cuál procedimiento nos resulta más propicio y favorable.

Comprometerse con el mundo social no es meramente interactuar, sino interactuar de manera ética y constructiva. Es poner a las personas, y no a la tecnología, en el centro de nuestra atención. Para algunos implica aplicar preceptos cristianos o budistas a las interacciones virtuales, usar los medios para constituirse en una presencia espiritual y no meramente social, y ver la chispa de la divinidad en todos y cada uno.

Comprometerse con ideas a menudo implica un acto de magia que Zenware fue diseñado para realizar. Hasta los fanáticos del diseño que admiran el minimalismo estilo Dieter Rams que Jesse Grosjean impuso al WriteRoom tendrían que superarlo y concentrarse en las palabras y las ideas. Los tipógrafos sostienen desde tiempo inmemorial que los mejores tipos son como los cálices para el vino: debemos poder apreciar las líneas delicadas y la hermosa transparencia del cáliz, pero no deberíamos poder saborearlo. Las mejores herramientas son aquellas que desaparecen cuando ya no les prestamos atención, que pueden formar parte de nuestra mente extendida y nuestro elaborado esquema corporal.

El octavo principio de la computación contemplativa es usar las tecnologías de maneras RESTAURADORAS, que renueven la capacidad de atención, o bien abstenerse de usarlas.

La atención y la focalización no siempre son fáciles de dirigir. Muchas veces debemos esforzarnos para impedir que nuestra atención se distraiga de una tarea o una pantalla o un caudal de trabajo. La concentración no surge de manera natural y espontánea a falta de distracciones: la mente en reposo sabe muy bien cómo distraerse. Nuestra capacidad de focalizarnos profundamente en algo (o, en el caso de la meditación, en nada) tiene límites. La concentración es como la fuerza: se desarrolla con la práctica, pero se agota con el uso y necesita ser renovada.

Por lo tanto, es esencial saber cómo restaurar la habilidad de focalizarse de la mente. Podemos disponer nuestro medioambiente –desde el

medioambiente de la pantalla hasta el medioambiente físico inmediato–
de modo tal que facilite la concentración durante períodos más prolongados. También es esencial encontrar actividades que admitan un respiro,
aunque no un recreo completo, de la concentración constante. Es probable
que las cosas que proponen una mezcla de fascinación, sensación de estar
lejos, extensión y compatibilidad permitan recargar la mente consciente.

Practicar esta clase de restauración es especialmente importante cuando trabajamos en problemas complejos cuya resolución demandará semanas o meses y que requieren cantidades enormes de energía intelectual. Es
crucial permitir que la mente se distraiga para que pueda ser restaurada,
liberar nuestra mente consciente mientras el subconsciente continúa trabajando.

* * * * *

Vamos a terminar donde comenzamos: en el extremo occidental de la antigua ciudad de Kyoto, en Japón, a los pies de la montaña de las tormentas:
el Monte Arashiyama.

Iwatayama, el Parque de los Monos, no es el único punto de interés en
el área. A los pies del Arashiyama, debajo del parque Iwatayama, se yergue
el templo Tenryu-ji, un complejo budista zen. Incluso en esa ciudad, ple-
tórica en tesoros, es devotamente venerado. Fundado en 1339 y construido
sobre las ruinas de un templo zen muchísimo más antiguo, el Templo del
Dragón Celestial (tal la traducción de Tenryu-ji) contenía en otros tiempos
salones de enseñanza y meditación, residencias para el abad y los monjes,
cocinas y numerosos templos pequeños, unos 150 edificios en total. El zen
que allí se practicaba era famoso por su rigor y austeridad, y en los primeros años ejerció una fuerte influencia sobre la cultura samurai.

Hoy solo quedan unos pocos edificios, pero el lugar continúa siendo
espectacular gracias al jardín sembrado por el primer abad del templo, el
renombrado maestro zen Mus Soseki. Desde la galería del salón principal
la mirada sobrevuela un estanque y se topa con una kasan, una cadena
montañosa artificial.

Un ancho sendero bordea las orillas del estanque y continúa hacia la
derecha, cruzando el jardín, para luego internarse en un verde bosquecillo de
bambúes y desembocar en un jardín seco. (A Darwin le habría encantado.)

Mus Soseki no solo fue el abad fundador del templo Tenryu-ji. Mus fue el Steve Jobs de los inicios del zen, un emprendedor independiente serial con un tremendo sentido del diseño. Tenryu-ji fue el sexto y el más grande de todos los templos que fundó, y su jardín es uno de los más famosos. Fue pionero en la técnica de los jardines de piedra secos, un microcosmos austero que emula un paisaje. Integró senderos pedestres en sus jardines, transformándolos de espacios observables a distancia en espacios transitables. Pero, lo que es aún más importante, integró los jardines en la enseñanza y la práctica del zen. "No puede decirse que aquel que establece una distinción entre el jardín y la práctica haya encontrado el verdadero Camino", decía Mus. Y los monjes de Tenryu-ji todavía se refieren al jardín como a un maestro.

El budismo zen postula que el satori o iluminación no se alcanza analizando textos sino a través de la meditación, a través del aquietamiento del cuerpo y el análisis de la mente. El jardín no fue diseñado para darse un respiro de la práctica monástica. Era un espacio destinado a inspirar y guiar la contemplación. También sirve para recordar que el cuerpo y la mente no son entidades separadas: no alcanzaremos el satori a menos que ambos estén involucrados en su búsqueda. El jardín zen de Mus es una tecnología diseñada en torno de las ideas de que cuerpo y mente son inseparables, de que el satori es un estado activo, y de que un jardín bien pensado y construido puede propiciar la contemplación explotando nuestra profunda capacidad natural para entrelazarnos con los espacios y las herramientas. Incluso a la sombra de los monos, la contemplación está a nuestro alcance.

Uno de los dichos budistas más sabios afirma que el dolor es inevitable, pero que el sufrimiento es una elección. La pérdida y la muerte son inevitables. Los amigos van y vienen, los seres queridos mueren, las catástrofes golpean, y en última instancia tenemos que llegar a un acuerdo con nuestra propia mortalidad. No está en nuestras posibilidades escapar de esas cosas, pero podemos desarrollar la capacidad de afrontarlas bien predispuestos. Podemos aprender de las experiencias dolorosas, volvernos más sabios y mejores a través de ellas... y estar mejor preparados para el próximo traspié.

Enfrentamos una situación similar en nuestro mundo *hig-tech* superconectado. Las tecnologías de la información son ineludibles. Son parte de nuestro trabajo, de cómo nos mantenemos en contacto, de cómo juegan nuestros hijos, de cómo pensamos y recordamos. Claman por nuestro tiempo y anhelan nuestra atención. Juegan con el hecho de que nuestra relación con ellas es profunda y exhaustiva y refleja una capacidad de entrelazamiento con las herramientas que nos define como especie. Prometen ser un respaldo y una gran ayuda, hacernos más inteligentes y más eficientes, pero casi siempre nos hacen sentir sobreocupados, distraídos y torpes. Algunos dicen que el precio inevitable de estar siempre online y conectados es que la atención está perpetuamente fracturada, la mente sujeta a interminables exigencias y distracciones. Pero se equivocan. Somos herederos de un legado contemplativo que podemos utilizar para retomar el control de nuestras tecnologías, domesticar la mente de mono y rediseñar nuestra mente extendida. La conexión es inevitable. La distracción es una elección.

Anexo 1

Llevar un diario de tecnología

Esta es una versión adaptada del diario de tecnología que la profesora Jesse Fox, de la Ohio State University, pide que lleven sus estudiantes. Lo incluimos aquí para proporcionarle una sensación más detallada de la clase de cosas que usted debe registrar o tomar en cuenta cuando reúne información para sus propios auto-experimentos. La generosidad de Jesse, que se ha mostrado dispuesta a compartir su propuesta y a permitir que sea reeditada, es un modelo de buen comportamiento académico y un ejemplo de cómo los científicos sociales pueden (y deberían) compartir sus ideas con un público más amplio.

1. Durante un día de semana y un día de fin de semana típicos, registre en un cuaderno (o utilizando la función "anotador" en la tecnología que prefiera) todas las interacciones tecnológicamente mediadas que mantenga en el transcurso del día, y además describa por qué utilizó la tecnología y cuánto tiempo le dedicó. Tome nota de la hora en que comienza y la hora en que interrumpe cada interacción. ¿Entra en el Facebook? Escríbalo. ¿Recibe o envía un mensaje de texto? Escríbalo. ¿Toma una foto con su teléfono celular? Escríbalo. ¿Chequea su correo electrónico? Escríbalo. ¿Lee un PDF que descargó? Escríbalo. ¿Utiliza su GPS? Escríbalo. ¿Escucha música en su iPod? Escríbalo. ¿Ve un programa de televisión en Netflix? Escríbalo. ¿Juega con un videojuego? Escríbalo. Cuando utilice varias tecnologías al mismo tiempo, ¡no olvide registrarlo!

También podría resultarle interesante anotar cómo emplea usted el resto de su tiempo –durmiendo, hablando cara a cara con sus amigos, estudiando sin tecnología, leyendo en soportes "viejos" como revistas, libros o periódicos–, comparar cuántas horas del día pasa con y sin tecnología, contrastar el uso de medios viejos versus medios nuevos, o evaluar qué porcentaje de su interacción social diaria está mediado por el uso de tecnologías.

2. Contabilice las cantidades. Sume durante cuánto tiempo en total, o cuántas veces, utilizó tecnologías específicas. ¿En qué gasta usted su tiempo? ¿Cuál es el porcentaje de horas de vigilia que gasta en tecnologías?

3. Evalúe y haga una crítica de las tareas que realizó utilizando tecnologías tomando en cuenta la cantidad de tiempo que gastó en ellas. En cada caso, tenga en cuenta lo siguiente:

    a) ¿Siente que esta tarea en cuestión requería el uso de tecnología, se vio beneficiada por la tecnología o, por el contrario, perdió algo al ser realizada por vías tecnológicas?

    b) ¿Tuvo usted una respuesta emocional ante el uso de la tecnología (por ejemplo, alivio, alegría, frustración)? En ese caso, tendría que especificar si su respuesta emocional se debió al contenido (por ejemplo, un mensaje de texto agresivo enviado por un amigo), a la tecnología propiamente dicha (por ejemplo, si se sintió molesto porque el sonido del mensaje de texto interrumpió una conversación), o a ambas cosas.

    c) ¿Estaba realizando tareas múltiples? De ser así, ¿considera que su desempeño fue eficaz?

    d) A su entender, ¿esta fue una experiencia positiva o negativa? ¿Piensa que utilizó su tiempo y su tecnología de manera óptima o, en cambio, que podría haberlo hecho mejor o con mayor eficacia?

4. Reflexione. Teniendo en cuenta el uso corriente que usted da a la tecnología, ¿qué cambios (si es que los hay) podría implementar para mejorar su vida cotidiana (por ejemplo, en lo atinente a la productividad laboral, los estados de ánimo, los hábitos de estudio, las horas de sueño, la interacción social, la salud)? ¿Los objetivos son compatibles entre sí? ¿Existen obstáculos que le impidan realizar esos cambios?

Como señala Jesse: "Dejo que sean ellos quienes definan qué es 'tecnología'. Si bien yo doy ejemplos (principalmente para recordarles todas las pequeñas cosas que hacen y que involucran tecnologías), siempre tengo especial interés en ver cuántos de ellos incluyen, por ejemplo, los relojes despertadores y las máquinas expendedoras computarizadas. Esto casi siempre genera debates interesantes en clase sobre cómo damos por sentada la presencia de la tecnología en nuestra vida cotidiana y cómo imaginamos que será nuestro futuro con tecnologías modernas tan comunes como el horno microondas o tan hip como una reproductora de casetes".

Anexo 2

Reglas para un uso consciente de las redes sociales

Participe con cuidado. Piense que las redes sociales nos brindan la oportunidad de "hablar correctamente", y que no son un foro donde podamos expresarnos como trogloditas sin tener que atenernos a las consecuencias. Recuerde que nadie en Internet conoce a su perro... excepto usted.

Sea consciente de sus propias intenciones. Pregúntese por qué entra en Facebook o en Pinterest. ¿Sólo porque está aburrido? ¿O enojado? ¿Esos son estados de ánimo que verdaderamente desea compartir?

Recuerde que hay personas del otro lado de la pantalla. Es fácil concentrar la atención en los cliqueos y los comentarios; pero no olvide que, en última instancia, está tratando con personas y no solamente con medios electrónicos.

Lo importante es la calidad, no la cantidad. En una de las paredes laterales del Parlamento Escocés hay un bajorrelieve con el siguiente aforismo: *Diga poco y dígalo bien.* Jamás olvide este consejo.

Viva primero, tuitee después. Hágase la siguiente promesa: Yo [aquí deberá insertar su nombre] jamás volveré a escribir las palabras "No puedo creerlo. Estoy tipeando y [haciendo X cosa] al mismo tiempo. FELICITACIONES".

Hable, no reaccione. El bloguero Felix Salmon una vez posteó que la mayoría de las personas creen que los contenidos online no son para *leer*, sino para *reaccionar*. Y no lo dijo como un cumplido. Sea deliberado respecto de lo que escribe online. Dirá menos, lo dirá bien y será recordado como "el único que piensa de verdad". Y eso sí que será un cumplido.

Anexo 3

Hágalo usted mismo[1] - el Sabbat digital hecho a medida

Establezca un horario regular. Los Sabbats deben tener un horario regular, práctico. Los fines de semana suelen ser más propicios porque, a menos que usted sea agricultor u obrero de la construcción, será difícil desenchufarse en horario de trabajo. Programe un día entero, desde el momento en que se levanta de la cama hasta que se va a acostar, o bien un período de 24 horas. (Consejo útil: si usted es judío observante, seguramente sabrá que este período se llama "Shabbos".)

Piense qué desconectar o apagar. Hágalo con tiempo. Las reglas técnicas –por ejemplo, todo lo que tenga pantalla, todo lo que tenga teclado– son más fáciles de establecer y de cumplir, siempre y cuando no caigamos en exageraciones (la pequeña pantalla numérica de la cafetera no cuenta como pantalla). Los sabáticos fervientes también siguen reglas de conducta: pueden querer alejarse de algunos aparatos, pero consideran que otros son aceptables; por ejemplo, los videojuegos de un solo jugador están desterrados, pero los juegos que requieren más de un participante están permitidos; el correo electrónico y las redes sociales están prohibidos, pero se admiten las películas; el iPad que usamos en la oficina permanece en el fondo del cajón, pero el Kindle puede salir.

No hable sobre el Sabbat digital. El mandato no es tan rígido como el del Club de la Pelea ("primera regla del Club de la Pelea: no hablar sobre el Club de la Pelea"), pero hasta que no se generalice la costumbre de practicar Sabbats digitales será conveniente que usted no sienta la necesidad de publicitarlos. Puede ser muy útil coordinarlo con amigos o con otra familia (los niños siempre se divierten más cuando tienen la posibilidad de quejarse a coro) pero, a menos que usted quiera explicar que realmente no se ha transformado en un ludita ermitaño, probablemente se sentirá más pleno si preserva la paz del Sabbat y no lo hace público en las redes sociales.

Llene su tiempo con actividades entretenidas. El Sabbat digital debe ser activo y participativo, no la oportunidad de lavar pilas de ropa atrasada y pagar cuentas. Haga algo que normalmente no hace, algo que implique un desafío, algo que lo involucre y sea agresivamente análogo. Salga al mundo (dejo en sus manos la decisión sobre el GPS), cocine un plato complejo, enséñeles a pescar con mosca a sus hijos. Busque esa novela de ochocientas páginas que empezó a leer el mes pasado y empiece a leerla de verdad. (Por supuesto que si lavar la ropa y pagar cuentas son actividades físicamente compensadoras para usted, sin lugar a dudas tendrá mi bendición.)

Sea paciente. Como ocurre con todas las actividades contemplativas, lleva tiempo entrar en el espíritu de la cosa y dejar atrás esa compulsiva necesidad de chequear su Blackberry. No verá progresos espectaculares de la noche a la mañana; tal vez no llegará a verlos después de transcurrido un mes. Dése por lo menos doce semanas. Piénselo de esta manera: en un año normal usted puede chequear su teléfono 12.376 veces. Yo le estoy pidiendo que intente chequearlo sólo 11.968 veces este año y que luego reevalúe la situación. En vez de pasar 720 horas online este año, vea qué ocurre si son 696 horas.

Esté abierto a los aspectos espirituales del Sabbat. Para muchos de nosotros, esto implica un cierto desafío. Pero salirse del torbellino normalmente frenético del trabajo y de la Web nos ofrece una oportunidad real de reflexionar sobre cómo habría que vivir la vida, o por lo menos concentrarse más decididamente en las partes buenas. Aprovéchela. Y no se preocupe si descubre que en realidad desea abandonarlo todo y dedicarse a criar cabras. Esas cosas nunca ocurren en la realidad.

Disfrute el hecho de haber escapado del "tiempo real". La idea que sostenía Abraham Heschel acerca del tiempo del Sabbat, que está cortado de una tela espacio-tiempo muy diferente, resulta más relevante y tiene mejor acogida que nunca antes. El Sabbat digital es una oportunidad de escapar de "la tiranía de las cosas", particularmente de las cosas que emiten señales de alta velocidad, vibran, tuitean, requieren nuestra atención y nos prometen que valdrá la pena. Es una oportunidad de escapar de la irrealidad del tiempo real y de redescubrir cómo vivir a su propio ritmo. Valdrá la pena. Se los prometo.

Notas

[1] El "hágalo usted mismo" (en inglés "*Do It Yourself*") es la práctica de la fabricación o reparación de cosas por mano propia, de modo que se ahorra dinero, se pasa un buen momento y se aprende al mismo tiempo. [N. de la T.]

Agradecimientos

Este libro comenzó siendo un proyecto de investigación de año sabático en Microsoft Research Cambridge, Inglaterra. De no haber sido por la inesperada y asombrosa generosidad de Richard Harper, director de Socio-Digital Systems Group en MSC, este proyecto jamás se habría concretado. La experiencia de pergeñar estrategias tomando café en el bar del MSC, de elaborar y refinar ideas durante mis largas caminatas por las praderas de Grantchester rumbo al Orchard, y de conversar al respecto bebiendo una pinta de cerveza en el Eagle y el Pickerell, dejaron una impronta indeleble sobre mi trabajo. Sam Kinsley y su grupo en la Universidad de West Reading, e Yvonne Richards y su laboratorio en Open University, también aportaron su perspectiva crítica en los comienzos del proyecto. Además tuve la inmensa fortuna de que mi compañera investigadora en Microsoft Annie Gentes pasara el año siguiente en Stanford, trabajando sobre un proyecto que dialogaba en maneras interesantes con el mío.

Mientras estaba en Microsoft Research Cambridge comencé a escribir sobre computación contemplativa en mi blog (http://www.contemplative-computing.org). Para mí, un blog es un cuaderno de notas, una caja de resonancia, un comunicador social y una propaganda; nos brinda la oportunidad de tomar en cuenta artículos interesantes, de pensar en voz alta sobre ciertos temas que quizá más adelante investigue en profundidad, y de anunciar conferencias en ciernes. Debido a ello, algunos de los posteos constituyeron la base de secciones de este libro, pero cabe señalar que, en el transcurso de la edición y la revisión, fueron sustancialmente modificados (y espero que hayan mejorado a raíz de ello).

Estoy en deuda con las personas que dedicaron tiempo a responder preguntas, tener entrevistas, hablar por Skype o contestar mis correos electrónicos. Tanta generosidad es prueba de modestia y resulta sumamente gratificante. Agradezco a Sun Joo (Grace) Ahn, Pia Aitken, James Anderson, John Bartol, Gwen Bell, Jeff Brosco, David Brownlee, Michael Cho-rost, Mihaly Csíkszentmihályi, Shay Colson, Marzban Cooper, Ruth Schwartz Cowan, Andre Delbecq, Anna Digabriele, Anne Dilenschneider, Jill Davis Doughtie, Elizabeth Drescher, Elizabeth Dunn, Nancy Etche-mendy, Morley Feinstein, Jesse Fox, Jesse Grosjean, Michael Grothaus, Steve Herrod, Hal Hershfield, William Hutching, Cody Karutz, Mike Ku-niavsky, Ho John Lee, Chris Luebkeman, Donald Latumahina, Lambros Malafouris, Neema Moraveji, Ramez Naam, Daniel Nevins, Marguerite Manteau-Rao, Colin Renfrew, Christine Rosen, Prime Sarmiento, Sharon Sarmiento, Lauren Silver, Monica Smith, Linda Stone, Tammy Strobel, Fred Stutzman, Phil Tang, Edward Tenner, Mads Thimmer, Lyn Wadley, Carolyn Wilson, David Wuertele, James Yu y otras dos personas que han contribuido a este libro bajo seudónimo: Megan Jones y Martina Stone. Vaya mi agradecimiento especial a los monjes y monjas budistas, y tam-bién a los practicantes laicos, por sus concienzudas y generosas respuestas a mis preguntas: Jonathan Coppola, Caine Das, hermana Gryphon, Choekyi Libby, Bhikkhu Samahita, Damchoe Wangmo y Noah Yuttad-hammo.

Mi agente literaria, Zöe Pagnamenta, y mi editor, John Parsley, han sido colaboradores esenciales para este proyecto. El staff de Pagnamenta Agency –en particular, la siempre paciente Sarah Levitt– y de Little Brown han tenido una actitud invalorable hacia el trabajo. Quienes jamás escri-bieron un libro, seguramente piensan que surge directamente de la mente del autor. Pero nunca es así. Si bien soy, en última instancia, responsable de todas y cada una de las palabras aquí escritas, este libro es producto de la colaboración.

Aunque comencé a escribirlo en Cambridge, reúne una variedad de intereses que concitaron mi atención en épocas muy diferentes. Todo indi-ca que mi pensamiento sobre la tecnología estará siempre bajo la influencia de las enseñanzas impartidas por Rob Kohler, Riki Kuklick y Tom Hughes en la carrera de Historia y Sociología de la Ciencia de la Universidad de Pensilvania, en la década de 1980. Todavía estoy intentando responder las preguntas sobre la creatividad y la tecnología que formuló Tom Hughes en la primera clase que tomé en la universidad. Años después, Bob McHenry me hizo pensar en el impacto cultural y cognitivo de los nuevos medios cuando me contrató para dirigir la división editorial de la *Encyclopaedia*

Britannica's en los años '90. Por último, mientras me desempeñaba como director de investigaciones en el Institute for the Future en la década de 2000, descubrí las recompensas intelectuales que brinda el hecho de aplicar ideas abstractas académicas a problemas concretos del mundo real.

Me alegra poder anunciarles a mis hijos que Papá por fin podrá salir del garaje. Y gracias por haber tomado tan bien aquello de "dejarlos en California cuando fuimos a esa cosa en Cambridge".

Finalmente, vaya mi más profunda e inmensa gratitud a mi esposa Heather, que viajó conmigo a Cambridge, soportó todo lo que usualmente deben soportar las esposas de los escritores, y lo hizo con gracia y comprensión.

Notas finales

Hasta no hace mucho, las notas finales solían ser elaboradas fortalezas de citas, castillos Lego de referencias oscuras cuya inaccesibilidad contribuía a proteger los libros de toda crítica (por ejemplo, si usted no puede encontrar la edición en croata de 1957 del *Feschrift*, ¿cómo podrá demostrar que mi argumentación es errónea?), o bien lugares donde los académicos y estudiosos podían incluir los nombres de sus amigos, atacar a sus adversarios, establecer jerarquías y puntajes, y parecer eruditos (por ejemplo, "miren la brillante pero injustamente ignorada vivisección que el profesor Smith practica sobre la engañosa tesis del profesor Jones, publicada en la cuarta edición del *Feschrift*, Zagreb, 1957"). En estas notas finales, en cambio, intentaré explicar algunos puntos sobre los cuales decidí no explayarme en el texto principal para evitar distraer al lector durante la lectura de un argumento ya de por sí complejo, y asimismo intentaré brindar un panorama de parte de la literatura que informa este libro.

Gracias a Google Books y a la sana costumbre que tienen muchos científicos de publicar artículos todavía inéditos o reediciones de viejos artículos, los lectores comunes y corrientes con conexión a Internet ya pueden tener acceso a muchos de los artículos y libros académicos aquí mencionados. Y cuando no es posible rastrear un trabajo, cabe recordar que muchas de las personas aquí citadas seguramente habrán publicado trabajos relacionados de mucho más fácil acceso.

Dicho esto, vayamos al grano.

Introducción. El concepto de la mente de mono es muy conocido en el budismo, pero sus orígenes no son claros. Rastrear los orígenes de una idea en el budismo puede resultar asombrosamente arduo: las ideas muchas veces son sopesadas durante generaciones antes de ser escritas, y los eruditos deben seguir el rastro de las ideas pasando de un texto escrito en hindi a otros escritos en chino, coreano o japonés.

El lector encontrará descripciones de los macacos japoneses en: Nao-fumi Nakagawa, Masayuki Nakamichi e Hideki Sugiura (eds.), *The Japanese Macaques* (Springer, 2010), y Jean-Baptiste Leca y otros (eds.), *The Monkeys of Stormy Mountain: 60 Years of Primatological Research on the Japanese Macaques of Arashiyama* (Cambridge University Press, 2011). Existe una larga historia de monos que ofician como espejos o papel de aluminio para las personas: cómo vemos a los primates nos dice mucho sobre cómo nos vemos a nosotros mismos. Los pensadores japoneses han cavilado durante siglos sobre el macaco. Como bien señala la antropóloga Ohnuki-Tierney, "ningún otro ser no humano del universo japonés está tan estrechamente involucrado [como el macaco] en las deliberaciones del pueblo japonés" acerca de aquello que hace especiales a los seres humanos. Sobre los monos en la cultura japonesa, véase Emiko Ohnuki-Tierney, *The Monkey As Mirror: Symbolic Transformations in Japanese History and Ritual* (Princeton University Press, 1987); la cita fue tomada del artículo "The Monkey as Self in Japanese Culture", en Ohnuki-Tierney (ed.), *Culture Through Time* (Stanford Univiversity Press, 1990), pp. 128-153.

Sobre el trabajo de Nicolelis, véase Miguel Nicolelis, *Beyond Boundaries: The New Neuroscience of Connecting Brains with Machines – and How It Will Change Our Lives* (St. Martin's Press, 2012). El primer gran descubrimiento de Nicolelis se produjo en 2001, cuando implantó un conjunto de electrodos en el cerebro de una mona y conectó el otro extremo a un brazo robótico. La mona podría, a partir de ese momento y en teoría, controlar el brazo robótico con su cerebro... siempre y cuando antes aprendiera a hacerlo. Lo que Nicolelis quería comprender mediante este experimento era cómo aprendía el cerebro a dominar una nueva destreza o habilidad. ¿Le llevaría mucho tiempo? ¿Lograría hacerlo? ¿La mona tendría que pensar conscientemente en el brazo robótico o en última instancia podría controlarlo con tanta facilidad como controlaba los propios? Nicolelis y su equipo ya sabían bastante sobre tecnologías ICC, implantes y robótica en el año 2001. Dos años atrás, su grupo había implantado electrodos en una mona cara de búho llamada Belle y la había entrenado para que manipulara un joystick de computadora; mientras la mona movía el joystick (la hacían jugar un juego que recompensaba al ganador con un jugo de frutas), una computadora conectada a los electrodos registraba qué neuronas de su cerebro estaban en funcionamiento y a qué acciones correspondían. Luego desconectaban la computadora y conectaban dos brazos robóticos: uno en Duke y el otro en el MIT, a varios kilómetros de distancia, solo para dar un poco más de dramatismo a la escena. Cuando Belle movía el joystick, las mismas señales que su cerebro enviaba a su propio brazo controlaban ahora los brazos robóticos.

Belle no tenía idea de que estaba operando un robot. No podía ver a los robots y, de todos modos, probablemente estaba más focalizada en obtener el jugo de fruta. En el experimento realizado en 2001, la nueva mona también tenía que manipular un joystick; pero, en este caso, podía ver lo que hacía el brazo robótico. Cuando ella movía el joystick, el brazo robótico se movía y sus movimientos controlaban un cursor en una pantalla de computadora. Abrir o cerrar la mano robótica agrandaba o achicaba el tamaño del cursor. No es para sorprenderse que la mona haya demorado un poco en aprender a usar el brazo y comprender el sentido del juego. Cuando por fin logró dominarlo, los científicos desconectaron el joystick. La mona tuvo que pensar las acciones que necesitaba realizar para que el robot respondiera.

Una observación más sobre el término "computación contemplativa". Muchísimas frases incluyen las palabras "digital" o "computación", y siempre aluden a un problema causado por nuestra manera de utilizar las computadoras o a alguna clase de tecnología de la información. Hablar de [algo] "digital" (por ejemplo, distracción digital y sobrecarga digital) es una manera de señalar un problema nuevo y de enmarcar un espacio donde podamos pensar cómo nos afectan las computadoras. Términos como "computación invasiva" o "computación ubicua" describen tipos de computadoras o servicios de información habilitados por alguna innovación reciente y espectacular. La computación personal, por ejemplo, se volvió posible cuando los microprocesadores y la memoria se abarataron lo suficiente como para ser parte integral de computadoras que los ciudadanos comunes, y no solo los gobiernos y las grandes empresas, pudieran pagar. Por lo tanto, cuando los ingenieros y científicos especializados en el tema hablan de computación ubicua, computación comprometida, computación proactiva, computación en la Nube y otras formas de computación, en realidad están hablando de nuevas tecnologías y de las innovaciones que las hacen posibles.

La información estadística para la escena de la mañana del lunes proviene de fuentes diversas.

El fenómeno de conducir vehículos bajo la influencia de medios electrónicos recibió mucha atención en los últimos años. Según una encuesta realizada por Unisys en 2011, casi el 50% de los encuestados dijo haber usado aparatos móviles mientras estaba en un auto; el 20% admitió haber utilizado computadoras estando frente al volante; véase Klint Finley, "Always On: Your Employees Are Working and Driving", *ReadWriteWeb/ Enterprise* (12 de julio de 2011), http://www.readwriteweb.com/enterprise/2011/07/always-on.php. El lector encontrará un análisis más exhaustivo de las distracciones al volante relacionadas con la tecnología en Judd Citrowske y otros, *Distracted Driving by Law Enforcement Officers Resulting in Auto Liability Claims: Identification of the Issues and Recommendations for Implementation of a Loss Control Program* (Saint Mary's University of Minnesota Schools of Graduate & Professional Programs, 2011), http://policedriving.com/wp-content/uploads/2011/10/Distracted-Driving-Saint-Marys-University-April-20111.pdf.

Gloria Mark y sus colegas encontraron una cierta correlación entre el chequeo frecuente del correo electrónico y el aumento del estrés; véase Gloria J. Mark, Stephen Voida y Armand V. Cardello, "'A Pace Not Dictated by Electron': An Empirical Study of Work Without Email", *Proceedings of the SIGCHI Conference on Human Factors in Computing Systems* (CHI 2012, Austin, Texas).

La encuesta Harris/Intel fue tomada de Patrick Darling, "Stressed by Technology? You Are Not Alone", *Intel Newsroom Blog* (19 de agosto de 2010), http://newsroom.intel.com/community/intel_newsroom/blog/2010/08/19/stressed-by-technology-you-are-not-alone.

Los investigadores de la Universidad de Tel Aviv Tali Hatuka y Eran Toch están estudiando, a través del Smart Spaces Project (http://smartspaces.tau.ac.il/), el impacto de los smartphones sobre la conciencia situacional. Hay una descripción de su trabajo en "Smart Phones Are Changing Real World Privacy Settings", nota de prensa de la Universidad de Tel Aviv (12 de mayo de 2012), http://www.aftau.org/site/News2?page=NewsArticle&id=16519.

Desde el año 2008, los científicos del sueño vienen observando a personas que envían mensajes de texto estando dormidas. Como explicara el investigador David Cunnington: "Puesto que es tan fácil recibir constantemente mensajes de correo electrónico y notificaciones de smartphones, cada vez nos resulta más difícil separar la vigilia del sueño". Véase Naomi Selvaratnam, "People are sending text messages while they are asleep, says specialist", *Herald Sun* (22 de noviembre de 2011), http://www.news.com.au/technology/texting-in-your-sleep-not-gr8/story-e6frfro0-1226201995575. Véase también Sandra Horowitz, "M-F-064, Sleep Texting: New Variations on an Old Theme", *Sleep Medicine* 12, Supplement 1 (Septiembre de 2011), S39.

Las estadísticas globales y de los Estados Unidos provienen del informe de la International Telecommunications Union, *Measuring the Information Society 2010* (Ginebra, ITU, 2011). Mi propia casa, que, admitido es bastante más tecno-intensiva que muchas otras, tiene un arsenal electrónico integrado por una computadora de escritorio, un Wii, un DVR, tres laptops, tres iPads, tres Nintendo DS manuales, cuatro cámaras digitales, cuatro teléfonos celulares y aproximadamente seis iPods (ya nadie está seguro de cuántos son). Eso hace un promedio de seis aparatos por persona. (También podríamos incluir una miscelánea de dispositivos para hacer back-ups, quemadoras de DVD, un Newton MessagePad del que aparentemente no puedo desprenderme, y los artefactos del hogar que necesitan resetear sus relojes dos veces por año.)

Según una encuesta del año 2010, el 60% de los usuarios de Facebook lo chequean cinco o más veces por día. Véase "Reader Redux: How Many Times a Day Do You Check Facebook", *Geek Sugar* (25 de marzo de 2010), http://www.geeksugar.com/How-Many-Times-Do-You-Check-Facebook-One-Day-7891146. Sobre la cantidad de veces que chequeamos el teléfono, véase Antti Oulasvirta, Tye Rattenbury, Lingyi Ma y Eeva Raita, "Habits make smartphone use more pervasive", *Personal and Ubiquitous Computing* 16:1 (enero de 2012), pp. 105-114. Las estadísticas sobre actividad de smartphones provienen de "Making calls has become fifth most frequent use for a Smartphone for newly-networked generation of users", *O2 News Centre* (29 de junio de 2012), http://mediacentre.o2.co.uk/Press-Releases/Making-calls-has-become-fifth-most-frequent-use-for-a-Smartphone-for-newly-networked-generation-of-users-390.aspx.

Sobre la adicción al trabajo y los negocios como signo de importancia personal, véase Leslie Perlow, *Sleeping With Your Smartphone* (Cambridge, Harvard Business Review Press, 2012). Las satisfacciones emocionales de la actividad multitareas fueron estudiadas por Zheng Wang y John M. Tchernev en "The 'Myth' of Media Multitasking: Reciprocal Dynamics of

Media Multitasking, Personal Needs, and Gratifications", *Journal of Communication* 62:3 (junio de 2012), pp. 493-513.

Sobre la distracción y la tecnología, véase Maggie Jackson, *Distracted: The Erosion of Attention and the Coming Dark Age* (Prometheus, 2008); Jonathan B. Spira, *Overload! How Too Much Information is Hazardous to your Organization* (Nueva York, John Wiley, 2011); Víctor M. González y Gloria Mark, "'Constant, Constant, Multi-tasking Craziness': Managing Multiple Working Spheres", *CHI 2004* (24-29 de abril de 2004, Viena, Austria); Laura Dabbish, Gloria Mark y Víctor González, "Why Do I Keep Interrupting Myself?: Environment, Habit and Self-Interruption", *CHI 2011* (7-12 de mayo de 2011, Vancouver, Canadá).

Las cifras sobre consumo y uso de aparatos electrónicos y tiempo pasado online fueron tomadas de Janna Anderson y Lee Rainie, *Millennials will benefit and suffer due to their hyperconnected lives*, Pew Internet and American Life Project, 2012; U.S. Census, *2012 Statistical Abstract*; Aaron Smith, *Mobile Access 2010*, Pew Internet and American Life Project, 2010, y United States Energy Information Administration, 2009.

La expresión "cyborgs de nacimiento" o "nacidos cyborgs" proviene de Andy Clark, *Natural-Born Cyborgs: Minds, Technologies, and the Future of Human Intelligence* (Oxford, Oxford University Press, 2004). Clark, que dirige la cátedra de Filosofía Moral en la Universidad de Edimburgo, es uno de los autores más accesibles y no obstante más rigurosos que actualmente investigan las implicaciones de la neurociencia y la tecnología de la información.

Capítulo 1. Sobre apnea del sueño, véase Terry Young, Paul E. Peppard y Daniel J. Gottlieb, "Epidemiology of Obstructive Sleep Apnea: A Population Health Perspective", *American Journal of Respiratory and Critical Care Medicine* 165 (2002), pp. 1217-1239.

Supersizing the Mind: Embodiment, Action, and Cognitive Extension, de Andy Clark (Oxford, Oxford University Press, 2010), incluye una reedición del artículo escrito con David Chalmers –"The extended mind", *Analysis* 58 (1998), pp. 7-19– donde presentaron por primera vez la tesis de la mente extendida. También recomendamos consultar el brillante aunque demasiado técnico *Action in Perception* (Cambridge, MIT Press, 2006), de Alva Noë, y otro título suyo, más accesible: *Out of Our Heads: Why You Are Not Your*

Brain, and Other Lessons from the Biology of Consciousness (Nueva York, Hill and Wang, 2010).

Irónicamente, la aplicación del término "adicción" a la tecnología nos remite a la antigua raíz de esa palabra, que aparece por primera vez en el *Enrique V* de Shakespeare, cuando un personaje dice, refiriéndose al joven príncipe Hal, que "su adicción fue, al fin, vana". La palabra proviene del latín *addictus*, una especie de esclavitud legal: como parte del castigo y restitución, los deudores romanos podían ser sentenciados –*adictos*– a sus acreedores. (La ley establecía además que una persona con múltiples deudas podía ser desmembrada y las partes de su cuerpo repartidas entre sus varios acreedores. Esto no tendía a ocurrir.) El uso más moderno y más familiar de la palabra "adicción" aparece por primera vez a comienzos del siglo XX, con referencia al consumo de opio y morfina. Ingresó al pensamiento *high-tech* en la década de 1980, cuando los diseñadores intentaron crear computadoras personales que fueran "tan fáciles de usar que hasta nuestras abuelas pudieran manejarlas" (un nivelador no tan bajo como pensaban los emprendedores independientes de Silicon Valley, ya que muchas de esas abuelas habían pasado la Segunda Guerra Mundial en las líneas de montaje construyendo el gigante militar norteamericano). Poco después, decir que un producto era "adictivo" pasó a ser algo bueno: significaba ganancias seguras y una base de usuarios regular. Por lo tanto, y en algún sentido, decir que las redes sociales son "adictivas" tiene cierta resonancia con el significado arcaico y moderno del término: las personas que son "adictas" a Twitter son a la vez esclavas de una compulsión que no pueden controlar y adictas a otros usuarios.

El estudio de la Universidad de Maryland que mencionamos es *A Day Without Media*, http://withoutmedia.wordpress.com/.

Sobre el uso de herramientas y la evolución humana, véanse Timothy Taylor, *The Artificial Ape: How Technology Changed the Course of Human Evolution* (Londres, Palgrave Macmillan, 2010); Stanley H. Ambrose, "Paleolithic Technology and Human Evolution", *Science* 291:5509 (2 de marzo de 2001), pp. 1748-1753; Richard Wrangham, *Catching Fire: How Cooking Made Us Human* (Nueva York, Basic Books, 2010). Según el arqueólogo australiano Thomas Suddendorf, la manufacturación de herramientas de piedra en un área para luego ser utilizadas en otra es prueba de que "el viaje mental en el tiempo" era un rasgo distintivo de la conciencia protohumana;

véase Thomas Suddendorf, Donna Rose Addis y Michael C. Corballis, "Mental time travel and the shaping of the human mind", *Phil. Trans. R. Soc. B* (2009), pp. 364, 1317-1324. Jane Hallos también postula que la fabricación de herramientas es evidencia de la capacidad de planificación en "'15 Minutes of Fame': Exploring the temporal dimension of Middle Pleistocene lithic technology", *Journal of Human Evolution* 49 (2005), pp. 155-179.

Los experimentos para enseñar a los bonobos a fabricar herramientas fueron conducidos en la Universidad de Indiana University en la década de 1990; véase Kathy D. Schick, Nicholas Toth, Gary Garufi, E. Sue Savage-Rumbaugh, Duane Rumbaugh y Rose Sevcik, "Continuing Investigations into the Stone Tool-making and Tool-using Capabilities of a Bonobo (Pan paniscus)", *Journal of Archaeological Science* 26:7 (julio de 1999), pp. 821-832.

Los protohumanos usaban ropas desde hace por lo menos 170.000 años, fecha establecida mediante el estudio de la evolución de los piojos corporales, que evolucionaron para vivir en la piel vestida, no en la piel desnuda; véase Melissa A. Toups, Andrew Kitchen, Jessica E. Light y David L. Reed, "Origin of Clothing Lice Indicates Early Clothing Use by Anatomically Modern Humans in Africa", *Molecular Biology and Evolution* 28:1 (2010), pp. 29-32. Por el contrario, el calzado es una invención relativamente nueva que parece datar de unos 40.000 años atrás, durante la transición al Paleolítico Superior; véase Erik Trinkaus, "Anatomical evidence for the antiquity of humanfootwear use", *Journal of Archaeological Science* 32:10 (octubre de 2005), pp. 1515-1526.

Sobre las drogas, véase Richard Evans Schultes y Albert Hofmann, *Plants of the Gods: Their Sacred, Healing and Hallucinogenic Powers* (Schultes fue uno de los creadores de la etnopaleobotánica, en tanto que Hofmann es conocido como el descubridor del LSD).

El impacto cognitivo de escribir sobre el pensamiento y la civilización griegos fue maravillosamente descripto en un breve y brillante libro de Eric Havelock: *The Muse Learns to Write* (Yale University Press, 1986). También vale la pena leer *Orality and Literacy: The Technologizing of the Word* (1982); edición revisada (Londres, Routledge, 2002), de Walter Ong.

El ejemplo de la espada micénica fue tomado de Lambros Malafouris, "Is it 'me or is it 'mine? The Mycenaean sword as a body-part", en J. Robb & D. Boric (eds.), *Past Bodies* (Oxford, Oxbow Books, 2009), pp. 115-123. Malafouris es una figura líder en la arqueología cognitiva.

Véanse también, Malafouris, "The cognitive basis of material engagement: where brain, body and culture conflate", en E. DeMarrais, C. Gosden y C. Renfrew (eds.), *Rethinking Materiality: The Engagement of Mind with the Material World* (Cambridge, RU, The McDonald Institute for Archaeological Research, 2004), pp. 53-62; "Beads for a Plastic Mind: the 'Blind Man's Stick (BMS) Hypothesis and the Active Nature of Material Culture", *Cambridge Archaeological Journal* 18:3 (2008), pp. 401-414; "Between brains, bodies and things: tectonoetic awareness and the extended self", *Phil. Trans. R. Soc. B* (2008), pp. 363, 1993-2002; Dietrich Stout, Nicholas Toth, Kathy Schick y Thierry Chaminade, "Neural correlates of Early Stone Age toolmaking: technology, language and cognition in human evolution", Phil. *Trans. R. Soc. B* (2008), pp. 363, 1939-1949. Sobre la arqueología cognitiva de las armas, véase Marlize Lombard y Miriam Noël Haidle, "Thinking a Bow-and-arrow Set: Cognitive Implications of Middle Stone Age Bow and Stone-tipped Arrow Technology", *Cambridge Archaeological Journal* 22:2 (2012), pp. 237-264.

Sobre el esquema corporal, véase Lucilla Cardinali, Claudio Brozzoli y Alessandro Farnè, "Peripersonal Space and Body Schema: Two Labels for the Same Concept?", *Brain Topography: A Journal of Cerebral Function and Dynamics* 21:3-4 (2009), pp. 252-260.

El curioso fenómeno de la vibración fantasmática del teléfono celular fue documentado por David Laramie, *Emotional and behavioral aspects of mobile phone use* (Ph. D. thesis, Alliant University International, 2007); Ghassan Thabit Saaid Al-Ani, Najeeb Hassan Mohammed y Affan Ezzat Hassan, "Evaluation of the Sensation of Hearing False Mobile Sounds (Phantom Ring Tone; Ringxiety) in Individuals", *Iraqi Postgraduate Medical Journal* 1:1 (2009), pp. 90-94; Michael Rothberg y otros, "Phantom vibration syndrome among medical staff: a cross sectional survey", *British Medical Journal* 341 (2010), c6914; Michelle Drouin, Daren H. Kaiser y Daniel A. Miller, "Phantom vibrations among undergraduates: Prevalence and associated psychological characteristics", *Computers in Human Behavior* 28:4 (julio de 2012), pp. 1490-1496.

El maravilloso *Close to the Machine: Technophilia and its Discontents* (Londres, Picador, 2012), de Ellen Ullman, propone una rica mirada desde adentro sobre las seducciones de la programación.

Sobre la naturaleza encarnada o corpórea de las matemáticas, véase George Lakoff y Rafael Núñez, *Where Mathematics Come From: How the Embodied Mind Brings Mathematics Into Being* (Nueva York, Basic Books, 2000). También hay muchos textos (si le interesa esa clase de cosas) que analizan los gestos que utilizan los matemáticos y los profesores de matemática para explicar conceptos como una evidencia de la naturaleza corpórea de las matemáticas; véase Martha W. Alibali y Mitchell J. Nathan, "Embodiment in Mathematics Teaching and Learning: Evidence From Learners' and Teachers' Gestures", *Journal of the Learning Sciences* 21:2 (2012), pp. 247-286; Nathalie Sinclair y Shiva Gol Tabaghi, "Drawing space: mathematicians' kinetic conceptions of eigenvectors", *Educational Studies in Mathematics* 74:3 (2010), pp. 223-240.

La historia del tipógrafo que no sabía griego fue tomada de John Seely Brown y Paul Duguid, *The Social Life of Information* (Harvard Business School Press, 2000). La historia de Otto proviene de Andy Clark y David Chalmers, "The extended mind", *Analysis* 58:1 (1998), pp. 7-19.

El trabajo de Betsy Sparrow sobre la memoria transactiva fue desarrollado en Sparrow, Jenny Liu, y Daniel M. Wegner, "Google Effects on Memory: Cognitive Consequences of Having Information at Our Fingertips", *Science* 333:6043 (5 de agosto de 2011), pp. 776-778.

Sobre leer, subrayar y tomar notas, comience por Maryann Wolf, *Proust and the Squid*. Luego pase a otros estudios más especializados, por ejemplo: Sarah E. Peterson, "The cognitive functions of underlining as a study technique", *Reading Research and Instruction* 31:2 (1991), pp. 49-56; Rebecca Sandak, W. Einar Mencl, Stephen J. Frost y Kenneth R. Pugh, "The Neurobiological Basis of Skilled and Impaired Reading: Recent Findings and New Directions", *Scientific Studies in Reading* 8:3 (2004), pp. 273-292; Fabio Richlan, Martin Kronbichler y Heinz Wimmer, "Functional Abnormalities in the Dyslexic Brain: A Quantitative Meta-Analysis of Neuroimaging Studies", *Human Brain Mapping* 30 (2009), pp. 3299-3308.

La historia de los espacios entre palabras fue narrada por Paul Saenger en dos artículos de su autoría: "Silent Reading: Its Impact on Late Medieval Script and Society", *Viator: Medieval and Renaissance Studies* 13 (1982), pp. 367-414, y *Space Between Words: The Origins of Silent Reading* (Stanford, Stanford University Press, 1997).

Sobre lectura legal, véase Ruth McKinney, *Reading Like a Lawyer* (Chapel Hill, NC, Carolina Academic Press, 2005); Kirk Junker, "What is Reading in the Practice of Law?" *Journal of Law and Society* 9 (2008), pp. 111-162; Leah M. Christensen, "The Paradox of Legal Expertise: A Study of Experts and Novices Reading the Law", *Brigham Young University Education and Law Journal* 1 (2008), pp. 53-87.

El texto clásico sobre el flujo es un libro de Mihaly Csíkszentmihályi, *Flow: The psychology of optimal experience* (1992; Londres, Rider, 2002). Véase también Mihaly Csíkszentmihályi e Isabella Selega Csíkszentmihályi (eds.), *Optimal Experience: Psychological Studies of Flow in Consciousness* (Cambridge, Cambridge University Press, 1988). En Winfried Gallagher, *Rapt: Attention and the Focused Life* (Nueva York, Penguin, 2010), hay una versión más accesible para el común de los lectores.

La capacidad de alcanzar el flujo, de abrazar los desafíos en lugar de evitarlos, también conduce a un mayor grado de resiliencia: la capacidad de afrontar los desafíos que cambian nuestras vidas. En su fascinante libro *Deep Survival: Who Lives, Who Dies, and Why* (Nueva York, W. W. Norton & Company, 2004), Laurence Gonzales señala que las personas que sobreviven a un naufragio, a quedar enterradas en una avalancha, a la destrucción total de su vecindario por obra de un terremoto o a un huracán, etc., comparten algunos rasgos psicológicos. Pueden adaptarse rápidamente a su nueva realidad, aceptan la idea de que la ayuda externa puede tardar días en llegar, e incluso consideran la posibilidad de no sobrevivir. Al mismo tiempo, son capaces de identificar tareas inmediatas para mantenerse ocupadas, de establecer patrones a seguir para poner orden mental al caos de un universo súbitamente destruido, y destierran de sus mentes todo pensamiento relacionado con la muerte. (Un dato interesante: tener un compañero herido pero que no corre peligro de muerte puede aumentar nuestras posibilidades de sobrevivir: porque ocuparnos de alguien nos obliga a focalizarnos y a dejar de sentir lástima por nosotros mismos.) Sus sentidos se agudizan y están mejor capacitados para responder a las oportunidades, pero también pueden encontrar belleza en la situación. Las personas que sobreviven durante días en un bote salvavidas sin agua, por ejemplo, ahuecan una lona para recoger agua de lluvia pero al mismo tiempo se dejan cautivar por el diáfano cielo nocturno o por el brillo de las criaturas marinas que emiten su propia luz. Alguien dijo alguna vez que "la supervivencia no es otra cosa que ser capaz de vivir una vida ordinaria en circunstancias extremas".

Zen in the Art of Archery: Training the Mind and Body to Become One (Nueva York, Penguin, 2004), de Eugen Herrigel, fue publicado por primera vez en inglés en el año 1953 y sigue considerándose una explicación clásica del zen, aunque en años recientes ha sido blanco de agudas críticas. El libro se basa en una serie de conferencias sobre "El caballeresco arte de la arquería", ofrecidas por Herrigel en Berlín, en 1936. Herrigel se afilió al partido nazi al año siguiente y disfrutó de una exitosa carrera académica en la Universidad de Erlangen, que culminó en su nombramiento como rector de ese claustro en 1944. Para un análisis crítico de su comprensión de la arquería japonesa, su obra y la influencia de su obra, véase Yamada Shōji, "The Myth of Zen in the Art of Archery", *Japanese Journal of Religious Studies* 28:1-2 (2001), pp. 1-30, y Yamada, *Shots in the Dark: Japan, Zen and the* West (Chicago, University of Chicago Press, 2009).

El trabajo de Neema Moraveji está documentado en el blog *Calming Technologies*, http://calmingtechnology.org/; y en Neema Moraveji, *Augmented Self-Regulation* (Ph. D. Dissertation, Stanford University, 2012).

Capítulo 2. A menos que se exprese lo contrario, las citas incluidas en este capítulo provienen de entrevistas a James Anderson, Marzan Cooper, Jesse Grosjean, Michael Grothaus, Rebecca Krinke, Donald Latumahina y Fred Stutzman, realizadas en el verano y el otoño del año 2011.

Freedom está disponible en la página Web de Fred Stutzman, http://macfreedom.com/. WriteRoom está disponible en http://www.hogbaysoftware.com/products/writeroom. Virginia Heffernan habla sobre el WriteRoom en "An Interface of One's Own", *New York Times* (6 de enero de 2008).

Los peligros del piloto automático y los sistemas de vuelo inalámbricos han sido debatidos durante años, particularmente luego del desastre del Air France 447. En ese caso, el Airbus 330 –uno de los aviones más sofisticados de nuestra época– se estrelló cuando el piloto automático falló y el copiloto hizo que el avión literalmente dejara de volar manipulando los controles. Muchos expertos en seguridad y pilotos de aviones sostienen que aeronaves *high-tech* como el Airbus son fáciles de conducir en circunstancias normales, pero muy difíciles de comprender cuando algo anda mal: como una computadora fácil de usar que solo nos muestra la pantalla congelada cuando encuentra un problema, la complejidad del Airbus impide que los pilotos desarrollen los instintos necesarios que les permiten mantener en el aire aviones menos sofisticados. Los últimos segundos del AF447 y el rol que desempeñó el piloto en el accidente fueron magistralmente descriptos por Jeff Wise en su artículo "What Really Happened Aboard Air France 447", *Popular Mechanics* (6 de diciembre de 2011), http://www. popularmechanics.com/technology/aviation/crashes/what-really-happened-aboard-air-france-447-6611877.

Sobre la historia de la actividad multitareas, véase Lyn Wadley, Tamaryn Hodgskiss y Michael Grant, "Implications for complex cognition from the hafting of tools with compound adhesives in the Middle Stone Age, South Africa", *Proceedings of the National Academy of Sciences* 106:24 (16 de junio de 2009), pp. 9590-9594; y Monica Smith, *A Prehistory of Ordinary People* (Phoenix, University of Arizona Press, 2010).

Los descubrimientos de Clifford Nass sobre el cambio compulsivo de tareas son analizados por Eyal Ophira, Clifford Nass y Anthony D. Wagner en su artículo "Cognitive control in media multitaskers", *Proceedings of the National Academy of Sciences* 106:37 (15 de septiembre de 2009), pp. 15583-15587; véase también la entrevista de Nass en PBS' *Frontline*, 1º de diciembre de 2009, http://www.pbs.org/wgbh/pages/frontline/digitalnation/interviews/nass.html, que es la fuente de la cita. Sobre los costos de la actividad multitareas, véase también Nicholas Carr, *The Shallows: What the Internet Is Doing to Our Brains* (Nueva York, W. W. Norton, 2010).

La idea de la ópera como multitareas fue inspirada por las comparaciones académicas entre la ópera y la realidad virtual, idea articulada por primera vez por Michael Heim en *The Metaphysics of Virtual Reality* (Oxford, Oxford University Press, 1993), luego retomada por Randall Packer y Ken Jordan en la colección *Multimedia: From Wagner to Virtual Reality* (Nueva York, Norton, 2001) y por Matthew Wilson Smith en *The Total Work of Art: From Bayreuth to Cyberspace* (Nueva York, Routledge, 2007).

La idea de que la yuxtaposición de intereses estimula la creatividad fue postulada por numerosos autores, quizá más contundentemente por Sivano Ariety en *Creativity: The Magic Synthesis* (Nueva York: Basic Books,

1976). Pueden encontrarse ejemplos de combinaciones creativas en todos los campos de la invención: Christopher Wren mezcló las arquitecturas clásica y barroca en su diseño de la St. Paul's Cathedral, George de Mestral utilizó ganchos sobre erizos como modelo para el Velcro, el cocinero de Los Ángeles Roy Choi combinó bulgogi y tortillas para preparar sus tacos coreanos.

La creatividad puede florecer en circunstancias de confinamiento, pero nunca en circunstancias desesperadas: Maquiavelo, por ejemplo, prácticamente tuvo que vivir bajo arresto domiciliario, la esposa del marqués de Sade introducía de contrabando material de escritura y juguetes sexuales para su esposo encerrado en La Bastilla, y Braudel estuvo en un campo de prisioneros para oficiales en las afueras de Lübeck, Alemania, que ofrecía mejores condiciones que otros campos alemanes. Los prisioneros o los prisioneros de guerra que deben soportar regímenes duros o realizar trabajos pesados no tienen tanta suerte. Y por supuesto, todos sabemos quién más escribió en la cárcel: durante el año que pasó en la prisión de Landsberg, en las afueras de Munich, Adolf Hitler escribió *Mein Kampf.*

Jeffrey MacIntyre acuñó el término Zenware en "The Tao of Screen: In search of the distraction-free desktop", *Slate* (24 de enero de 2008), http://www.slate.com/articles/technology/technology/2008/01/the_tao_of_screen.html.

Jesse Grosjean explica que, mientras trabajaba en su organizador, tuvo la idea de un editor de pantalla completa que hiciera que su computadora se comportara como una máquina de escribir. Blockwriter –tal era el nombre del programa imaginario– desactivaba los otros programas de la computadora y ni siquiera tenía las funciones de borrar y editar: era como hacer un crucigrama con tinta, uno solo podía avanzar, jamás retroceder. Grosjean también encontró el Ulysses, un programa de texto en modo de pantalla completa creado por los emprendedores alemanes The Soulmen (las pequeñas empresas de software todavía conservan ciertos caprichos de hackers). "Al fin de cuentas, WriteRoom salvó la brecha" entre el Ulysses y el Blockwriter, recuerda Grosjean. "Era un programa en modo de pantalla completa que no estaba sujeto a un 'sistem' más grande como el Ulysses, pero tampoco pretendía constreñir al usuario, cosa que era central a la idea del Blockwriter." El Ulysses y varias otras de las primeras herramientas de escritura de pantalla completa son como bluseros Delta al Elvis Write-Room. Los primeros suelen ser exhaustivos, bien realizados y tienen fans dedicados, pero el WriteRoom es lo máximo.

Las reseñas sobre el Zenware mencionadas en este capítulo son: Mike Gorman, "Ommwriter: Like Writing in a Zen Garden", *Geek-Tank* (17 de septiembre de 2010), http://www.geek-tank.com/software/ommwriter-like-writing-in-a-zen-garden/; Donald Latumahina, "Creative Thinking Cool Tool: JDarkRoom", *Life Optimizer* (15 de febrero de 2007), www.lifeoptimizer.org/2007/02/15/creative-thinking-cool-tool-jdarkroom/; J. Dane Tyler, "Software Review: DarkRoom v. JDarkRoom", *Darcknyc* (29 de diciembre de 2007), http://darcknyt.wordpress.com/2007/12/29/software-review-darkroom-v-jdarkroom/; Richard Norden is quoted on the WriteMonkey Web site, http://writemonkey.com/. Rob Pegoraro, "That Green Again", *Washington Post* (20 de marzo de 2008), http://www.washingtonpost.com/wp-dyn/content/article/2008/03/19/AR2008031903559.html

El trabajo de James Anderson incluye: Catherine Weir, Anderson y Mervyn Jack, "On the Role of Metaphor and Language in Design of Third Party Payments in eBanking: Usability and Quality", *International Journal of Human-Computer Studies* 64:8 (2006), pp. 770-784; y "If Knowledge Then God: The Epistemological Theistic Arguments of Plantinga and Van Til", *Calvin Theological Journal* 40:1 (2005), pp. 49-75. Ex Research Fellow en el Centre for Communication Interface Research, actualmente se desempeña como profesor de Teología y Filosofía en el Reformed Theological Seminary de Charlotte, Carolina del Norte.

Fred Stutzman se ha explayado sobre el Freedom y el Zenware en: "Productivity in the Age of Social Media", en R. Trebor Scholz (ed.), *The Digital Media Pedagogy Reader* (Nueva York, Institute for Distributed Creativity, Comment Press, 2011) http://learningthroughdigitalmedia.net/productivity-in-the-age-of-social-media-freedom-and-anti-social.

El lugar del taylorismo en la historia de la tecnología norteamericana se debate en Thomas Parke Hughes, *American Genesis: A Century of Invention and Technological Enthusiasm, 1870-1970* (Chicago, University of Chicago, 1990).

George Lakoff ha escrito extensivamente sobre el *framing* o enmarcamiento. Su libro *Metaphors We Live By*, en coautoría con Mark Johnson

(Chicago, University of Chicago Press, 1980), contiene sus primeras ideas al respecto; Lakoff también ha influido sobre el pensamiento metafórico del equipo de diseño de interfaces de Macintosh: Chris Espinosa recuerda haber visto libros de Lakoff sobre los escritorios de Apple a comienzos de los años '80. Más recientemente ha aplicado sus ideas al ámbito político, a través de libros como *Thinking Points* (Nueva York, Farrar Strauss Giroux, 2005) y *The Political Mind* (Nueva York, Viking, 2008).

Capítulo 3. Se ha escrito muchísimo sobre la meditación. Entre las lecturas que han afectado mi propia práctica, cabe mencionar a Steve Hagen, *Buddhism is Not What You Think: Finding Freedom Beyond Beliefs* (Nueva-York, Harper Collins, 2004), una buena introducción al budismo; el Dalai Lama, con traducción y edición de Jeffrey Hopkins, *How to Practice: The Way to a Meaningful Life* (Atria Books, 2003); Katsuki Sekida, *Zen Training: Methods and Philosophy* (Boston, Shambhala, 1985), especialmente útil en lo relacionado con la postura y la respiración y el rol que juegan ambas para una buena meditación; y el sorprendentemente útil y profundo texto de Stephan Bodian, *Meditation For Dummies* (Nueva York, Wiley, 2006). (Ya les dije que yo no era un meditador muy profundo.)

Joanna Cook, *Meditation in Modern Buddhism: Renunciation and Change in Thai Monastic Life* (Cambridge, Cambridge University Press, 2010) es una buena introducción al budismo contemporáneo y a la meditación.

Sobre la aplicación de la meditación y la atención plena, véase el libro de Jon Kabat-Zinn, *Full Catastrophe Living: Using the Wisdom of Your Body and Mind to Face Stress, Pain, and Illness* (Delta, 1990). Su artículo "Mindfulness-Based Interventions in Context: Past, Present, and Future", *Clinical Psychology: Science and Practice* (10:2; verano de 2003; pp. 144-156) continúa siendo un pantallazo útil sobre las aplicaciones del alivio del estrés basado en la meditación (MBSR). Sobre una crítica del MBSR, véase Wakoh Shannon Hickey, "Meditation as Medicine: A Critique", *Crosscurrents* (junio de 2010), pp. 168-184.

Entre los estudios más especializados, cabe mencionar: William S. Blatt, "What's Special about Meditation? Contemplative Practice for American Lawyers", *Harvard Negotiation Law Review* 7 (2002), pp. 125-141; Maj. G. W. Dickey, *Mindfulness-Based Cognitive Therapy as a Complementary Treatment for Combat/Operation Stress and Combat Post-Traumatic Stress Di-*

sorder, M.A. thesis, Marine Corps University, 2008, http://www.dtic.mil/
cgi-bin/GetTRDoc?AD=ADA490935&Location=U2&doc=GetTRDoc.
pdf; Charlotte J. Haimer y Elizabeth R. Valentine, "The Effects of Contemplative Practice on Intrapersonal, Interpersonal, and Transpersonal Dimensions of the Self-Concept", *Journal of Transpersonal Psychology* 33:1 (2001), pp. 33-52; Keith A. Kaufman, Carol R. Glass y Diane B. Arnkoff, "Evaluation of Mindful Sport Performance Enhancement (MSPE): A New Approach to Promote Flow in Athletes", *Journal of Clinical Sports Psychology* 4 (2009), pp. 334-356; Ying Hwa Kee y C.K. John Wang, "Relationships between mindfulness, flow dispositions and mental skills adoption: A cluster analytic approach", *Psychology of Sport and Exercise* 9:4 (julio de 2008), pp. 393-411; Maria Lichtmann, *The Teacher's Way: Teaching and the Contemplative Life* (Mahwah, Paulist Press, 2005); Donald R. Marks, "The Buddha's Extra Scoop: Neural Correlates of Mindfulness and Clinical Sport Psychology", *Journal of Clinical Sports Psychology* 2:3 (agosto de 2008); Ed Sarath, "Meditation in Higher Education: The Next Wave?", *Innovative Higher Education* 27:4 (2003), pp. 215-223.

La práctica de la abogacía basada en la atención plena sostiene que las negociaciones legales suelen ser vistas como un juego de suma cero. Esta actitud tiene un costo emocional para todas las partes y desalienta a los abogados de buscar situaciones de ganar-ganar: es decir, resultados que sean beneficiosos para todas las partes implicadas. Véanse David Hoffman, "The Future of ADR: Professionalization, Spirituality, and the Internet", *Dispute Resolution Magazine* 14 (2008), pp. 6-10; Marjorie A. Silver, "Lawyering and its Discontents: Reclaiming Meaning in the Practice of Law", *Touro Law Review* 19 (2004), pp. 773-824; Arthur Zajonc, "Contemplative and Transformative Pedagogy", *Kosmos Journal* 5:1 (otoño/ invierno de 2006), pp. 1-3.

Sobre el trabajo neurocientífico relacionado con la meditación y la conciencia plena, véase Antoine Lutz, John D. Dunne y Richard J. Davidson, "Meditation and the Neuroscience of Consciousness: An Introduction", en Philip David Zelazo, Morris Moscovitch y Evan Thompson (eds.), *The Cambridge Handbook of Consciousness* (Cambridge, Cambridge University Press, 2007).

Los estudios incluidos aquí fueron publicados en Antoine Lutz, Lawrence L. Greischar, Nancy B. Rawlings, Matthieu Ricard y Richard J.

Davidson, "Long-term meditators self-induce high-amplitude gamma synchrony during mental practice", *Proceedings of the National Academy of Sciences* 101:46 (16 de noviembre de 2004), pp. 16369-16373; Richard J. Davidson y Antoine Lutz, "Buddha's Brain: Neuroplasticity and Meditation", *IEEE Signal Processing Magazine* (septiembre de 2007), pp. 171-174; Antoine Lutz, Heleen A. Slagter, John D. Dunne, y Richard J. Davidson, "Attention regulation and monitoring in meditation", *Trends in Cognitive Sciences* 12:4 (abril de 2008), pp. 163-169.

This Your Brain on Music: The Science of a Human Obsession (Nueva York, Plume, 2006), de Daniel Levitin, es una buena introducción al estudio del cerebro de los músicos. Si el lector desea conocer estudios más exhaustivos, recomendamos G. Schlaug, L. Jancke, Y. Huang y H. Steinmetz, "In vivo evidence of structural brain asymmetry in musicians", *Science* 267:5198 (3 de febrero de 1995), pp. 699-701; Stefan Elmer, Martin Meyer y Lutz Jäncke, "Neurofunctional and Behavioral Correlates of Phonetic and Temporal Categorization in Musically Trained and Untrained Subjects", *Cerebral Cortex* 22:3 (marzo de 2012), pp. 650-658 (doi: 10.1093/cercor/bhr142); Patrick Bermudez, Jason P. Lerch, Alan C. Evans y Robert J. Zatorre, "Neuroanatomical Correlates of Musicianship as Revealed by Cortical Thickness and Voxel-Based Morphometry", *Cerebral Cortex* 19:7 (julio de 2009), pp. 1583-1596 (doi: 10.1093/cercor/bhn196). Los cerebros de los matemáticos son el tema central del artículo de K. Aydin, A. Ucar, K. K. Oguz, O. O. Okur, A. Agayev, Z. Unal, S. Yilmaz y C. Ozturk, "Increased Gray Matter Density in the Parietal Cortex of Mathematicians: A Voxel-Based Morphometry Study", *American Journal of Neuroradiology* 28 (noviembre de 2007), pp. 1859-1864. Los cambios en la microestructura de la sustancia blanca del cerebro de los acróbatas y malabaristas se analizan en Jan Scholz, Miriam C. Klein, Timothy E. J. Behrens y Heidi Johansen-Berg, "Training induces changes in white matter architecture", *Nature Neuroscience* 12:11 (noviembre de 2009), pp. 1370-1371. Scholz explica que "después de seis semanas de entrenamiento en malabares o acrobacia vimos cambios en la sustancia blanca de los cerebros de este grupo en comparación con los otros que no habían recibido ninguna clase de entrenamiento. Los cambios ocurrieron en regiones del cerebro relacionadas con alcanzar y capturar en la visión periférica". Las palabras de Scholz fueron citadas en "Matter in hand: Jugglers have rewired brains",

Phys.org (11 de octubre, 2009), http://phys.org/news174490349.html#nRlv. Los taxistas de Londres han sido objeto de numerosos estudios, en su mayoría conducidos por Eleanor A. Maguire, profesora en el University College de Londres; véase Maguire, Richard Frackowiak y Christopher Frith, "Recalling routes around London: activation of the right hippocampus in taxi drivers", *The Journal of Neuroscience* 17:18 (15 de septiembre de 1997), pp. 7103-7110; Maguire, David G. Gadian, Ingrid S. Johnsrude, Catriona D. Good, John Ashburner, Frackowiak y Frith, "Navigation-related structural change in the hippocampi of taxi drivers", *Proceedings of the National Academy of Sciences* 97:8 (11 de abril de 2000), pp. 4398-4403; Katherine Woollett, Hugo J. Spiers y Maguire, "Talent in the taxi: a model system for exploring expertise", *Phil. Trans. R. Soc.* B 364:1522 (27 de mayo de 2009), pp. 1407-1416.

Una síntesis del trabajo de Clifford Saron y su grupo fue publicada en: *Center for Mind and Brain, Five Year Report 2003-2008* (Universidad de California, Davis, 2008). El trabajo sobre los telómeros aparece en Elissa Epel, Jennifer Daubenmier, Judith Moskowitz, Susan Folkman y Elizabeth Blackburn, "Can meditation slow rate of cellular aging? Cognitive stress, mindfulness, and telomeres", *Annals of the New York Academy of Sciences* 1172 (2009), pp. 34-53.

Un estudio diferente pero igualmente valioso de la intersección entre neurociencia y conciencia plena es Susan Blackmore, *Zen and the Art of Consciousness* (Oxford, OneWorld, 2011). Blackmore es neurocientífica y en su libro analiza cuestiones relacionadas con la naturaleza de la conciencia plena fundamentándose para ello en su trabajo científico y sus años de práctica de la meditación.

El material sobre los monjes blogueros fue producto, en su inmensa mayoría, de entrevistas realizadas por correo electrónico o por Skype a Jonathan Coppola, Caine Das, Hermana Gryphon, Choekyi Libby, Bhikkhu Samahita, Damchoe Wangmo y Noah Yuttadhammo entre el verano y el otoño de 2011. Otro artículo sobre monjes y blogs que vale la pena leer es Joonseong Lee, "Cultivating the Self in Cyberspace: The Use of Personal Blogs among Buddhist Priests", *Journal of Media and Religion* 8 (2009), pp. 97-114.

Sobre budismo y globalización, véase Peter Oldmeadow, "Globalization and Tibetan Buddhism", en Oldmeadow (ed.), *The End of Religions?*

Religion in an Age of Globalisation (Sydney Studies in Religion, 2001), pp. 266-279.

La vida de los monjes de la selva parece atemporal, y cabe recordar que Sri Lanka es un centro de budismo hace más de dos mil años. Pero el movimiento de los monjes de la selva, que hace hincapié en el aislamiento y la pureza, es claramente un producto contemporáneo y soporta la carga de un revival religioso post Segunda Guerra Mundial inspirado en la independencia de Sri Lanka de la Corona británica en 1948 y por el 2.500 aniversario de la muerte de Buda en 1956. Sobre los monjes budistas sinaleses, véanse Nur Yalman, "The Ascetic Buddhist Monks of Ceylon", *Ethnology* 1:3 (julio de 1962), pp. 315-328, y Michael Carrithers, "The Modern Ascetics of Lanka and the Pattern of Change in Buddhism", *Man* 14:2 (junio de 1979), pp. 294-310.

En el budismo es una práctica común dar nuevos nombres a los monjes recién ordenados. Estos "nombres del Dharma" son elegidos por los maestros o abades, y existe una variedad de tradiciones que gobiernan esa elección. En algunos casos, el maestro elegirá un nombre que refleje la personalidad del discípulo, la calidad de su práctica, o que le recuerde una capacidad que aún necesita cultivar. En otras tradiciones, los nombres pretenden reflejar el linaje del monje o derivan de su fecha de nacimiento o su generación. En China y Vietnam los nombres monásticos comienzan con "Shi" o "Thich" respectivamente.

La Era Axial es el tema central del libro de Karl Jaspers *Origin and Goal of History* (1951; reeditado por Routledge en 2011) y recientemente retomado por Karen Armstrong en *The Great Transformation: The Beginning of Our Religious Traditions* (Nueva York, Anchor, 2007).

Los estudiosos sostienen que la Web no es más que la última tecnología de la información que ha modificado nuestros cerebros. La invención de la escritura –particularmente la invención del alfabeto griego, que fue el primero que pudo reproducir con precisión todo el espectro de los sonidos de un lenguaje– modificó profundamente nuestra manera de pensar. La imprenta propagaba información quinientos años antes de la Internet, mientras que el periódico fue el primer medio casi en tiempo real y fue crucial para el crecimiento de las "comunidades imaginadas". Según Marshall McLuhan, la radio, el teléfono y la televisión ya estaban en proceso de transformar al mundo en una "aldea global" en la década de 1960.

No solo hemos vivido revoluciones en la información a lo largo de toda nuestra historia; también hemos lamentado los cambios. Sócrates desconfiaba de la escritura. En 1477 el humanista veneciano Hieronimo Squarciafico se quejaba, en su *Memory and Books*, de que "la abundancia de libros vuelve menos estudiosos a los hombres; destruye la memoria y debilita la mente al aligerarle cualquier exceso de trabajo". Quinientos años atrás, el telégrafo era "la Internet victoriana" (así lo define Tom Standage en su delicioso texto *The Victorian Internet: The Remarkable Story of the Telegraph and the Nineteenth Century's On-Line Pioneers* [Londres, Walker, 1998]) y se hablaba de él con el mismo tono apocalíptico y profético que hoy se utiliza para aludir a la Web.

Capítulo 4. Sobre la Ley de Moore y la historia de la computación, véase Martin Campbell-Kelly y William Aspray, *Computer: A History of the Information Machine* (Basic Books, 1996).

Yo estoy en la duodécima curva de la Ley de Moore. Mi primera computadora fue una Macintosh Plus. Cuando la compré, en 1988, hacía más de una década que existían las computadoras personales; y la línea Macintosh –la primera computadora ampliamente accesible con interfaz gráfica de usuario y mouse– tenía cuatro años de edad. La Plus tenía un procesador de 8 MHz, 1 MB de memoria RAM, un disco duro de 800 K y una pantalla monocroma de 9 pulgadas. Utilicé la Mac Plus para escribir mi tesis y para jugar al Dark Castle muchas más veces de las que admito recordar. Veintitrés años después compré un iPad 2 para escribir un libro. El iPad 2 es solo un poco más impresionante que la Plus. Tiene un procesador dual de 800 MHz, 512 MB de RAM y 64 GB de memoria; la pantalla es casi del mismo tamaño, pero es en color y táctil. Mi última computadora es por lo menos cien veces más rápida, tiene muchos cientos más de memoria, y no obstante cuesta menos de lo que costó la primera: la Mac Plus tuvo un costo de aproximadamente 2000 dólares en 1988 (cerca de 3800 dólares en 2011), mientras que el iPad costó casi 1000 dólares, incluyendo teclado y otros accesorios periféricos (aproximadamente 525 dólares en 1988). La Mac Plus no tenía wifi y Apple no tuvo en cuenta que mi computadora alguna vez podría conectarse a Internet. En aquel momento, un módem externo de 48.8 kbps costaba doscientos dólares. Mi iPad, por el contrario, es un híbrido: tiene aproximadamente 20 GB de música y películas (el equivalente de 25 000 diskettes), pero necesito tener conexión a Internet para hacer la mayoría de las cosas relacionadas con mi trabajo. Mi iPad es una terminal conectada a la Nube. Y no solamente es muchísimo más poderoso que mi Mac Plus. Su capacidad de participar en el procesamiento y la memoria de la Web globalmente distribuidos aumenta un billón de veces ese poder, que por otra parte crece de manera continua.

Gran parte del crecimiento cerebral se produce antes del nacimiento. También hay un segundo período de crecimiento rápido en la primera infancia. Véase John Dobbing y Jean Sands, "Quantitative growth and development of human brain", *Archives of Disease in Childhood* 48 (1973), pp. 757-767.

Byron Reeves y Clifford Nass fueron pioneros en el estudio de las respuestas psicológicas a las computadoras; su libro *The Media Equation: How People Treat Computers, Television, and New Media Like Real People and Places* (Cambridge, Cambridge University Press, 1996) es una buena introducción al tema. *The Man Who Lied to His Laptop: What Machines Teach Us About Human Relationships* (Current, 2010), de Clifford Nass, también es un trabajo de excelencia y sumamente accesible. El lector encontrará análisis más detallados en Clifford Nass, Youngme Moon, Paul Carney, *Are people polite to computers?: responses to computer-based interviewing systems* (Division of Research, Harvard Business School, 1998); Clifford Nass y Youngme Moon, "Machines and Mindlessness: Social Responses to Computers", *Journal of Social Issues* 56:1 (2000), pp. 81-103; Yashuiro Katagiri, Clifford Nass y Yugo Takeuch, "Cross-Cultural Studies of the Computers are Social Actors Paradigm: The Case of Reciprocity", en Michael Smith, Gavriel Salvendy, Don Harris y Richard Koubek (eds.), *Usability Evaluation and Interface Design: Cognitive Engineering, Intelligent Agents and Virtual Reality* (Mahwah, Lawrence Erlbaum Associates, 2001), pp. 1558-1562.

Sobre los estudios psicológicos con avatares, recomendamos ver Jim Blascovich y Jeremy Bailenson, *Infinite Reality: Avatars, Eternal Life, New Worlds, and the Dawn of the Virtual Revolution* (Nueva York, William Morrow, 2011), y Jeremy N. Bailenson y Andrew C. Beall, "Transformed Social Interaction: Exploring the Digital Plasticity of Avatars" en R. Schroeder y A. S. Axelsson (eds.), *Avatars at Work and Play* (Springer, 2006), pp.

1-16. Sobre la utlización de avatares en las ciencias sociales, véase Jesse Fox, Dylan Arena y Jeremy N. Bailenson, "Virtual Reality: A Survival Guide for the Social Scientist", *Journal of Media Psychology* 21:3 (2009), pp. 95-113.

La aplicación Jeremy Baileson incluye una breve biografía, PDF de artículos y disertaciones, directivas dadas a su laboratorio en Stanford y tuiteos recientes. Fue desarrollada por los estudiantes de UC Berkeley Shourya Basu y Jon Noreika.

AutoCAD es una suerte de abreviatura de Automatic Computer Aided Drafting/Designing. Se utiliza para crear archivos para objetos bi o tridimensionales. En su origen era usado en arquitectura y manufacturación de precisión.

Los psicólogos e ingenieros militares habían estudiado el "malestar o la enfermedad del simulador" en los simuladores de vuelo que brindaban una experiencia inmersiva de cuerpo entero en los años '80; el término "ciberenfermedad" es resultado de estas investigaciones. Los investigadores del factor humano Michael McCauley y Thomas Sharkey acuñaron el término en su artículo de 1992 "Cybersickness: Perception of self-motion in virtual environments", *Presence: Teleoperators and Virtual Environments*, 1:3 (1992), pp. 311-318. McCauley recordaría más tarde que "el término 'ciber' se estaba transformando en un virus en aquella época y todos nos dedicábamos a investigar el malestar del simulador y la enfermedad VE o Vr'. Llamarlo ciberenfermedad fue un paso obvio". Correo electrónico de McCauley al autor, 2 de julio de 2012.

Los estudios específicos analizados aquí son: Jeremy N. Bailenson, Andrew C. Beall, Jack Loomis, Jim Blascovich y Matthew Turk, "Transformed Social Interaction: Decoupling Representation from Behavior and Form in Collaborative Virtual Environments", *Presence* 13:4 (agosto de 2004), pp. 428-441; Nick Yee y Jeremy Bailenson, "The Proteus Effect: The Effect of Transformed Self-Representation on Behavior", *Human Communication Research* 33 (2007), pp. 271-290; Jeremy Bailenson, S.S. Iyengar, Nick Yee y N. Collins, "Facial Similarity between Voters and Candidates Causes Influence", *Public Opinion Quarterly* 72 (2008), pp. 935-961; Sun Joo Ahn y Jeremy N. Bailenson, "Self-Endorsing Versus Other-Endorsing in Virtual Environments: The Effect on Brand Attitude and Purchase Intention", *Journal of Advertising* 40:2 (verano de 2011), pp. 93-106.

La observación de Daryl Bem proviene de Bem, "Self-Perception Theory", en Leonard Berkowitz (ed.), *Advances in Experimental Social Psychology*, volumen 6 (Nueva York, Academic Press, 1972), pp. 2-57.

Existen numerosos textos sobre planeamiento y yo futuro; yo me ocupo del tema en mi artículo "Futures 2.0: Rethinking the Discipline", *Foresight: The Journal of Futures Studies, Strategic Thinking and Policy* 12:1 (primavera de 2010), pp. 5-20. En el ámbito de la filosofía, el trabajo de Derek Parfit sobre el yo futuro (que Hal Hershfield testea) es particularmente abarcador; véase Derek Parfit, *Reasons and Persons* (Oxford, Oxford University Press, 1984).

Jesse Fox analiza su trabajo en dos artículos escritos en coautoría con Bailenson: "Virtual Virgins and Vamps: The Effects of Exposure to Female Characters' Sexualized Appearance and Gaze in an Immersive Virtual Environment", *Sex Roles* 61 (2009), pp. 147-157, y "Virtual Self-Modeling: The Effects of Vicarious Reinforcement and Identification on Exercise Behaviors", *Media Psychology* 12 (2009), pp. 1-25.

El trabajo de Hal Hershfield fue publicado en Hershfield y otros, "Neural evidence for self-continuity in temporal discounting", *Social Cognitive and Affective Neuroscience*, 4:1 (2009), pp. 85-92; "Don't stop thinking about tomorrow: Individual differences in future self-continuity account for saving", *Judgment and Decision Making* 4:4 (2009), pp. 280-286; y "Increasing Saving Behavior Through Age-Progressed Renderings of the Future Self", *Journal of Marketing Research* 48 (noviembre de 2011), S23-S37. A los sujetos de los experimentos se les hicieron preguntas simples, por ejemplo "¿Cómo se llama usted?", "¿Dónde nació?" y "¿Cuál es su pasión en la vida?".

Sobre el fracaso, véase Charles Perrow, *Normal Accidents: Living with High Risk* (Nueva York, Basic, 1984). Véase también Mica Endsley, "Automation and Situated Awareness", en R. Parasuraman y M. Mouloua (eds.), *Automation and Human Performance: Theory and Applications* (Mahwah, Lawrence Erlbaum, 1996), pp. 163-181. Allí se describe cómo la automatización puede afectar negativamente la comprensión del mundo que tienen los usuarios, o incluso la de las tecnologías que están utilizando.

Mis ideas sobre el fracaso y el error técnico en la computación están relacionadas con la obra de mi colega en el Microsoft Research Cambridge, Helena Mentis; véase su "User Recalled Occurrences of Usability Errors:

Implications on the User Experience", *CHI 2003: New Horizons*, pp. 736-737, y su *Occurrence of Frustration in Human-Computer Interaction: The Affect of Interrupting Cognitive Flow* (M.A. Thesis, Cornell University, 2004).

La crítica de Jaron Lanier a la colaboración abierta distribuida (*crowdsourcing*) fue tomada de su terriblemente polémico libro *You Are Not a Gadget: A Manifesto* (Nueva York, Random House, 2010).

The Singularity is Near (Nueva York, Viking, 2005), de Ray Kurzweil, es un texto muy técnico pero al mismo tiempo sorprendentemente accesible. Supongo que a esta altura ya habrá quedado claro que estoy en desacuerdo con la mayoría de sus premisas y que su afirmación casual y relajada de que "No hay razones para no creer que el complejo problema filosófico que acabo de describir no encontrará solución a través de la fuerza bruta computacional dentro de unos años" me parece poco convincente, pero no obstante vale la pena leerlo.

Conviene equilibrar el manifiesto sobre el *lifelogging* de Gordon Bell –*You Life, Uploaded* (Plume, 2010), escrito en coautoría con Jim Gemmell– con reflexiones tomadas de la literatura HCI[1] sobre cómo difieren la memoria humana y la memoria de la computadora; véase especialmente el trabajo de Abigail J. Sellen, otra colega en Microsoft Research; recomendamos leer su artículo en coautoría con Steve Whittaker, "Beyond Total Capture: A Constructive Critique of Lifelogging", *Communications of the ACM* 53:5 (mayo de 2010), pp. 70-77; y también el artículo de Vaiva Kalnikaite, Abigail Sellen, Steve Whittaker y David Kirk, "Now Let Me See Where I Was: Understanding How Lifelogs Mediate Memory", *CHI 2010: Remember and Reflect*, pp. 2045-2054. Richard Harper, Tom Rodden, Yvonne Rogers y Abigail Sellen (eds.) ofrecen una crítica exhaustiva de los supuestos que sostienen que podemos automatizar o reemplazar ciertas capacidades humanas en el futuro cercano en *Being Human: Human Computer Interaction in the Year 2020* (Cambridge, Microsoft Research Ltd., 2008).

La memoria digital sigue una curva similar a la Ley de Moore. Cuando yo estaba en la universidad visité a un investigador que se dedicaba a estudiar las redes sociales en la ciencia, y que utilizó la mayor parte de la beca de investigación que le había otorgado el gobierno para comprar un hard drive de veinte megabytes. Hoy, las tarjetas de memoria son cien veces más grandes, tienen cámaras digitales y son descartables.

Delete: The Virtue of Forgetting in the Digital Age (Princeton, Princeton University Press, 2009), de Viktor Mayer-Schönberger, es un elocuente estudio de las diferencias entre la memoria digital y la memoria humana. Un buen ejemplo de la naturaleza social de la memoria son los prontuarios. Cada vez es más difícil eliminar los prontuarios para impedir que crímenes por los que ya hemos pagado continúen atormentándonos: casi siempre eso conlleva eliminar copias múltiples de los prontuarios, que no siempre se encuentran bajo la égida de un control central. Para complicar todavía más las cosas, actualmente existen empresas especializadas en subir prontuarios criminales online, y otras que ofrecen borrarlos; a veces, según parece, esas empresas son operadas por la misma gente.

El trabajo de Morgan Ames en el programa One Laptop Per Child está documentado en Mark Warschauer y Morgan Ames, "Can One Laptop Per Child Save the World's Poor?", *Journal of International Affairs* 64:1 (otoño/invierno de 2010), pp. 33-51; y en Mark Warschauer, Shelia R. Cotten, Morgan G. Ames, "One Laptop per Child Birmingham: Case Study of a Radical Experiment", *International Journal of Learning and Media* 3:2 (primavera de 2011), pp. 61-76. Sobre los hackers, véase el clásico de Steven Levy publicado por primera vez en 1984: *Hackers: Heroes of the Computer Revolution* (repr. Sebastapol CA, O'Reilly Media, 2010). Es uno de esos libros que primero describe una cultura y luego influye sobre ella (así como la saga cinematográfica de *El Padrino* influyó sobre la manera de comportarse de los mafiosos). *The Hacker Ethic* (Nueva York, Random House, 2001), de Pekka Himanen, también es muy bueno. Entre los numerosos artículos de Claude Steele resulta particularmente recomendable Steele y Joshua Aronson, "Stereotype Threat and the Intellectual Test Performance of African Americans", *Journal of Personality and Social Psychology* 69:5 (1995), pp. 797-811; también vale la pena leer "A threat in the air: How stereotypes shape intellectual identity and performance", *American Psychologist* 52:6 (junio de 1997), pp. 613-629, y *Whistling Vivaldi: How Stereotypes Affect Us and What We Can Do* (W.W. Norton, 2011). Carol Dweck examina los impactos de la mentalidad fija versus la mentalidad orientada al crecimiento en su libro *Mindset: The New Psychology of Success* (Nueva York, Random House, 2006).

Capítulo 5. Según una encuesta realizada en el año 2008 por AOL, el 59% de las personas dijeron chequear su correo electrónico en el baño (AOL Mail 4th annual email addiction survey [2008], http://cdn.web-mail.aol.com/survey/aol/en-us/index.htm). Entre los usuarios de Black-berry, el 91% admitió chequear su correo electrónico en el baño. Véase al respecto Kevin Michaluk, Martin Trautschold y Gary Mazo, *CrackBe-rry: True Tales of BlackBerry Use and Abuse* (Nueva York, Apress, 2010), pp. 16-17.

Hay una acertada descripción de la autoexperimentación en Seth Ro-berts, "Self-experimentation as a source of new ideas: Ten examples about sleep, mood, health, and weight", *Behavioral and Brain Sciences* 27 (2004), pp. 227-288.

El bricolaje (*tinkering*, en inglés) es más que customizar o leer el ma-nual. Es un acercamiento pragmático y de improvisación a modificar las tecnologías basado en la flexibilidad, el aprendizaje rápido y el bricolaje. Puede tener un aspecto lúdico y cautivante que algunos describen como "a lo Zen". Hacer bricolaje es también algo muy social: los que hacen brico-laje con tecnologías comparten sus ideas, intercambian pautas de diseño y exhiben su trabajo. En los Estados Unidos, el bricolaje ha sido elevado a una forma de autoeducación y automejoramiento: es una manera lúdica de aprender nuevas habilidades y comprender más plenamente el propio ám-bito construido. *Made by Hand: Searching for Meaning in a Throwaway World* (Portfolio Hardcover, 2010), de Mark Frauenfelder, es una gran in-troducción al bricolaje puesto que proviene del editor de la revista *Make* y cofundador de la *Maker Faire*. Si se desea una perspectiva más académica del bricolaje, véase Anne Balsamo, *Designing Culture: The Technological Imagination at Work* (Durham, Duke University Press, 2011), esp. cap. 4, y Anya Kamenetz, *DIY U: Edupunks, Edupreneurs, and the Coming Trans-formation of Higher Education* (White River Junction, Chelsea Green, 2010).

Rupert Brooke describe Grantchester en su poema "The Old Vicara-ge, Grantchester", escrito en 1912.

Philip Richter desarrolla la idea de la fotografía contemplativa de Tho-mas Merton en "Late Developer: Thomas Merton's Discovery of Photo-graphy as a Medium for His Contemplative Vision", *Spiritus: A Journal of Christian Spirituality* 6:2 (otoño de 2006), pp. 195-212.

Sobre la atención plena y los videojuegos, véase Jayne Gackenbach y Johnathan Bown, "Mindfulness and Video Game Play: A Preliminary Inquiry", *Mindfulness* 1 (2011).

Mi idea de las *affordances* deriva de Abigail Sellen y Richard Harper, *The Myth of the Paperless Office* (Cambridge, MIT Press, 2001), libro que muestra brillantemente cómo los rasgos de los medios impresos que no creíamos importantes resultan ser el fundamento de toda clase de prácticas de lectura y de trabajo.

Vannevar Bush describe el Memex en "As we may think", *Atlantic Monthly* (julio de 1945), disponible en http://www.theatlantic.com/magazine/archive/1969/12/as-we-may-think/3881/. Si bien nunca fue construido, actualmente el Memex es considerado una de las más tempranas y más inspiradoras descripciones del hipertexto; James Nyce and Paul Kahn (eds.), analizan el impacto del ensayo de Bush en *From Memex to Hypertext: Vannevar Bush and the Mind's Machine* (San Diego, CA, Academic Press, 1991).

Los lectores intensivos que entrevisté son una creciente minoría en lo que atañe a evitar los e-books para niños, en la medida en que el mercado de libros infantiles que es posible leer en el Kindle o el iPad y los servicios colaterales prestados por compañías como V-Tech crecen rápidamente. Sin embargo, existen evidencias de que los niños aprenden a leer más rápido y con mayor eficiencia si utilizan libros impresos en papel. Al respecto, véase Cynthia Chiong, Jinny Ree, Lori Takeuchi e Ingrid Erickson, *Print Books vs. E-books: Comparing parent-child co-reading on print, basic, and enhanced e-book platforms* (Nueva York, The Joan Ganz Cooney Center at Sesame Workshop, 2012), http://www.joanganzcooneycenter.org.

La expresión "ironías de la automatización" fue tomada del título de un artículo clásico de Lisanne Bainbridge, publicado en *Automatica* 19:6 (noviembre de 1983), pp. 775-779; allí se argumentaba que "cuanto más avanzado es un sistema de control, más crucial puede ser la contribución del operador humano". Sobre la historia de las tecnologías para el hogar, continúa siendo imprescindible leer el clásico de Ruth Schwartz Cowan, *More Work For Mother: The Ironies Of Household Technology From The Open Hearth To The Microwave* (Nueva York, Basic Books, 1985).

La Paradoja de Jevons aparece mencionada por primera vez en William Stanley Jevons, *The Coal Question: An Inquiry Concerning the Progress of the Nation, and the Probable Exhaustion of Our Coal-Mines* (Londres, Macmillan and Co., 1865), esp. cap. 7.

El fracaso de los frenos antibloqueo en reducir el número de accidentes y la teoría de que los conductores buscaban la "compensación del riesgo" –es decir, que conducían más agresivamente porque percibían que estaban más seguros– fue analizado por primera vez por M. Aschenbrenner y B. Biehl en "Improved safety through improved technical measures? Empirical studies regarding risk compensation processes in relation to anti-lock brake systems", artículo incluido en R. M. Trimpop y G. J. S. Wilde (eds.), *Changes in accident prevention: The issue of risk compensation* (Groningen, Styx Publications, 1994), pp. 81-89. En *Why Things Bite Back: Technology and the Revenge of Unintended Consequences* (Nueva York, Vintage, 1997), Edward Tenner también analiza este y otros ejemplos de tecnologías que producen consecuencias no previstas ni esperadas. Véase también Alex Soojung-Kim Pang, "A Banquet of Consequences: Living in the 'Nobody-Could-Have-Predicted' Era", *World Future Review* (verano de 2011), pp. 5-10.

El blog de Marguerite Manteau-Rao, *Mind Deep* (http://minddeep. blogspot.com/), está bien escrito y tiene un carácter confesional que no va en desmedro de la inteligencia.

Tweet If You Heart Jesus: Practicing Church in the Digital Reformation (Morehouse, 2011), de Elizabeth Drescher, es uno de los numerosos libros con que contamos hoy sobre las redes sociales y la iglesia moderna; *The Church of Facebook* (David C. Cook, 2009), de Jesse Rice, también vale la pena. *Wisdom 2.0: Ancient Secrets for the Creative and Constantly Connected* (HarperOne, 2009), de Soren Gordhamer, y "Ten Mindful Ways to Use Social Media: Right Tweeting Advice from @TinyBuddha", *Tricycle* (primavera de 2011), http://www. tricycle.com/feature/ten-mindful-ways-use-social-media, de Lori Deschene, aplican la filosofía budista al manejo de la tecnología.

La sugerencia de vivir primero y tuitear después remite a la observación de Walter Ong, quien dijo que las narraciones se volvieron más complejas con la aparición de la cultura impresa. Los relatos orales tienden a ofrecer descripciones lineales de los acontecimientos: se estructuran sobre alguna variante de "primero ocurrió esto, después sucedió aquello, y después pasó otra cosa". Solo con la escritura se alcanzan formas narrativas más sofisticadas y se tiene conciencia de que la interpretación de los acontecimientos puede cambiar con el tiempo, haciendo que el relato se vuelva más complejo. El énfasis que ponen las redes sociales en el tiempo real hace que parezcan más conversacionales, pero el hecho de que recreen algunos elementos de la cultura oral también puede estimularnos a ser menos reflexivos. Véase el clásico de Walter Ong, *Orality and Literacy*.

Ann Blair se explaya sobre el cuaderno de notas renacentista en "Humanist Methods in Natural Philosophy: The Commonplace Book", *Journal of the History of Ideas* 53:4 (1992), pp. 541-551; véase también Ann Moss, *Printed commonplace-books and the structuring of Renaissance thought* (Oxford, Clarendon Press, 1996).

El debate sobre arquitectura y dibujo utiliza material tomado de Witold Rybczynski, "Think Before You Build: Have computers made architects less disciplined?", *Slate* (30 de marzo de 2011), http://www.slate.com/articles/arts/architecture/2011/03/think_before_you_build.html; Renzo Piano, citado en "Renzo Piano Speaks with REDORD about skyscrapers and the city", *Architectural Record* (2011), http://archrecord.construction.com/people/interviews/archives/0110piano.asp; entrevistas William Huchtman, David Brownlee y Chris Luebkeman. Véase también James Wines, "Drawing and Architecture", *Blueprint* (30 de septiembre de 2009), http://www.blueprintmagazine.co.uk/index.php/architecture/james-wines-drawing-and-architecture/.

Las quejas por los efectos nocivos del CAD sobre la educación y el pensamiento no se limitan a Pensilvania. El profesor del RPI Alan Balfour sostiene que, antes de las computadoras, los estudiantes tenían que recurrir a la historia, la escultura, los libros de diseño y a sus compañeros; el mundo digital, en cambio, "es una experiencia internalizada, constreñida y virtual en la cual la relación creativa con las herramientas y la información que contiene la máquina parece ser más estimulante y prometedora que la experiencia del lugar o las lecciones de la historia"; véase Balfour, "Architecture and Electronic Media", *Journal of Architectural Education* 54:4 (mayo de 2001), pp. 268-271. Del mismo modo, el profesor de la Universidad de Siracusa (EUA) Robert Svetz arguye que "la mentalidad orientada a la productividad digital exige un precio demasiado alto al dibujo cuando desplaza los modos de pensamiento y aprendizaje manualmente gráfico"; véase Svetz, "Drawing/Thinking: Confronting an Electronic Age", *Journal of Architectural Education* 63:1 (octubre de 2009), pp. 155-157.

El adiós de Knuth al correo electrónico fue posteado online, por supuesto. Véase http://www-cs-faculty.stanford.edu/~uno/email.html.

Capítulo 6. *The Double Helix: A Personal Account of the Discovery of the Structure of DNA*, de James Waton, fue publicado en 1968; yo llevé a Cambridge la edición de Touchstone de 2001, con prólogo de Sylvia Nasar.

En una encuesta realizada en el año 2008 por *Nature*, el 20% de los lectores dijo haber "usado drogas por razones médicas para estimular la focalización, la concentración o la memoria". Véase Brendan Maher, "Poll results: look who's doping", *Nature* 452 (10 de abril de 2008), pp. 674-675. La encuesta a su vez se inspiró en el artículo de Barbara Sahakian y Sharon Morein-Zamir, "Professor's little helper", *Nature* 450 (20 de diciembre de 2007), pp. 1157-1159. El uso de fármacos para estimular la potencia cerebral no se limita a los estudiantes universitarios: las encuestas indican que los estimulantes cognitivos son cada vez más utilizados por los alumnos de enseñanza secundaria. Véase Beth Azar, "Better studying through chemistry?", *APA Monitor* 39:8 (septiembre de 2008), p. 42.

Darwin tuvo dos biografías notables en años recientes. Los dos volúmenes de Janet Browne, *Charles Darwin: Voyaging* (Princeton, Princeton University Press, 1996) y *Charles Darwin: The Power of Place* (Princeton, Princeton University Press, 2003), y el libro de Adrian Desmond y James Moore, *Darwin: The Life of a Tormented Evolutionist* (Nueva York, W.W. Norton, 1994), están maravillosamente escritos y son verdaderas muestras de erudición. En ellos se fundamenta mi comprensión del pensamiento darwiniano.

El viaje del *HMS Beagle* es recordado, con toda justicia, como un momento crucial para la vida de Darwin y la historia de la ciencia. Durante ese viaje, que duró cinco años, Darwin hizo trabajo de campo geológico y biológico en regiones hasta entonces poco estudiadas por los científicos occidentales. Mientras el *Beagle* realizaba su tarea de relevo, Darwin desembarcaba, recogía especímenes autóctonos y hacía observación de campo. Lo que Darwin vio en el transcurso de ese viaje le aportó material para décadas de pensamiento y teorización. Fue testigo de un terremoto en el actual territorio de Chile, que le proveyó evidencia de que las fuerzas naturales actuaban constantemente sobre el mundo, haciendo emerger cadenas de montañas y erupcionar volcanes sumergidos en los océanos; a raíz de ello pudo descartar causas divinas como el Diluvio bíblico. También postuló la teoría de que los atolones de corales del Pacífico se habían formado sobre los cráteres de los volcanes sumergidos. Y, como casi todos sabemos, en las Islas Galápagos observó la diferenciación de las especies e inició una línea de pensamiento que derivó, años más tarde, en la formulación de la teoría de la evolución de las especies por selección natural.

Darwin pudo llevar (y sostener) la vida de un caballero inglés en parte porque tanto él como su esposa Emma venían de familia adinerada: uno de sus abuelos (Charles y Emma eran primos) había fundado la empresa de cerámicas Wedgewood y el padre de Charles, Robert Darwin, había sido un astuto inversionista en bienes inmuebles y en los negocios. El estilo de vida respetable, aunque no suntuoso, de Down House se mantuvo a base de herencias, inversiones e ingresos provenientes de la actividad agrícola. Sobre Down House y el Sandwalk, véase Arthur Keith, "Side-Lights on Darwin's Home-Down House", *Annual Review College of Surgeons* 12:3 (marzo de 1953), pp. 197-207, y Gene Kritsky, "Down House: A Biologist's Perspective", *Bios* 54:1 (marzo de 1983), pp. 6-9.

También recomendamos echar un vistazo al *Darwin Correspondence Project*, que colocó online buena parte de las cartas de Charles Darwin, como asimismo publicaciones contemporáneas relacionadas. Los grabados de Wood que retratan el Sandwalk y Down House fueron publicados en Rev. O. J. Vignoles, "The home of a naturalist", *Good Words* 34 (1893), pp. 95-101, y están disponibles en http://darwin-online.org.uk/content/fr ameset?viewtype=side&itemID=A483&pageseq=1.

Sobre la historia de las caminatas, véase Rebecca Solnit, *Wanderlust: A History of Walking* (Londres, Verso, 2001). Los beneficios cognitivos de las caminatas provienen de sus efectos fisiológicos –aumentan la capacidad cognitiva porque fortalecen el corazón y el flujo sanguíneo, que envían más energía al cerebro– y sus beneficios psicológicos derivan de la interacción con ambientes naturales. Al respecto, véase Marc G. Berman, John Jonides y Stephen Kaplan, "The Cognitive Benefits of Interacting With Nature", *Psychological Science* 19:12 (2008), pp. 1207-1212. Sobre los beneficios terapéuticos de las caminatas después de un accidente cerebrovascular, véase Andreas R. Luft, Richard F. Macko, Larry W. Forrester, Federico Villagra, Fred Ivey, John D. Sorkin, Jill Whitall, Sandy McCombe-Waller, PT, Leslie Katzel, Andrew P. Goldberg y Daniel F. Hanley, "Treadmill Exercise Activates

Subcortical Neural Networks and Improves Walking After Stroke: A Randomized Controlled Trial", *Stroke* 39:12 (diciembre de 2008), pp. 3341-3350.

Véase el trabajo de Stephen Kaplan sobre medioambienets naturales restauradores en Kaplan, Lisa V. Bardwell y Deborah B. Slakter, "The Museum as a Restorative Environment", *Environment and Behavior* 25 (1993), pp. 725-742; Kaplan y J. Talbot, "Psychological benefits of a wilderness experience", en I. Altman & J. F. Wohlwill (eds.), *Behavior and the natural environment* (Nueva York, Plenum, 1993), pp. 163-203; Kaplan, "The Restorative Benefits of Nature: Toward an Integrative Framework", *Journal of Environmental Psychology* 16 (1995), pp. 169-182, y Kaplan, "Meditation, Restoration, and the Management of Mental Fatigue", *Environment and Behavior* 33 (2001), pp. 480-506.

Rebecca Krinke (ed.), *Contemporary Landscapes of Contemplation* (Londres, Routledge, 2005), y Bianca C. Soares Moura, *Contemplation-Scapes: An Enquiry into the Strategies, Typologies and Design Concepts of Contemplative Landscapes* (M.Arch. thesis, Edinburgh College of Art, 2009), aplican el trabajo de Kaplan al diseño y la construcción de medioambientes.

Los beneficios terapéuticos de los jardines constituyen toda una línea de investigación académica, representada por el *Journal of Theapeutic Horticulture*, publicado por la American Horticultural Therapy Association. En el Reino Unido, el campo de "la horticultura social y terapéutica" se ha desarrollado en los últimos años; véase al respecto Joe Sempik, Jo Aldridge y Saul Becker (eds.), *Health, Well-being and Social Inclusion: Therapeutic Horticulture in the UK* (Bristol, Policy Press, 2005). Sobre el valor restaurador de la naturaleza en líneas generales, véase Eric Jaffe, "This Side of Paradise Discovering Why the Human Mind Needs Nature", *Association for Psychological Science Observer* (mayo/junio de 2010), http://www.psychologicalscience.org/observer/getArticle.cfm?id=2679.

Dos ejemplos de ensayos que describen la actividad restauradora como una "distracción" son Hanif Kureishi, "The Art of Distraction", *New York Times*, 19 de febrero de 2012, y James Surowiecki, "In Praise of Distraction", *The New Yorker*, 11 de abril de 2011.

Capítulo 7. Este capítulo está basado, principalmente, en entrevistas. No obstante, el Sabbat digital atrajo a unos pocos escritores, afortunadamente buenos. William Powers concluye su *Hamlet's Blackberry: A Practical Philoso-*

phy for Building a Good Life in the Digital Age (New York, HarperCollins, 2010), con un capítulo acerca de ellos. *The Winter of Our Disconnect* (Londres, Profile Books, 2011), de Susan Maushart, es un relato entre irónico y divertido de los meses que pasó intentando "desenchufar" a su familia.

En abril de 2012, Deion Sanders (cornerback del Salón de la Fama del Fútbol Americano y ex jugador de béisbol profesional) tuiteó en vivo un conflicto doméstico quejándose de que su hoy ex esposa Pilar "y una amiga me atacaron en mi dormitorio". Chuck Schilken, "Deion Sanders tweets wife assaulted him in front of their kids", *Los Angeles Times* (24 de abril de 2012), http://articles.latimes.com/2012/apr/24/news/chi-deion-120424. El piloto automovilístico Brad Keselowski superó la marca del beisbolista tuiteando en vivo un choque durante el Daytona 500 en 2012: Bill Speros, "It's a NASCAR social media meet-up!", *ESPN* (28 de febrero de 2012), http://espn.go.com/espn/page2/story/_/id/7626813/brad-keselowski-live-tweet-turns-daytona-500-social-media-meet-up. Grant Cardone, de Fox News, y el corresponsal de la CNN Ali Velshi tuitearon en vivo un aterrizaje de emergencia como pasajeros del vuelo 1063 de la aerolínea Delta: "Birds' run-in with engine caught on Twittersphere", *KPCC 89.3* (19 de abril de 2012), http://storify.com/kpcc/birds-run-in-with-engine-caught-on-twittersphere.

Y el acceso a wifi en vuelo está cada vez más cerca. Los primeros servicios aparecieron en algunos vuelos estadounidense en el año 2009 y varias grandes aerolíneas internacionales anunciaron que a partir de 2013 incluirían servicio de wifi en los vuelos largos.

La presencia de ejecutivos y publicistas en el movimiento del Sabbat Digital –como los fundadores de Offlining Inc. Mark DiMassimo (fundador y CEO de DIGO) y Eric Yaverbaum (presidente de Jericho Communication)– puede parecer un tanto extraña; DiMassimo y Yaverbaum confiesan haber "dedicado gran parte de las dos últimas décadas", antes de lanzar Offlining, "a convencer al público de conectarse, cliquear, llamar ya, navegar y buscar". Pero no olvidemos que las agencias publicitarias crearon el Zenware: tienen problemas para concentrarse al igual que el resto de la humanidad.

La primera referencia mediática al Sabbat digital aparece en un artículo de Don Lattin, "In praise of a day unplugged", *SF Gate* (29 de abril de 2001), http://www.sfgate.com/living/article/In-praise-of-a-day-unplugged-2926770.

php, donde se analizan los Sabbats digitales (o "Sabbats de la información") en Silicon Valley.

Nadie ha medido todavía el impacto de los Sabbats digitales sobre los niveles de estrés, la presión sanguínea y otros indicadores fisiológicos de los participantes. Los demógrafos observaron, hace ya mucho tiempo, que existe una correlación entre la salud y la observancia religiosa, por lo que un estudio de esta índole reultaría muy útil. Entre los judíos norteamericanos existe cierta correlación entre la salud y la observancia religiosa, pero es difícil saber si las mejoras provienen de respetar y cumplir las reglas de alimentación, de la observancia del Sabbat o de alguna otra cosa. Véase Isaac Eberstein y Kathleen Heyman, "Jewish Identity and Self-Reported Health", en Christopher G. Ellison y Robert A. Hummer (eds.), *Religion, Families, and Health: Population-Based Research in the United States* (New Brunswick, Rutgers University Press, 2010), pp. 349-367.

Vale la pena buscar los escritos de David Levy sobre tecnología y contemplación. Véanse en particular: "To Grow in Wisdom: Vannevar Bush, Information Overload, and the Life of Leisure", *Proceedings of the 5th ACM/IEEE-CS joint conference on Digital libraries* (Nueva York, ACM, 2005), pp. 281-286; "Information, silence, and sanctuary", *Ethics and Information Technology* 9 (2007), pp. 233-236, y "No time to think: Reflections on information technology and contemplative scholarship", *Ethics and Information Technology* 9 (2007), pp. 237-249. Levy actualmente lidera un proyecto de investigación sobre lo que ha dado en llamar "actividad multitareas contemplativa". Véase Levy, Jacob Wobbrock, Al Kaszniak y Marilyn Ostergren, "Initial results from a study of the effects of meditation on multitasking performance", *Extended Abstracts of the ACM Conference on Human Factors in Computing Systems (CHI '11) Vancouver, British Columbia (May 7-12, 2011)*, (Nueva York, ACM Press, 2011), pp. 2011-2016; e ibid., "The effects of mindfulness meditation training on multitasking in a high-stress information environment", *Proceedings of Graphics Interface (GI '12), Toronto, Ontario (May 28-30, 2012)*, (Toronto, Ontario, Canadian Information Processing Society, 2012), pp. 45-52.

Tammy Strobel describe sus esforzados intentos de simplificación en *You Can Buy Happiness (and It's Cheap): How One Woman Radically Simplified Her Life and How You Can Too* (Novato, CA, New World Library, 2012), y por su parte Christine Rosen ha escrito un elegante y brevísimo ensayo sobre la actividad multitareas: "The Myth of Multitasking", *The New Atlan-tic* (primavera de 2008), pp. 105-110. El e-book de Gwen Bell, *Digital Wa-rriorship* (2011), es un exhaustivo relato de sus sabáticos digitales.

La idea de que los amish rechazan de plano la tecnología moderna goza de una indiscutible popularidad, pero en realidad tiene tanto de ver-dad como cuando es aplicada a los monjes budistas. Jameson Wetmore explica que los amish "eligen colectivamente aquellas tecnologías que, a su leal entender, fomentarán los valores que les son más queridos: valores como la humildad, la igualdad y la simplicidad", y agrega que "son [tecno-logías] diferentes de las que se utilizan en el mundo exterior". Wetmore, *IEEE Technology and Society Magazine* (verano de 2007), pp. 10-21, la cita fue tomada de la página 21. El lector encontrará investigaciones más deta-lladas sobre el acercamiento de los amish a la tecnología en *The Riddle of Amish Culture* (Baltimore, Johns Hopkins University Press, 2001), de Do-nald Kraybill, y *Amish Enterprise: From Plows to Profits* (Baltimore, Johns Hopkins University Press, 2004), de Kraybill y Stephen Nolt, esp. pp. 106-124. *The Amish Struggle With Modernity*, una colección de ensayos editada por Kraybill y Marc Alan Olshan (Hanover, NH, University Press of New England, 1995), también contiene material imprescindible al res-pecto. Diane Zimmerman Umble tiene varios escritos sobre las actitudes de los amish y los menonitas hacia la tecnología y los medios de comuni-cación masiva. Su ensayo "The Amish and the Telephone: Resistance and Reconstruction" publicado en Roger Silverstone y Eric Hirsch (eds.), *Con-suming Technologies: Media and Information in Domestic Spaces* (Londres, Routledge, 1992), pp. 183-194, es una síntesis de los conceptos que luego desarrollaría en su último libro: *Holding the line: The telephone in Old Or-der Mennonite and Amish life* (Baltimore, Johns Hopkins University Press, 1996). Por último, si se busca un tratamiento más sencillo del tema, véase "Look Who's Talking", de Howard Rheingold, *Wired Magazine* 7.01 (ene-ro de 1999), http://www.wired.com/wired/archive/7.01/amish.html.

Thomas Merton menciona la cerveza en su ensayo "La contemplación en un mundo de acción", reeditado en *Thomas Merton, Spiritual Master: The Essential Writings*, Lawrence Cunningham (ed.), (Mahwah, NJ, Paulist Press, 1992), p. 377. Es probable que Merton se haya hecho eco de la fa-mosa afirmación de Benjamin Franklin cuando dijo que "la cerveza es la prueba de que Dios nos ama y quiere que seamos felices", una ocurrencia encantadora pero lamentablemente apócrifa. Como advierte Charles W. Bamforth en *Beer Is Proof God Loves Us: Reaching for the Soul of Beer and Brewing* (Upper Saddle River, NJ, Pearson Education, 2011), Franklin dijo algo parecido a eso… pero refiriéndose al vino.

Si bien la expresión "tuitear en papel" fue producto de la inventiva de Bell, el término "tuits en papel" aparentemente fue utilizado por primera vez por Jen Bilik, fundador de Knock Knock, empresa que diseñó y lanzó a la venta un anotador llamado Paper Tweets entre los años 2010 y 2012. Valiéndose del "milagro inalámbrico de la pluma y el papel", hace posible que los escritores "dominen el arte de la brevedad" y les enseña "la etiqueta de los tiempos modernos a las masas": "Los Paper Tweets fueron los últimos de una serie de productos de papel que jugaban con los medios digitales; también estaba el Paper GPS (para anotar direcciones), el Paper E-mail y los Paper Emoticons". Bilik explica que "La mezcla de los opuestos o la presentación de algo bajo un formato inesperado tiene mucho humor. La utilidad del correo electrónico y el tuiter radica en su naturaleza digital, de modo que la tontería de intentar imitarlos en el papel es inherentemente graciosa". Entrevista a Jen Bilik, 10 de julio de 2012; la descripción del producto fue tomada del catálogo online de Knock Knock, http://www.knockknockstuff.com/catalog/categories/pads/nifty-notes/paper-tweet-nifty-note/. El perfil de Bilik y Knock Knock aparece en "The Way I Work: Jen Bilik of Knock Knock", de Liz Welch, *Inc.* (octubre de 2011), http://www.inc.com/magazine/201110/the-way-i-work-jen-bilik-of-knock-knock.html.

El Manifiesto del Sabbat (Sabbath Manifesto, http://www.sabbathmanifesto.org/) comprende diez principios: evitar la tecnología, conectarse con los seres queridos, fomentar la salud, salir a pasear, evitar el comercio, encender velas, beber vino, comer pan, buscar el silencio y restituirse.

Una de las razones por las que los sabáticos digitales son "moderadamente observantes" es que, cuanto más religiosos son los fanáticos de la tecnología, menos necesidad tienen de inventar un nuevo ritual o una nueva lógica. A los cristianos no les resulta para nada difícil dedicar sus horas offline a rutinas dominicales que por sí solas ponen énfasis en la familia y la comunidad, mientras que los judíos ortodoxos tienen numerosas prohibiciones formales contra la utilización de aparatos electrónicos o artefactos eléctricos no esenciales, salvo en situaciones de emergencia. Ellos no tienen necesidad de reinventar el Sabbat. Solo tienen que observarlo. Por cierto, el Manifiesto del Sabbat y el movimiento del Sabbat digital han sido objeto de críticas entre los comentaristas más ortodoxos: véase Joseph Aaron, "People of the Twitter", *Chicago Jewish News* (29 de abril de 2011), http://www.chicagojewishnews.com/story.htm?sid=2&id=254535. Aunque la evidencia anecdótica sugiere que, incluso en los hogares ortodoxos, la distracción sigue siendo un problema. Al respecto, véase Steve Lipman, "For Many Orthodox Teens, 'Half Shabbos' Is A Way Of Life", *The Jewish Week* (22 de junio de 2011), http://www.thejewishweek.com/news/national/many_orthodox_teens_half_shabbos_way_life.

Morley Feinstein aparece en el episodio 41 de la quinta temporada de *Curb Your Enthusiasm*. "The Larry David Sandwich" salió al aire el 25 de septiembre de 2005.

De mi falta de fe puede culparse a mis padres, cuyo absoluto desinterés por las creencias religiosas fue a su vez una reacción contra una crianza y una educación demasiado estrictas. De niño residí en la zona rural del estado de Virginia y el domingo nunca fue un día espiritual para mí: más bien significaba tener que vérmelas con una trama ilógica de normas puritanas, encarar tareas para el hogar previamente ignoradas y jugar ocasionalmente a un juego que mi abuela había inventado y que se llamaba "¿Por qué ese niño no está en catequesis?". Mi esposa y su familia de origen se autodefinen como culturalmente protestantes: pueden trazar su linaje hasta la Revolución de las Trece Colonias y su celebración del Día de Acción de Gracias parece salida de una pintura de Norman Rockwell: varias familias reunidas en torno de una gran mesa atiborrada de comida, pero sin gracia. Por si esto fuera poco, en las ceremonias religiosas me siento como un sordo en un espectáculo de ballet: puedo apreciar la destreza física y la devoción de los bailarines hacia su arte, admirar la escenografía y disfrutar del ritmo de la historia que se narra, pero una parte de la experiencia siempre será inaccesible para mí. En Cambridge asistimos a Vísperas en la magnífica capilla del King's College y yo amé la belleza de los cánticos y la majestuosidad del espacio. La música y el ritmo de la ceremonia fueron reconfortantes: la idea anglicana que define la ceremonia religiosa como "un orden antiguo y sereno" me pareció maravillosa, y si existe algún lugar que pueda ser llamado "majestuoso" con toda justicia y sin faltar a la verdad es precisamente la inmensa capilla gótica inglesa donada por Enrique VIII como testimonio de la piedad religiosa y el poder de la dinastía Tudor (recientemente enriquecida gracias a los tesoros robados a la Iglesia Católica). Pero incluso allí jamás sentí la presencia de lo divino, esa sensación casi ingrávida que todos los devotos aparentemente han experimentado y atesoran. Y, para ser franco, creo que nunca llegaré a sentirla.

The Sabbath: Its Meaning for Modern Man, el clásico de Abraham Heschel, fue reeditado por Farrar, Straus and Giroux en el año 2005; la edición raya en lo perfecto y contiene un iluminador prefacio escrito por su hija Susannah. El Sabbat ha sido el tema central de otros grandes libros publicados recientemente, entre los que se destaca *The Sabbath World: Glimpses of a Different Order of Time*, de Judith Shulevitz (Nueva York, Random House, 2010).

El artículo de Wayne Hope –"Global Capitalism and the Critique of Real Time", *Time & Society* 15:2-3 (2006): pp. 275-302– propone una crítica izquierdista de la idea del tiempo real. Mi pensamiento sobre el tiempo industrial y astronómico está inspirado en "Astronomers Mark Time: Discipline and the Personal Equation", de Simon Schaffer, en *Science in Context* 2 (1988), pp. 115-145.

Por supuesto que el tiempo real tiene sus costos y sus beneficios. Por ejemplo, Anthony Townsend informa que los taxistas de su ciudad natal, Nueva York, usan sus teléfonos celulares para compartir información sobre dónde se congregan grupos de personas, cuáles calles están congestionadas y qué caminos conviene tomar. Cualquiera que haya utilizado actualizaciones meteorológicas o de tránsito en tiempo real, o cualquiera que finalmente haya podido converger con sus amigos después de una catarata de llamados y mensajes de texto, conoce los beneficios de poder compartir información en tiempo real. A veces incluso produce maravillosas yuxtaposiciones. En cierta ocasión, en mi muro del Facebook se cruzó de manera encantadora una cascada de información sobre las vidas de mis amigos: "Ah, Dublín, Dublín, Dublín," "Hoboken Italian Festival en Sinatra Park. Esta es la convergencia celestial de Jerseyana", "Brenda McMorrow hace temblar mi corazón Bhakti en el escenario Hanuman."

Sin embargo, para poder encontrar esta pequeña convergencia varios meses después de haberla notado por primera vez, tuve que descargar una copia en mi muro de Facebook y luego buscarla. En aquel momento, Facebook no ofrecía la posibilidad de buscar algo en el propio muro. En lo que concernía al sistema, lo único que importaba era lo que estaba ocurriendo "aquí y ahora".

The Digital Diet: The 4-Step Plan to Break Your Tech Addiction and Regain Balance in Your Life, de Daniel Sieberg (Nueva York, Three Rivers Press, 2011), propone un programa de veintiocho días de duración para curar nuestra adicción a la tecnología. Comienza con una desintoxicación de siete días, recomienda guardar los smartphones y otras tecnologías distractivas en la heladera, e incluso nos estimula a medir nuestro "Índice de Peso Virtual" (el equivalente electrónico del Índice de Masa Corporal) sumando la cantidad de aparatos electrónicos que tenemos, las redes sociales y cuentas de correo electrónico que utilizamos, los juegos electrónicos que jugamos y los blogs que escribimos. En este sistema, los objetos más distractivos tienen peso adicional: un smartphone "pesa" tres veces más que una computadora de escritorio, mientras que una cuenta en World of Warcraft[2] "pesa" siete veces más que una cámara digital.

Information Diet: A Case for Conscious Consumption, de Clay Johnson (San Francisco, O'Reilly Media, 2012), es más bien un cruce entre Michael Pollan y David Broder. Johnson, el gurú digital de la campaña presidencial de Howard Dean en el año 2004, arguye que las noticias y los blogs de los partidarios son el equivalente de la comida chatarra alta en calorías y baja en fibras; vale decir: son los responsables de la decadencia del ámbito político estadounidense y manipulan a los votantes, que están mejor conectados pero simultáneamente mal informados.

Por increíble que parezca, no existe ningún estudio comparativo del ayuno en las distintas tradiciones religiosas. Hasta que no aparezca, Fasting in the Koran, de Kees Wagtendonk (Leiden, E.J. Brill, 1968), y los trabajos del sociólogo Joseph B. Tamney —particularmente "Fasting and Modernization", Journal for the Scientific Study of Religion 19:2 (junio de 1980), pp. 129-137, y "Fasting and Dieting: A Research Note", Review of Religious Research 27:3 (marzo de 1986), pp. 255-262– son una buena opción. En "Fasting: The Ultimate Diet?" (Obesity Reviews 8:3, mayo de 2007, pp. 211-222), A. M. Johnstone describe con minucioso detalle el impacto del ayuno religioso sobre la salud; John F Trepanowski y Richard J Bloomer hacen lo propio en "The impact of religious fasting on human health", Nutrition Journal 9 (2010), pp. 57-65.

Esta idea del descanso activo durante el Sabbat ha sido reciclada por otros autores, dentro y fuera del judaísmo. La pastora metodista Anne Dilenschneider cita las palabras de David Steindl-Rast, psicólogo experimental y monje benedictino nacido en Viena: "La cura para el agotamiento no es el *descanso*", dice Steindl-Rast. "La cura es el entusiasmo." En su curso original de Sabbat-tecno, Dilenschneider y Bauer les hicieron leer a sus alumnos una historia relacionada con el *Likrat Shabbat* acerca de un pianista famoso que le dijo a un admirador que el arte no reside en las notas sino en las pausas que hay entre ellas. "En la vida buena, como en la buena música", dice un comentario rabínico, "el arte puede estar en las pausas". La pausa del Sabbat ofrece una oportunidad de cultivar "el arte de vivir".

Capítulo 8. Por supuesto que esta lista remeda el Noble Óctuple Sendero[3] del budismo, que conlleva: visión o comprensión correcta, determinación correcta, hablar correcto, actuar correcto, medio de vida correcto, esfuerzo correcto, atención plena correcta y concentración correcta.

El juego del Go (también conocido como weiqi en China y baduk en Corea) fue inventado en China en el siglo VI antes de la Era Cristiana, lo que lo convierte en uno de los juegos de mesa más antiguos todavía vigentes. Los dos jugadores utilizan piedras (fichas) blancas y negras, que colocan alternativamente sobre las intersecciones de una cuadrícula de 19 x 19 líneas. El objetivo del juego es controlar una porción más grande del tablero que el oponente. Las fichas individuales permiten pocos movimientos, pero el tamaño del tablero, los patrones complejos que pueden formar las fichas, los desafíos que se generan cuando se intenta sumar fichas aisladas a conjuntos más fuertes mientras se resisten los ataques, hacen que el juego sea difícil de dominar.

Mus Soseki es una figura equivalente a Christopher Wren, John Donne y Thomas Becket combinados. Sobre los diseños y la influencia de Tenryu-ji y Mus Soseki, véanse *Reading Zen in the Rocks: The Japanese Dry Landscape Garden*, de François Berthier, traducción al inglés de Graham Parkes (Chicago, University of Chicago Press, 2000), y "Daiunzan Ryoanji Sekitei, The Stone Garden of the Mountain Dragon's Resting Temple: Soteriology and the Bodhimandala", *Pacific World*, New Series 10 (1994), pp. 116-130, de Katherine Anne Harper.

Notas

[1] Todavía no hay una definición concreta para el conjunto de conceptos que forman el área de la HCI (*Human Computer Interaction*) o interacción persona-computadora. En términos generales, podríamos decir que es la disciplina que estudia el intercambio de información mediante software entre las personas y las computadoras. Esta se encarga del diseño, evaluación e implementación de los aparatos tecnológicos interactivos, estudiando el mayor número de casos que pueda llegar a afectarlos. El objetivo es que el intercambio sea más eficiente: minimizar errores, incrementar la satisfacción, disminuir la frustración y, en definitiva, hacer más productivas las tareas que involucran a las personas y las computadoras. [N. de la T.]

[2] World of Warcraft, comúnmente conocido como WoW, es un videojuego de rol multijugador masivo en línea (creado y dirigido por John Carrison, Roqueford Smith y Luzbelt Keys). Fue desarrollado por Blizzard Entertainment. [N. de la T.]

[3] El Noble Óctuple Sendero es la vía que lleva al cese de dukkha ("sufrimiento"). Este cese del sufrimiento se conoce como Nirvana. El noble camino es una de las enseñanzas budistas fundamentales; la cuarta parte de las Cuatro Nobles Verdades. En la simbología budista es usualmente representado con la rueda del dharma, donde cada rayo representa un elemento del sendero. Este símbolo también se utiliza para el budismo en general. [N. de la T.]

Esta edición de 3.000 ejemplares de *Enamorados de la distracción*,
de Alex Soojung-Kim Pang se terminó de imprimir
en imprenta Arcángel Maggio – División libros
Lafayette 1695, CABA,
el 31 de marzo de 2014.